对外汉语本科系列教材
语言技能类(二年级)

汉语阅读教程

上　册

陈田顺
朱　彤　编著
徐燕军

北京语言大学出版社

(京)新登字 157 号

图书在版编目(CIP)数据

汉语阅读教程 二年级（上）/陈田顺，朱彤，徐燕军编著.
—北京：北京语言大学出版社，2006 重印
对外汉语本科系列教材
ISBN 7-5619-1046-0

Ⅰ．汉…
Ⅱ．①陈…②朱…③徐…
Ⅲ．对外汉语教学－阅读教学－高等学校－教材
Ⅳ．H195.5

中国版本图书馆 CIP 数据核字（2002）第 018867 号

书　　名：	汉语阅读教程 二年级（上）
责任印制：	乔学军

出版发行：	北京语言大学出版社
社　　址：	北京市海淀区学院路 15 号　邮政编码 100083
网　　址：	http://www.blcup.com
电　　话：	发行部　82303648/3591/3651
	编辑部　82303647
	读者服务部　82303653/3592
印　　刷：	北京新丰印刷厂
经　　销：	全国新华书店
版　　次：	2002 年 5 月第 1 版　2006 年 4 月第 3 次印刷
开　　本：	787 毫米×1092 毫米　1/16　印张：22
字　　数：	280 千字　印数：10001－13000 册
书　　号：	ISBN 7-5619-1046-0/H·02015
定　　价：	45.00 元

凡有印装质量问题，本社负责调换。电话：82303590

序

李 杨

教材是教育思想和教学原则、要求、方法的物化,是教师将知识传授给学生,培养学生能力的重要中介物。它不仅是学生学习的依据,也体现了对教师进行教学工作的基本规范。一部优秀的教材往往凝结着几代人的教学经验及理论探索。认真编写教材,不断创新,一直是我们北京语言文化大学的一项重点工作。对外汉语本科教育,从1975年在北京语言学院(北京语言文化大学的前身)试办现代汉语专业(今汉语言专业)算起,走过了二十多年行程。如今教学规模扩大,课程设置、学科建设都有了明显发展。在总体设计下,编一套包括四个年级几十门课程的系列教材的条件业已成熟。进入90年代,我们开始了这套教材的基本建设。

北京语言文化大学留学生本科教育,分为汉语言专业(包括该专业的经贸方向)和中国语言文化专业。教学总目标是培养留学生熟练运用汉语的能力,具备扎实的汉语基础知识、一定的专业理论与基本的中国人文知识,造就熟悉中国国情文化背景的应用型汉语人才。为了实现这个目标,学生从汉语零起点开始到大学毕业,要经过四年八个学期近3000学时的学习,要修几十门课程。这些课程大体上分为语言课,即汉语言技能(语言能力、语言交际能力)课、汉语言知识课,以及其他中国人文知识课(另外适当开设体育课、计算机课、第二外语课)。为留学生开设的汉语课属于第二语言教学性质,它在整个课程体系中处于核心地位。教学经验证明,专项技能训练容易使某个方面的能力迅速得到强化;而由于语言运用的多样性、综合性的要求,必须进行综合性的训练才能培养具有实际意义的语言能力。因此在语言技能课中,我们走的是综合课与专项技能课相结合的路子。作为必修课的综合课从一年级开到四年级。专项技能课每学年均分别开设,并注意衔接和加深。同时,根据汉语基本要素及应用规律,系统开设汉语言本体理论知识课程。根据中国其他人文学科如政治、经济、历史、文化、文学、哲学等基础知识,从基本要求出发,逐步开设文化理论知识课程。专业及专业方向从三年级开始划分。其课程体系大致是:

一年级

  汉 语 综 合 课:初级汉语
  汉语专项技能课:听力课、读写课、口语课、视听课、写作课

二年级
    汉 语 综 合 课:中级汉语
    汉语专项技能课:听力口语、阅读、写作、翻译、报刊语言基础、新闻听力
    汉 语 知 识 课:现代汉语语音、汉字
    文 化 知 识 课:中国地理、中国近现代史
三年级
    汉 语 综 合 课:高级汉语(汉语言专业)
                  中国社会概览(中国语言文化专业)
    汉语专项技能课:高级口语、写作、翻译、报刊阅读、古代汉语;经贸口语、经贸写作(经贸方向)
    汉 语 知 识 课:现代汉语词汇
    文 化 知 识 课:中国文化史、中国哲学史、中国古代史、中国现代文学史;中国国情、中国民俗、中国艺术史(中国语言文化专业);当代中国经济(经贸方向)
四年级
    汉 语 综 合 课:高级汉语(汉语言专业)
                  中国社会概览(中国语言文化专业)
    汉语专项技能课:当代中国话题、汉语古籍选读、翻译;
                  高级商贸口语(经贸方向)
    汉 语 知 识 课:现代汉语语法、修辞
    文 化 知 识 课:中国古代文学史;中国对外经济贸易、中国涉外经济法规(经贸方向);儒道佛研究、中国戏曲、中国古代小说史、中外文化交流(中国语言文化专业)

这套总数为50余部的系列教材完全是为上述课程设置而配备的,除两部高级汉语教材是由原教材修订并入本系列外,绝大部分都是新编写的。

这是一套跨世纪的新教材,它的真正价值属于21世纪。其特点是:

1. 系统性强。对外汉语本科专业、年级、课程、教材之间是一个具有严密科学性的系统,如图(见下页):

整套教材是在系统教学设计的指导下完成的,每部教材都有其准确的定性与定位。除了学院和系总体设计之外,为子系统目标的实现,一年级的汉语教科书(10部)和二、三、四年级的中国文化教科书(18部)均设有专门的专家编委会,负责制定本系列教材的编写原则、方法,并为每一部教材的质量负责。

2. 有新意。一部教材是否有新意、有突破,关键在于它对本学科理论和本课程教学有无深入的甚至是独到的见解。这次编写的整套教材,对几个大的子系列和每一部教材都进行了反复论证。从教学实际出发,对原有教材的优点和缺点从理论上进行总结分析,根据国内外语言学、语言教学和语言习得理论以及中国文化诸学科研究的新成果,提出新思路,制定新框架。这样就使每一个子系列内部的所有编写者在知识与能力、语言与文化、实用性与学术性等主要问题上取得共识。重新编写的几十部教材,均有所进步,其中不少已成为具有换代意义的新教材。

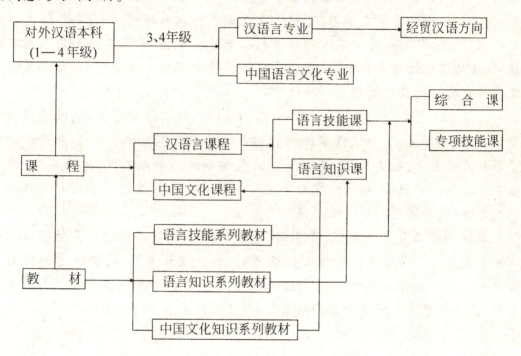

3. 有明确的量化标准。在这套教材编写前和进行过程中,初、中、高对外汉语教学的语音、词汇、语法、功能、测试大纲及语言技能等级标准陆续编成,如《中高级对外汉语教学等级大纲》(1995年,孙瑞珍等)、《初级对外汉语教学等级大纲》(1997年,杨寄洲等)。一年级全部教材都是在这些大纲的监控下编写的,二、三、四年级汉语教材也都自觉接受大纲的约束,在编写过程中不断以大纲检查所使用的语料是否符合标准,是否在合理的浮动范围内。中国文化教材中的词汇也参照大纲进行控制,语言难度基本上和本年级汉语教材相当,使学生能够在略查辞典的情况下自学。这样就使这套教材在科学性上前进了一步。

4. 生动性与学术性相结合。本科留学生是成年人,至少具有高中毕业的文化水平,他们所不懂的仅仅是作为外语的汉语而已。因此教材必须适合成年人的需要并具有相当的文化品位。我们在编写各种汉语教材时,尽可能采用那些能反映当代中国社会和中国人的生活、心态的语料和文章,使学生能够及时了解中国社会生活及其发展变化,学到鲜活的语言。一些入选的经典作品也在编排练习时注意着重学习那些至今依然富有生命力的语言,使教材生动、有趣味、有相对的稳定性。教材的学术性一方面表现为教材内容的准确和编排设计的科学,更重要的是,课程本身应当能够及时反映出本学科的新水平和新进展。这些都成为整套教材编写的基本要求之一。文化类教材,编写之初编委会就提出,要坚持"基础性(主要进行有关学科的基础知识和基本理论教育,不追求内容的高深)、共识性(内容与观点在学术界得到公认或大多数人有共识,一般不介绍个别学者的看法)、全貌性(比较完整与系统地介绍本学科面貌,可以多编少讲)、实用性(便于学生学习,有利于掌握基本知识与理论,并有助于汉语水平的提高)",强调"要能反映本学科的学术水平",要求将"学术品位和内容的基础性、语言的通俗性结合起来"。作者在编写过程中遵循了这些原则,每部教材都能在共同描绘的蓝图里创造独特的光彩。

　　为了方便起见,整套教材分为一、二、三、四年级汉语语言教材、汉语理论与知识教材、中国文化教材、经贸汉语教材四个系列陆续出版。这套系列教材由于课程覆盖面大,层次感强,其他类型的教学如汉语短期教学、进修教学、预备教学可在相近的程度、相同的课型中选用本教材。自学汉语的学生亦可根据自己的需要,选择不同门类的教材使用。

　　教材的科学更新与发展,是不断强化教学机制、提高教学质量的根本。北京语言文化大学汉语学院集近百位教师的经验、智慧与汗水,编就这套新的大型系列教材。相信它问世以后,将会在教学实践中多方面地接受教师与学生的检验,并会不断地融进使用者的新思路,使之更臻完善。

编 写 说 明

编写目的

《汉语阅读教程》是为对外汉语四年制汉语言专业二年级阅读课编写的汉语泛读教材,也适用于掌握了2000个汉语常用词语和基础汉语语法的外国朋友自学。选修本课程的学生,其阅读水平应达到一年级结业合格水平,即:阅读题材熟悉的短文,速度为120字/分钟,理解正确率90%以上;含生词2%以内的浅显文章,速度为100字/分钟,理解正确率80%以上。

本教材的编写目的是通过通读、略读、查阅三种不同阅读方法的实践和有针对性的技能技巧训练,提高学生的快速阅读水平。经过一学年(约72学时)的课堂教学,学生在教师的指导下将阅读内容广泛,题材、体裁多样的语料约30万字,阅读理解能力和阅读速度将会有明显的提高。这些能力包括:1. 猜词悟义能力(如:利用表义的汉字形旁猜测词义,利用构词法猜测词义,利用上下文猜测词义)。2. 理解长难句的能力(如:利用缩减法排除冗余,找出主要成分,抓住句子骨干,利用汉语形式标志识别句子,了解汉语书面语特殊的句子和表达习惯)。3. 段落短文的阅读能力(掌握文章主要观点和内容的能力,找出支持文章主要观点的细节,概括文章大意)。4. 篇章长文的阅读能力(了解文章大意,快速获取所需信息,快速查阅时间、地点、人名、数字等资料)。

在基本理解的基础上,阅读速度将明显提高。通读速度将由110字/分钟提高到200字/分钟,略读速度由130字/分钟提高到250字/分钟,查阅速度由150字/分钟提高到300字/分钟。

此外,随着阅读量的加大,学生原有的词汇量将会进一步巩固,在阅读过程中将掌握反映不同话题的新词语以及常用书面语约900个,词汇量将进一步扩大。

第三,随着阅读量的加大,学生将广泛接触反映中国政治、经济、文化、科技、历史等各方面的文章,这将进一步加深他们对中国社会和国情的了解。

编写原则

实践性原则是本教材总的编写原则。此外,在语料的选择、课文的编排、练习的设计方面都有各自的原则。现分述如下:

1. 关于阅读量和阅读速度

一定的阅读量是落实实践性原则的基础,也是提高快速阅读水平的基本保障。作为二年级学生每学年 72 学时的阅读课教材,考虑到与基础阶段和高级阶段的衔接,我们认为每次课的阅读量应在 7000 字左右,一学年的总阅读量约 30 万字。

快速阅读就有一个速度要求。考虑到学生的实际水平和以往的教学实际,以及与 HSK(高等)衔接,我们把通读的速度定为:110~200 字/分钟,略读的速度定为 130~250 字/分钟,查阅的速度定为 150~300 字/分钟。为了增强学生的快速阅读意识,每篇课文前均标明字数,并对阅读时间提出明确要求。

这样,每次课(100 分钟)学生用于实际阅读的时间应不少于 60 分钟。

2. 语料的选择

在语料选择上,我们坚持广泛性、实用性、趣味性、知识性和可读性原则。

在题材方面,本教材以话题为主,选取了包括"大学生活、社会交往、饮食文化……政治经济"共 16 个话题。在体裁方面,从申请书、说明书、合同书、通知、通报、公告,到小说、通讯、报道、社论、评论等,几乎涉及书面语体的各个方面。全书以明暗两条线贯穿,明线以话题为主,暗线以体裁为主。

课文语料绝大部分选自现当代(以当代为主)公开出版的报刊、杂志、文学作品。考虑到学生的实际水平,入选文章大都做了删节,个别词语做了替换。

3. 课文的编排

本教材共 16 个单元(话题),每单元两课,共 32 课(分上下两册)。每课由通读(1 篇)、略读(2~3 篇)、查阅(2~4 篇)三部分组成。每课大约有 5~8 篇不同体裁的文章。通读课文前列有本课重点词语(每课 30 个左右),这些词语也是后面课文中多次出现的词语,希望学生掌握。重点词语附有英文旁注,注释仅限于本课中的义项。

课文编排坚持由易到难、由浅到深、字数由少到多的原则。

4. 练习的设计

针对性原则是我们设计练习,选择题型的主要原则。本书针对通读、略读、查阅三种不同的阅读目的和阅读方法,设计不同的题型以检查阅读的速度和理解的正确率。

选择、判断、简答是本书练习中的三种基本题型。根据不同的阅读目的和要求,这几种题型的内容和要求也有所不同。

A. 通读

(1)选择题(5~10 题) 每题一个句子,设四个被选项。要求学生根据课文内容选择对该句理解正确的选项。主要检查根据上下文理解句意的能力。

(2)选择题(替换练习)(5～15题)　每题是一个句子,设四个被选项。要求学生根据句子的意思选对句子中画线词语的正确解释。此项练习主要检查词义联想和猜词悟义的能力。

(3)判断题(10～15题)　根据课文内容命题,主要检查对句子或课文内容的理解能力。

(4)选择题(1～5题)　根据课文段落或全文概括出大意,每题四个被选项,要求选择惟一正确的答案。主要检查概括文章大意的能力。

(5)词语填空或搭配　此项练习是针对通读中的词语设计的,目的是通过练习让学生进一步掌握重点词语。

B. 略读

(1)判断题(5～10题)　根据课文、段落或句子内容命题,主要检查课文或段落内容的理解能力(同通读练习3)。

(2)选择题(5～10题)　根据句子、段落内容命题,每题四个被选项。要求根据句子、段落或课文内容选择惟一正确的答案。主要检查对句子或课文内容的理解能力。

(3)简答题(3～5题)　根据句子、段落或课文内容命题,要求用最简洁的文字回答问题。主要检查对句子或课文的理解能力。

(4)选择题(1～3题)　根据段落或全文内容命题,每题都有四个概括段落或全文主要内容的被选项,要求选择惟一正确的答案。主要检查概括文章大意的能力。

C. 查阅

简答题(5～10题)要求根据课文内容简要回答问题(答案一般在十个字左右)。主要检查快速查找所需信息的能力(此项练习在课文前)。

教 学 要 求

快速阅读是对二年级传统阅读教学的改革,要完成既定的教学任务,还需要教师和学生转变观念,首先是任课教师转变观念。要坚决摈弃那种惟恐学生不懂,课堂上反复讲解、热心答疑的教学方法。我们不希望把阅读课上成综合课或精读课。我们知道任何文章都有冗余信息,有的文章冗余信息多达60%以上。我们的目的是培养学生排除冗余,从整体上把握文章主要内容,快速了解文章大意的能力,快速查寻所需信息的能力。

为了达到这一教学目的,下面就如何使用本教材谈几点意见:

1. 通读

通读就是很快地把文章一行一行从头到尾地看一遍,了解文章写了些什

么,是怎么写的,对所写内容又说了些什么。通读有一定的时间要求,本教程对通读的速度要求是:

    第一阶段 1～4 单元   110 字/分钟
    第二阶段 5～8 单元   130 字/分钟
    第三阶段 9～12 单元   150 字/分钟
    第四阶段 13-16 单元   200 字/分钟

  要提高阅读速度,对二年级的学生来说,上课初期要尽量缩短视线在字词上的停留时间,以后逐步扩大视幅。阅读过程中不要查字典,不要问老师,不懂的地方先跳过去,要求能从整体上理解课文大意,在规定的时间内读完课文。

  通读课文的教学步骤:

  (1)处理词语(5 分钟左右)。教师可把中心词语读一遍,简要讲解该词语的意思(仅限于课文内的意思)。要求学生通过课堂阅读,课下复习掌握中心词语。

  (2)按提示要求快速阅读课文。

  (3)做练习。练习不一定全做,但至少要做其中三项。

  (4)核对答案。注意此时只核对(或教师公布)答案,不讲解,不答疑。

  (5)按原速度要求读第二遍。读完第二遍后,教师可对疑难点及练习中的问题做答疑或适当讲解。

  通读课文的处理时间(处理中心词语、阅读课文、做练习、答疑)应控制在 1 学时之内。需要注意的是无论读第一遍,还是读第二遍,都要严格按教材提示的时间结束阅读。在这个时间内可能有学生读不完,教师不要放宽时间,不要迁就。要给学生解释快速阅读的目的和要求,相信坚持下去就会有收获。

  2．略读

  略读就是把文章粗略地看一遍,只了解文章写了些什么就行了。略读不要求掌握细节,只要了解大意就行了。阅读时不要逐字逐行地读,要跳读。略读的速度要比通读快。本教程对略读的速度要求是:

    第一阶段 1～4 单元   130 字/分钟
    第二阶段 5～8 单元   150 字/分钟
    第三阶段 9～12 单元   200 字/分钟
    第四阶段 13～16 单元   250 字/分钟

  略读课文的教学步骤:

  (1)按照提示规定的时间读课文。

  (2)做练习。

  (3)教师公布或核对答案。

(4)结合练习中的问题简单答疑或解释。

处理略读课文时，注意只围绕课后练习答疑或讲题，只要练习做对就行了。其他方面的问题可以不管。因为时间所限，略读课文不在课堂上安排读第二遍，可作为作业安排学生课外读第二遍。即使课外阅读也要求学生按规定的时间读完。每课略读课文一般有2~3篇，教师可视具体情况在课堂上选读两篇。

3．查阅

查阅就是带着既定的目的从文章里查寻所需信息或资料。查阅时读者的目光在文章的字里行间很快地搜寻，只要搜寻到所需信息就行了，其他部分可以不管。与略读相比，查阅更需要跳读、扫读。查阅的速度应该比略读快。我们把查阅的速度定为：

    第一阶段 1~4 单元   150 字/分钟
    第二阶段 5~8 单元   200 字/分钟
    第三阶段 9~12 单元   250 字/分钟
    第四阶段 13~16 单元   300 字/分钟

查阅课文的教学步骤：

(1)阅读并熟悉课文前的问题。

(2)带着这些问题阅读课文，快速查找答案并把答案画出来。

(3)用简洁的文字在问题下面写出答案。

(4)公布(或核对)答案。

查阅只是快速查找所需信息，只要找到了，找对了，就行了。其他部分可以完全不管，教师也不再答疑。做完练习，课文也就处理完了。教师可让学生进行快速查阅比赛，看谁查得快查得准。

本书上册第一、八单元由陈田顺编写，第二、六、七单元由徐燕军编写，第三、四、五单元由朱彤编写。下册第九、十一、十六单元由陈田顺编写，第十、十二、十三单元由朱彤编写，第十四、十五单元由徐燕军编写。词语英文注释由朱彤翻译。全书由陈田顺统稿并审定。

本教程大部分课文在试用过程中得到了北京语言文化大学汉语学院汉语系第二教研室任课教师的支持与帮助，感谢他们对本教程的修改提出的积极意见。北京语言文化大学李杨教授、陈贤纯教授、程相文教授、杨惠元教授在本教程的编写过程中给予了热情的支持，在这里向他们表示衷心的感谢。

编者
2002 年 3 月

目 录

第一单元　大学生活(一) ……………………………………………(1)
　通　读　大学生暑假生活透视 ………………………………………(1)
　略　读 …………………………………………………………………(6)
　　课文(一)初为人师
　　课文(二)"贫困生"如何圆大学梦
　　课文(三)力力和他的音乐老师
　查　阅 …………………………………………………………………(12)
　　课文(一)关于来华留学生数理化考试的通知
　　课文(二)周末游长城
　　课文(三)关于本学期期末和下学期开学安排的通知
　　课文(四)招生广告
　阅读知识　应用文1：通知 …………………………………………(17)
　阅读技能　猜词：偏旁分析(上) ……………………………………(18)

第一单元　大学生活(二) ……………………………………………(20)
　通　读　净化环境与净化心灵 ………………………………………(20)
　略　读 …………………………………………………………………(25)
　　课文(一)校园里的手机族
　　课文(二)鹦哥
　　课文(三)留校打工好梦难圆
　查　阅 …………………………………………………………………(31)

　　　　课文(一)北京林业大学拒绝用一次性木筷
　　　　课文(二)校园时事三则
　　　　课文(三)求职信息
　　　　课文(四)招生广告
　　阅读知识　应用文2:广告 …………………………………………(37)
　　阅读技能　猜词:偏旁分析(下) ……………………………………(37)

第二单元　社会交往(一) ……………………………………………(39)
　　通　读　一个老师的故事 ……………………………………(39)
　　略　读 …………………………………………………………(44)
　　　　课文(一)三个故事
　　　　课文(二)搜索的眼睛
　　　　课文(三)期待有力的握手
　　　　课文(四)在路上
　　查　阅 …………………………………………………………(52)
　　　　课文(一)做好自己不愿做的事
　　　　课文(二)有奇效的实用委婉语
　　阅读知识　应用文3:书信 ……………………………………(56)
　　阅读技能　根据构词法确定词义(上) ……………………………(57)

第二单元　社会交往(二) ……………………………………………(58)
　　通　读　网上交友,一种漫游 ………………………………(58)
　　略　读 …………………………………………………………(64)
　　　　课文(一)妈妈,送你半朵玫瑰花
　　　　课文(一)为什么我总是不敢对人发火
　　查　阅 …………………………………………………………(70)
　　　　课文(一)假如你"得罪"了上司
　　　　课文(二)误把友情当爱情怎么办
　　　　课文(三)如何对待他人的嫉妒
　　阅读知识　说明文1:简介 ……………………………………(75)
　　阅读技能　根据构词法确定词义(下) ……………………………(76)

第三单元　饮食文化(一) ……………………………………………(77)
　　通　读　北京烤鸭(1000字) …………………………………(77)

略　读 ·· (81)
　　课文(一)腊八节和腊八粥
　　课文(二)21世纪的饮料
　　课文(三)在拉萨泡甜茶馆
查　阅 ·· (87)
　　课文(一)中国的饮食文化
　　课文(二)中国人与美国人饮食的对比
　　课文(三)中国的八大菜系
　　课文(四)餐桌旁边谈筷子
阅读知识　说明文2：介绍(上) ·· (95)
阅读技能　根据上下文确定词义(上) ·································· (96)

第三单元　饮食文化(二) ··· (98)
　通　读　餐桌上流行健康新时尚 ·· (98)
　略　读 ··· (104)
　　课文(一)一日三餐：科学与营养
　　课文(二)饮食与色彩
　查　阅 ··· (109)
　　课文(一)餐厅菜谱
　　课文(二)吃远不吃近
　　课文(三)21世纪的最佳食谱
　　课文(四)海外创新的中国菜
　阅读知识　说明文3：介绍(下) ·· (117)
　阅读技能　根据上下文确定词义(下) ································· (118)

第四单元　旅游观光(一) ··· (120)
　通　读　中国最大的皇家宫殿——故宫 ······························· (120)
　略　读 ··· (127)
　　课文(一)桂林山水甲天下
　　课文(二)春(800字)
　　课文(三)旅游与跨国的爱
　查　阅 ··· (134)
　　课文(一)北京国际商旅公司简介
　　课文(二)游客注意事项

课文(三)北京的六条专项旅游路线
　　　课文(四)北京的旅游资源(之一)
　　　　　　——文物古迹
　　　课文(五)北京的旅游资源(之二)
　　　　　　——皇家园林
　　阅读知识　记叙文1：记叙文及其结构 …………………………………(141)
　　阅读技能　词语的色彩意义 ………………………………………………(141)

第四单元　旅游观光(二) ……………………………………………………(144)
　　通　读　中国的佛教名山 …………………………………………………(144)
　　略　读 ………………………………………………………………………(150)
　　　课文(一)中国四大名山与佛教文化
　　　课文(二)轻装上阵，有备而行
　　　　　　——旅行装备经验谈
　　　课文(三)五月游苏南
　　查　阅 ………………………………………………………………………(158)
　　　课文(一)旅游广告(之一)
　　　课文(二)旅游广告(之二)
　　　课文(三)北京的旅游资源(之三)
　　　　　　——寺庙道观
　　　课文(四)雍和宫——民族团结的历史见证
　　阅读知识　记叙文2：游记 ………………………………………………(164)
　　阅读技能　词语的特殊意义 ………………………………………………(165)

第五单元　环境保护(一) ……………………………………………………(166)
　　通　读　保护濒危的东北虎 ………………………………………………(166)
　　略　读 ………………………………………………………………………(172)
　　　课文(一)人虎情
　　　课文(二)养鹤姑娘的故事
　　查　阅 ………………………………………………………………………(179)
　　　课文(一)中国九大世界级自然保护区
　　　课文(二)永为净土——西藏的自然保护区事业
　　阅读知识　记叙文3：写景 ………………………………………………(185)
　　阅读技能　指示代词及其指代内容(上) …………………………………(186)

第五单元 环境保护(二) ……………………………… (188)

通　读　中国面临环境污染的威胁 ……………………… (188)

略　读 …………………………………………………… (194)

　　课文(一)跨世纪的绿色工程
　　课文(二)赤潮,亮起红色警告

查　阅 …………………………………………………… (199)

　　课文(一)我们呼吸着什么样的空气
　　课文(二)当前十项最大的环境问题
　　课文(三)现代生活提倡"绿色"

阅读知识　记叙文 4:写人 ……………………………… (205)

阅读技能　指示代词及其指代内容(下) ………………… (205)

第六单元 购物休闲(一) ……………………………… (207)

通　读　名牌战略与文化底蕴 …………………………… (207)

略　读 …………………………………………………… (212)

　　课文(一)可怜的中国消费者
　　课文(二)广告的度
　　课文(三)男人的购物方式

查　阅 …………………………………………………… (217)

　　课文(一)消费政策要面面俱到
　　课文(二)冬天去哪儿玩
　　课文(三)电风扇使用说明书
　　课文(四)商品广告

阅读知识　记叙文 5:写事 ……………………………… (225)

阅读技能　常用文言代词"之、其、此"及其指代内容 …… (225)

第六单元 购物休闲(二) ……………………………… (227)

通　读　走出家门 ………………………………………… (227)

略　读 …………………………………………………… (233)

　　课文(一)我的藏书
　　课文(二)影响 20 世纪的大事物
　　课文(三)双休日

查　阅 …………………………………………………… (240)

　　课文(一)几种简易美容法

课文(二)Intenet上的电子商场
　　　课文(三)消费者可拒交的冤枉钱
　　　课文(四)家用电器巧除污
　　阅读知识　说明文4：说明书 …………………………………………(246)
　　阅读技能　常用文言副词"颇、亦、尚、即" ……………………………(246)

第七单元　医疗保健(一) ………………………………………………(248)
　　通　读　别跟自己过不去 ………………………………………………(248)
　　略　读 …………………………………………………………………(253)
　　　课文(一)实习
　　　课文(二)将来我们怎样看牙
　　查　阅 …………………………………………………………………(257)
　　　课文(一)土豆不土，营养丰富
　　　课文(二)健康保险知多少
　　　课文(三)办公室内吃什么
　　　课文(四)药
　　阅读知识　记叙文6：科普短文 ………………………………………(263)
　　阅读技能　简称(上) ……………………………………………………(263)

第七单元　医疗保健(二) ………………………………………………(265)
　　通　读　家庭——抵御艾滋病的第一道防线 ………………………(265)
　　略　读 …………………………………………………………………(270)
　　　课文(一)近视
　　　课文(二)饿老鼠，饱老鼠
　　　课文(三)日常生活保健的佳期
　　查　阅 …………………………………………………………………(276)
　　　课文(一)卧思增智
　　　课文(二)健身新法——海洋疗法
　　　课文(三)人的寿命究竟有多长
　　　课文(四)天然化妆品
　　　课文(五)药品说明书：感冒灵冲剂
　　阅读知识　记叙文7：通讯报道 ………………………………………(282)
　　阅读技能　简称(下) ……………………………………………………(283)

第八单元 民族风情（一） ·· (285)
　　通　读　北京人过年 ·· (285)
　　略　读 ·· (290)
　　　课文（一）年趣
　　　课文（二）乡音
　　查　阅 ·· (295)
　　　课文（一）藏历年
　　　课文（二）留在广州过年
　　阅读知识　小说（上） ·· (299)

第八单元 民族风情（二） ·· (300)
　　通　读　北京中华民族园 ·· (300)
　　略　读 ·· (305)
　　　课文（一）拉萨的星期天市场
　　　课文（二）大漠深处有人家
　　　课文（三）景颇族
　　查　阅 ·· (311)
　　　课文（一）满族的"颁金节"
　　　课文（二）赴藏旅游哪种形式好
　　阅读知识　小说（下） ·· (314)

词汇表 ·· (315)

第一单元　大学生活(一)

通读　大学生暑假生活透视

一、提示与要求

全文约1500字,要求14分钟内读完(一遍),然后做练习。

二、词　　语

透视　谋　严峻　警钟　岗位　激发　展示　应届　稚嫩　真诚
勤奋　打破　文凭　终身　层次　以免　反差　充裕　酒徒　品位
分辨　人生观　价值观　把握　实惠　报酬　受聘　资本　欲望
渠道　摞　诚然　泡　网吧　休闲

三、课　　文

词语注释：

透视　tòushì　perspective; see through

【1】从今年起,大学毕业生分配将由过去计划经济体制下的国家统一招生统一分配,改为适应市场经济需要,国家不包分配,毕业生自己选择职业。据了解,今年除少量国家重点大学本科毕业生由国家统一分配外,其余绝大多数都须自谋职业。毕业生分配的严峻形势,也给在校大学生敲响了警钟,不但改变了他们以往满足于在校"60分万岁"的学习态度,也使得他们的暑假生活变得不再轻松。

谋　móu　work for; seek
严峻　yánjùn　severe; grim
警钟　jǐngzhōng　alarm bell; tocsin

实习:有心人的选择

【2】实习,以往都是学校为高年级学生安排的,目的是让他们在正式走上工作岗位前有一个接触社会的机会。如今,为了让学生较早地接触社会,培养自己的能力,激发他们在校学习的动

岗位　gǎngwèi　post; station
激发　jīfā　arouse; stimulate

力和兴趣,以便将来更好地适应自主择业的需要,有些学校从第一个暑假起就鼓励学生去与所学专业相关的单位学习。这一措施得到一些学生的响应。在石家庄一所学院学习经营管理专业的大一学生崔蕾,暑假回家后就到717寻呼台营业部门实习,虽然这个工作与真正意义上的经营管理还有不短的距离,但她开始了解到作为一个营业员与顾客的关系,也获得了展示和锻炼自己口才的机会。在某学院学习影视制作专业的大一学生陈淼,大学第一个暑假选择到电视台实习。虽然她与应届毕业生相比还显得有些稚嫩,但却表现得十分真诚和勤奋。

自考:有志者的选择

【3】现代社会的发展,已经逐渐打破过去那种一张文凭定终身、一个专业定终身、一个单位定终身的传统,使越来越多的大学生认识到:要适应将来就业的需要,必须提高自己的专业知识层次,必须多学一些本领。因此,不少在校的专科生考虑要"专升本",许多本科生也考虑通过自学考考第二学历或研究生。唐山师专政教专业的张丽宏,大一就报了河北大学法律专业本科生的自学考试,第二学年准备考政治学原理、行政法、法律思想史三科,她利用暑假攻读这三门课程,以免开学误了"本行"。与今年"减负"后中小学生欢快、轻松的暑假生活形成反差的是,不少大学生在暑假主动自我加压。

打工:求实者的选择

【4】在校期间打零工,是许多大学生有过的经历。大学生打工的原因是多种多样的,并不是人们所想像的那样,只是那些家庭生活困难的学生不得已的选择。大学生打工,有的是为了锻炼自己,提高适应社会的能力;有的是想通过打工

展示 zhǎnshì reveal; show
应届 yīngjiè this year's (graduates)
稚嫩 zhìnèn young and tender; immature
真诚 zhēnchéng sincere; genuine
勤奋 qínfèn diligent; industrious

打破 dǎpò break; smash
文凭 wénpíng diploma
终身 zhōngshēn lifelong; all one's life
层次 céngcì grade

以免 yǐmiǎn in order to avoid
反差 fǎnchā contrast

挣点钱减轻家庭负担，实现"自食其力"；有的是为了所学专业的需要，增加社会生活积累，等等。暑假的到来，给他们打工提供了充裕的时间。北京某大学一张姓唐山籍的大学生第一个暑假没有马上回家，而是选择到京都一家"酒吧"打工。她在电话里对笔者说："不必谈'吧'色变，其实来'酒吧'做客的并不都是酒徒色鬼，也有品位相当高的人。关键是在与各种顾客打交道的过程中，学会分辨真善美，用正确的人生观、价值观把握住自己。在付出一定的劳动的同时也得到一定的实惠。"在河北理工学院、唐山师专校园外，可以经常见到以选择家教作为打工内容的大学生们。据他们反映，由于中小学生"减负"，请家教的明显少了；同时受供大于求的影响，报酬也降低了，一般一小时10元。家在河北迁安市的赵秀芹，假期只回家几天就返校了，她说："我现在只受聘一家，教一个学龄前的儿童学简笔画。只要有人聘，钱少点也比没有好。"

充裕 chōngyù ample; plenty of
酒徒 jiǔtú winebibber; toper
品位 pǐnwèi grade
分辨 fēnbiàn distinguish
人生观 rénshēngguān outlook on life
价值观 jiàzhíguān values
把握 bǎwò hold; grasp
实惠 shíhuì material benefit
报酬 bàochou reward; pay
受聘 shòupìn accept an appointment (to a post)

读书：求知者的选择

【5】过去人们常说："知识就是力量。"现在社会上的流行语是："知识就是资本。"知识经济的到来，激起了大学生们求知的强烈欲望。读书，是大学生获得知识的主要渠道。暑假正是读书的好时候。家住唐山市新区的河北大学新闻系学生张旭，是班里出了名的"书迷"，放假回家前，她从学校图书馆借了一大摞专业课以外的"闲书"，准备在假期里美美地看一阵。如今，许多大学生都不再把暑假视为休息的时间，而是把它视为"充电"、"加油"的第"三学期"。暑假期间，走进唐山市图书馆阅览室，看到的几乎全是大学生。读书风、求知风，使大学生们不顾天气炎热，不知不觉中渐入"心静自然凉"的佳境。

资本 zīběn capital; what is capitalized on
欲望 yùwàng desire; wish
渠道 qúdào medium of communication; channel
摞 luò pile; stack

【6】诚然,除了上述选择外,也有一些大学生选择了出外旅游、走亲访友、学习微机、泡网吧、休闲在家的。总之,如今的大学生暑假生活的确是丰富多彩的。透过这丰富多彩的选择,我们可以感觉到历史的发展、社会的变化、民族的希望、祖国的前途。

(选自2000年8月10日《人民日报》,作者:施疑。有删改。)

诚然 chéngrán　no doubt; it is true
泡 pào　dawdle; idle away
网吧 wǎngbā　internet bar
休闲 xiūxián　recreation

四、练 习

(一) 阅读下列句子并选择对句子中画线词语的正确解释:

1. 从今年起,大学毕业生分配将由过去计划经济体制下的国家统一招生统一分配,改为适应市场经济需要,国家不<u>包</u>分配,毕业生自己选择职业。

　　A. 包括　　　B. 负责　　　C. 保证　　　D. 包含

2. 据了解,今年除少量国家重点大学本科毕业生由国家统一分配外,其余绝大多数都<u>须</u>自谋职业。

　　A. 需要　　　B. 应该　　　C. 必须　　　D. 希望

3. 现代社会的发展,已经逐渐打破过去那种一张文凭<u>定</u>终身、一个专业定终身、一个单位定终身的传统。

　　A. 规定　　　B. 安定　　　C. 稳定　　　D. 确定

4. 与今年"减负"后中小学生欢快、轻松的暑假生活形成反差的是,不少大学生在暑假主动<u>自我</u>加压。

　　A. 我　　　　B. 我们　　　C. 自己　　　D. 本人

5. 她利用暑假攻读这三门课程,以免开学误了"<u>本行</u>"。

　　A. 原来的专业　B. 原来的工作　C. 主要行业　D. 主要课程

6. 知识经济的到来,激起了大学生们<u>求知</u>的强烈欲望。

　　A. 追求知识　B. 获得知识　C. 希望知道　D. 希望学习

7. 如今,许多大学生都不再把暑假视为休息的时间,而是将它视为"充电"、"加油"的第三学期。

　　A. 补充能源　B. 努力学习　C. 继续学习　D. 增加能量

8. 大学生打工的原因是多种多样的,并不是人们所想像的那样,只是那些家庭生活困难的学生<u>不得已</u>的选择。

　　A. 不得不　　B. 一定　　　C. 坚决　　　D. 没有办法

(二)根据课文内容选择对下列句子的正确理解:

1. 与今年"减负"后中小学生欢快、轻松的暑假生活形成反差的是,不少大学生在暑假主动自我加压。

    A. 由于减轻了学习负担,中小学生的暑假轻松愉快,但大学生们暑假的负担却加重了。

    B. 和"减负"后中小学生轻松愉快的暑假生活不同是,很多大学生暑假里自己给自己增加压力。

    C. 中小学生的暑假生活轻松愉快,大学生们的暑假生活却很紧张。

    D. 中小学生的学习负担减轻了,大学生们的学习负担加重了。

2. 不必谈"吧"色变,其实来"酒吧"做客的并不都是酒徒色鬼,也有品位相当高的人。

    A. 没有必要一说"酒吧"就害怕,其实来"酒吧"的都不是好酒好色的人。

    B. 没有必要一说"酒吧"就害怕,其实来"酒吧"的不都是坏人。

    C. 不要一说"酒吧"就害怕,其实来"酒吧"的并不都是好酒好色的人,也有文化教养很高的人。

    D. 不要一说"酒吧"就害怕,其实来"酒吧"的都不是坏人。

3. 只要有人聘,钱少点也比没有好。

    A. 只要有人聘请,钱少点也没关系。

    B. 只要有人聘请,多少钱我都不在乎。

    C. 只要有人请我(作家教),挣钱少也比没有好。

    D. 如果有人聘请我,没有钱我也愿意。

(三)根据课文内容选择正确答案:

1. 本文重点介绍大学生们暑假生活的内容是:

    A. 旅游、实习

    B. 休闲、读书

    C. 打工、准备自学考试

    D. 实习、打工、读书、准备自学考试

2. 课文中哪一段讲述了导致大学生们暑假生活不轻松的原因?

    A. 第1段

    B. 第2段

    C. 第4段

    D. 第6段

(四)根据课文内容简要回答问题：

1. 为什么大学一年级的学生要利用暑假实习？

2. 大学生"专升本"或考研究生的主要目的是什么？

3. 大学生们打工的目的有哪些？

4. 家教报酬减少的主要原因是什么？

5. 对大学生来说获得知识主要靠什么？

6. 从哪些方面可以看出大学生们的暑假生活是丰富多彩的？

(五)熟读下列两组词语并把可以搭配的词语用线连起来：

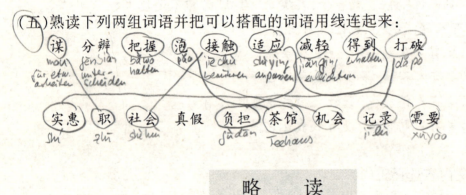

略　读

课文(一)　初为人师

一、提示与要求

全文约1000字，要求8分钟内读完(一遍)，然后做练习。

二、课　文

毕业后分到学校，初为人师，第一次上课竟然是要面对外国人。一夜无眠之后,抱着书本,不安地走进教室,看着讲台下金黄棕黑的头发,蓝灰纷呈的眼睛,不知说什么才好,一时教室里静极了。这时,一名身高足有一米九几的男生站起来说:"你好!"其汉语发音之纯正,令我十分惊讶。我问道:"你汉语说得真好,在哪里学的?"只见他的长睫毛上下刷了几下,却没反应。没听懂?我正这样想着,旁边一名女生用不熟练的中文告诉我,他只会这两个字,但依然骄傲地首先说。众学生大笑,我不禁也笑起来。——课就这样开始上起来了。

虽然是教外国人学汉语,但是我从中也学到了不少知识。一次上课,内容是介绍天坛。我给他们看天坛的图片,并朗读课文。忽然,一名学生举手说道:"'祈年殿'的'祈'字应该是二声,而不是三声。"是吗?我当时不太相信,心想,我说了这么多年中国话,这样简单的字还会念错?下课后查字典,果然如他所说,立刻我感到很惭愧,再上课时赶快纠正了错误。以后备课时,念不准的字一律查字典,就是念得犹豫或不常遇见的字,也再不敢自以为正确。一本《新华字典》在手,随时备用,并由此养成了好习惯,从而,也纠正了以前不少错误的发音,认识了不少字。

在中国时间长了,这些好学的留学生们也开始思考汉语的用法。一次下课后,一名学生问道:"老师,你看,这些词。"他说着,就耐心地、一笔一划地写了以下词语:打击、打仗、打架、打球、打饭、打酱油、打车、打的。他在后五个词下面都画了一条线,说:"怎么使用'打',而不用玩、买、乘啊?"又问:"中国人是不是很喜欢战争?"我一听很生气,谁会喜欢战争呢?我马上说到:"不,中国人是最热爱和平的民族。"但是,"打"字的词义是极为丰富的,而此种用法用习惯用语来解释,似乎简单,我一时说不出话。这些平日常说的话,从未加以注意,知道是这样但不知为什么这样。于是,为了有一个圆满的答案,查资料,请教专家,还接触了其他学科的知识。后来,在向学生解释之余,也由此联想到,历史上,中国普通老百姓遭受战乱,近现代祖国又饱受列强入侵,战火频繁,战争不能不在日常生活中留下阴影,"打"字与此有无关联呢?当然,这只是"窃以为",没有经过考证。想想当今实实在在的和平生活,无战争,平静而快乐,不仅仅是幸福,更是多么值得珍惜啊!没想到,在教外国人学汉语的过程中,既有新知识的补充,又体会了生活感悟,真是意外之得的收获。

三、练 习

(一)根据课文内容选择正确答案:

1. "我"第一次给学生上课时,心情怎么样?

A. 紧张　　　B. 高兴　　　C. 失望　　　D. 轻松

2. 第一个站起来说话的男生：
   A. 是个黄头发蓝眼睛的外国人
   B. 以前学过汉语
   C. 没听懂"我"的问话
   D. 很骄傲，看不起别人

3. 有个学生指出"祈"是第二声，"我"听到后：
   A. 马上纠正自己的错误
   B. 立即查字典
   C. 觉得不好意思
   D. 坚持自己的念法

4. 学生问"打"字的用法，"我"生气了，因为：
   A. "我"不喜欢学生提问
   B. "我"不知怎么回答
   C. 学生在故意为难"我"
   D. 学生的解释令"我"难以接受

5. 从本文可以了解到"我"：
   A. "我"是师范院校毕业生
   B. "我"更喜欢教中国学生
   C. "我"很喜爱自己的工作
   D. "我"有丰富的教学经验

(二) 根据课文内容选择正确答案：

1. 课文第二段主要写的是：
   A. 汉语声调很难
   B. 中国人的声调不一定都正确
   C. 老师应养成查字典的好习惯
   D. 在教学过程中老师也会得到提高

2. 课文中最能概括全文主要内容的句子是：
   A. 毕业后分到学校，第一次上课竟然是外国人。
   B. 虽然是教外国人学汉语，但是我从中也学到不少知识。
   C. 平日常说的话，从未加以注意，知道是这样但不知为什么这样。
   D. 没想到，在教外国人学习汉语的过程中，既补充了新知识，又体会了生活感悟。

课文（二）　"贫困生"如何圆大学梦

一、提示与要求

全文约850字，要求7分钟内读完（一遍），然后做练习。

二、课　　文

上大学要交费的观念已逐步为社会所接受。但是，与此同时，约占高校学生总数10%的"贫困生"如何交纳家庭难以承担的学费，顺利完成大学学业，这个问题日渐突出。为解决这一问题，克服求学之路的困难，高等教育法为高校"贫困生"开辟了如下途径：

一、申请补助或减免学费。《高等教育法》第五十四条规定："家庭经济困难的学生，可以申请补助或减免学费。"据此，那些因灾害或其他原因造成家庭经济困难的学生，可以在新生报到或开学之初向学校有关部门说明家庭的实际困难，提出要求补助或减免学费的申请。学校在审查核实后，依照有关规定，给予适当的学费减免或补助。

二、获得奖学金。《高等教育法》第五十五条规定，国家设立三种类型的奖学金：奖励品学兼优学生的优秀学生奖学金，奖励报考师范、农业、民族、体育和航海等专业学生的专业奖学金，和奖励毕业后志愿到边境地区、经济困难地区及艰苦行业工作学生的定向奖学金。"贫困生"可通过刻苦学习或报考上述相应专业而获得奖学金。

三、勤工俭学。《高等教育法》规定，对学生的勤工助学活动学校应给予鼓励和支持，并由国家设立的高等学校勤工助学基金予以保障。学生利用课余时间，在不影响学业任务的前提下，可以参加勤工助学活动。勤工助学活动受法律保护，无论学校还是企事业单位与社会组织及个人，对学生勤工助学劳动所得的报酬都不得克扣，且数额不得低于当地同类人员的工资水平。

四、申请助学金。《高等教育法》第五十五条规定："国家设立奖学金，并鼓励高等学校、企事业组织、社会团体以及其他社会组织和个人设立各种形式的助学金，对家庭困难的学生提供帮助。""贫困生"可按规定提出申请，获得资助。

五、申请贷款。按照《高等教育法》第五十五条规定，国家应在高校设立贷学基金，向家庭经济困难的学生提供无息或低息贷款。"贫困生"向学校贷款审定机构提出申请，并提供本人及家庭经济状况的必要资料及担保人，经批准，即

9

可获得每年一定数额的贷款。学生可以按规定在毕业前或毕业后以不同形式偿还贷款。

(本文选自1998年10月4日《法制日报》。作者：王大泉。)

三、练 习

(一)根据课文内容简要回答下列问题：

1. 在高校学生中大约有多少"贫困生"？

2. 什么样的学生可以申请补助或减免学费？

3. 高校的奖学金分几种？

4. 什么叫"勤工助学"？

(二)本课主要告诉我们：
A. 贫困生可通过勤工俭学上大学
B. 上大学交费已被大家接受
C. 贫困学生上大学困难很多
D. 贫困学生如何上大学

课文(三) 力力和他的音乐老师

一、提示与要求

全文约1000字，要求8分钟内读完(一遍)，然后做练习。

二、课 文

力力是高二年级的帅哥，功课也不错，只是一门音乐，何老师给分总是那么吝啬，为此力力对何老师又恨又恼，却敢怒不敢言。有机会我得给她出出难题，力力这么琢磨着。然而，要难倒何老师并非易事，前不久就有一位同学出了洋相。那位同学抄了贝多芬的十几个小节的交响曲拿给老师说:"何老师,我写了一段《随想曲》,麻烦您给改一改。"样子十分诚恳。何老师草草浏览一遍,随手在上边加了几个符号,高声说:"亏你想得出来,你是不是想让同学们取笑我改了贝多芬的曲子?你瞧瞧,你连抄都抄不对,有你这样的学生我真感到丢人。"

愚人节这天,力力的机会来了,他的书包里带着一张何老师从未听过的唱片。那是舅舅从国外带回来的一张专供狗听的唱片。力力要把它送给何老师。

课间活动时,力力把唱片交给何老师:"这是一张我爸爸从国外带回来的唱片,我和同学们都听不懂,只好送给您。"何老师暗喜,却推说:"我怎么能要学生的东西呢?不行!"力力硬是把唱片塞进何老师手里说:"就算借给您听吧,您要是能告诉我这是帕格尼尼或什么人的作品,那我就算没有白借了。"

下班回家,何老师没来得及料理午餐就匆匆打开音响,放入力力借给她的唱片,一边听一边录。奇怪的是这张唱片的旋律杂乱无章,且声音微弱,根本听不出是哪个世纪的音乐,更不必去猜想是何人的作品。何老师越听越纳闷,听着听着,只见沙发上酣睡着的法国牧羊犬贝贝忽然站起来,随着音乐翩翩起舞。天哪,它听懂了!何老师急忙取出唱片,在那一行行被涂得乱七八糟的曲目上仔细破译:《我是一只狗》主打音乐。好个臭小子,居然把狗音乐送给我!何老师本要动怒,看到日历上正是四月一日愚人节,只好哭笑不得地下厨房去了。

吃午饭时,何老师把力力的事说给丈夫听,丈夫笑得东倒西歪,把满嘴的饭喷得到处都是。笑够之后,丈夫指着小牧羊犬贝贝说:"你下午给贝贝扎条领带,把它拴在校门口的电线杆上,然后告诉力力:'我刚才遇上你爸爸,他说在校门口电线杆那里等你。'再夸他一下:'你爸爸西服革履,好帅气。'这么一来,也许同学们会跟他一起去看他爸爸。""好主意,"何老师赞许,又道,"可他毕竟是个孩子,我不忍心伤害他。"

课间,力力问何老师:"何老师,那唱片还好吗?"何老师笑着说:"好极了,只是我怎么听都听不懂,看来你的音乐修养已超过了老师,你还是自己留着慢慢欣赏吧。"说着把唱片交还力力。几个同学一听老师还有不懂的音乐,都转过来想看个究竟。何老师和颜悦色地对大家说:"那是一张专门供狗欣赏的音乐,可力力却把他买回了家。"同学们哄然大笑。

放学时,何老师叫住力力:"刚才我碰到你爸爸……他说要在门口等你……我说不必了……我要把你带回家,培养你的乐感。"

(选自《厦门文学》1996年第8期,作者:英岩峰。有删改。)

四、练 习

(一)根据课文内容简要回答问题：

1. 力力为什么恨何老师？

2. 愚人节那天,力力送给何老师什么东西？

3. 何老师发火了吗？为什么？

4. 何老师按照丈夫的话去做了吗？

(二)本文主要谈的是：
A. 力力是个很聪明的学生
B. 何老师很会上音乐课
C. 老师和学生的关系
D. 狗十分喜欢音乐

查 阅

课文(一) 关于来华留学生数理化考试的通知

一、提示与要求

全文约280字,要求2分钟内查找出问题的答案。

二、问 题

1. 学习中医的同学要考什么？

答：

2. 学习管理的同学要考什么？
   答：

3. 3月27日上午考什么？
   答：

4. 报名时需要带什么？
   答：

5. 考试地点在哪儿？
   答：

三、课　　文

××大学受中国国家留学基金管理委员会委托组织1999年外国在华留学生数理化基础知识考试。具体通知如下：

一、凡已在华，并申请学习理、工、农、医药（包括中医药）类本科专业的外国留学生（含奖学金生和自费生），须参加数学、物理和化学三门基础知识的考试；凡申请学习经济和管理类本科专业的留学生须参加数学考试。两个专业的录取分数线原则上定为180分和60分，由接受院校择优录取。

二、考试时间及科目：
　　3月27日（星期六）
　　　上午 9:00——11:00　　　数学
　　　下午 14:00——16:00　　物理
　　3月28日（星期日）
　　　上午 9:00——11:00　　　化学

三、报名地点：
　　××大学外事处（主楼中间二层228号房间）

四、报名时间及注意事项：
　　报名时间从3月1日至3月11日。报名时请携带护照和两张照片。

五、考试地点：

考场设在××大学主楼南侧一层阶梯教室。

请考生于4月14日至16日到外事处领取考试成绩证明。

××大学
外事处
1999年1月18日

课文(二)　周末游长城

一、提示与要求

全文约100字,要求1分钟内查找出问题的答案。

二、问　　题

1. 哪一天去十三陵和长城？什么时间开车？

    答：

2. 哪一天开始报名？

    答：

3. 这次游览是为什么人组织的？

    答：

三、课　　文

为丰富来华留学生周末生活,外事处将于9月19日(星期六)组织留学生游览明十三陵和八达岭长城。具体安排如下：

一、集合地点和出发时间:9月19日上午7:00在主楼前集合,7:30准时开车。

二、报名时间和地点:9月8日至15日在主楼中间二层228室报名。

三、注意事项:欲去者请从速报名。请准时上车,注意安全。午餐自理。

××大学
外事处
1998年9月8日

课文（三） 关于本学期期末和下学期开学安排的通知

一、提示与要求

全文约540字，要求4分钟内查找出问题的答案。

二、问　　题

1. 学校什么时候开始放暑假？
   答：

2. 二年级的同学哪天在什么地方领取成绩单？
   答：

3. 下学期什么时候开始报到选课？
   答：

4. 下学期哪一天开始上课？
   答：

三、课　　文

汉语学院各国留学生：
　　你们好！
　　期末就要到了，现将本学期期末和下学期开学安排通知给你们，请予以关注。
　　一、本学期期末安排：
　　1. 2001年7月4日是最后一门课考试时间。
　　2. 7月14日开始放暑假。
　　3. 请同学们在放假前在规定的时间和地点领取"成绩单"和"证书"。放假期间办公室不办公。下学期领（或补）"成绩单"者，须交若干费用。
　　4. 领取"成绩单"和"证书"的时间、地点：

(1) 一年级学生请在 7 月 11 日上午 10:00～11:30 到班主任老师处领取。

(2) 二年级学生在 7 月 11 日上午 9:30～11:30 到"中级汉语"课老师处(主楼南侧 414)领取。

(3) 三、四年级学生也在 7 月 11 日上午 9:30～11:30 领取。具体地点是：

汉语专业的学生在"高级汉语"课老师处(主楼南侧 415)；

文化专业的学生在"社会概览"课老师处(主楼南侧 412)；

三年级经贸方向的学生在"经贸口语"课老师处(主楼南侧 408)；

四年级经贸方向的学生在"高级商贸口语"课老师处(主楼南侧 408)。

5. 二、三、四年级 7 月退学的同学,请持"成绩单"于 7 月 11 日上午 9:30～11:30 到主楼南侧 411 室领取证书。

二、下学期开学安排：

1. 报到、选课时间：2001 年 9 月 1～5 日。

2. 报到入学手续：

(1) 全体学生须先到外事处(主楼中间三层)领取蓝色的"老生报道通知单"。

(2) 留学生凭蓝色的"老生报到通知单"和"成绩单"到汉语学院老生报道办公室(主楼南侧 404)办理入系手续。

(3) 9 月 8 日正式上课,并开始记录考勤。凡未按时到校上课的同学,按缺课处理。

三、补考安排：

一年级学生 8 月 25 日、26 日补考。

二、三年级学生 8 月 24 日、25 日、26 日补考。

请注意：每门课的补考只有一次,以后不再安排补考。

汉语学院教务办公室
2001 年 6 月 4 日

课文(四)　招生广告
——大专、本科学历班　函授招生

一、提示与要求

全文约 500 字,要求 4 分钟内查找出问题的答案。

二、问　　题

1. 这是一个什么性质的招生广告?
   答:

2. 该校本科有哪些专业?
   答:

3. 如果在该校学习国家承认学历吗?
   答:

三、课　　文

　　为鼓励更多的有志者早日接受高等教育,早日拥有高等学历,我校面向全国继续扩大函授招生。

　　*招生对象:有志成才者均可面试报名学习。*学历:参加自学考试成绩及格,获国家承认学历的大专或本科毕业证,待遇同普通高校毕业生相同。*专业(收费):大专:中文、会计、税收、财政、金融、统计、英语、教育学、行政管理、政治管理、国际贸易、工业企业管理、商业企业管理、文秘、中医、新闻学、商学、护理、电子技术、经济管理(各500元);本科:中文、英语、会计(各600元)。*报名时间、方法:即日起邮局汇款报名(附简历一份,照片6张),常年招生。*报名地址:(1)海南省海口市海秀大道34号海口经济特区人才培训中心招生办公室。邮编:570206,电话:(0898)5371752,联系人:张洪伟老师。(2)广东省广州市客村正大街5巷39号海口市经济特区人才培训中心广州分校。邮编:510300,电话:(020)84217257,联系人:龚智勇老师。愿来特区开拓、创业的学生,学校免费为其向沿海特区人才交流中心推荐、联系。注:(1)可选一至多个专业学习。(2)可申请提前毕业。(3)学员情况特殊的,可先交60%学费学习。简章备案(附邮资2元即寄)。

(选自1998年5月1日《中国青年报》。)

阅读知识:应用文1:通知

　　应用文是指国家、单位以及个人在日常工作和生活中,办理公务和私人事务时所使用的具有直接使用价值和惯用格式的文章。它包括通知、广告、海报、证明、启事、书信等。下面我们将主要介绍一下通知、广告和书信的特点。

通知一般包括三个部分:通知的第一行中间通常有"通知"二字或具体的"××通知"作为标题,例如本单元查阅(一)的"关于来华留学生数理化考试的通知";也可直接以具体事件为标题,如"周末游长城"(本单元查阅(二));情况特殊的通知如"紧急通知"、"补充通知"等也可在标题中写明。第二行空两格写正文,如上面提到的通知的正文部分。通知者的名称和通知日期写在正文右下方,例如查阅(二)的通知在结尾处的右下方写有:

××大学
外事处
1998年9月8日

由于受通知的这种格式所决定,我们在阅读通知时,往往可以略过一些格式化的或不太重要的信息而直接寻找具有实际意义的重要信息,如查阅(二)的通知中,当我们看到题目"周末游长城"和正文中指明有关对象是"留学生"时,不是留学生或对周末游长城不感兴趣的人就没有必要再看下去了。如果阅读者就是对周末游长城感兴趣的留学生,继续阅读时也应寻找最重要的信息,例如:

时间:9月19日(星期三)7:00(集合)
　　　　　　　　　　7:30(开车)
　　　　　　　9月8日至15日(报名)
地点:主楼前(集合)
　　　主楼中间二层228室(报名)
具体游览地点:十三陵、八达岭长城
注意事项:午餐自理

其他的就不必详读。

阅读技能:猜词:偏旁分析(上)

汉字不是拼音文字,具有明显的表意文字的性质。现在常用的三千多个汉字中,90%左右是形声字。掌握形声字的规律,对于我们提高阅读能力将有帮助。

形声字由形旁加声旁组成。形旁表示意义,即事物大致的类别;声旁表示读音。例如本单元通读课文的词语中有"发源"一词,其中"源"字的形旁是"氵",表示这个字的意思和水有关;声旁是"原",表示这个字的读音。"绿树成荫"的"荫"和"荟萃"的形旁"艹"表示这些字在造字时和草木植物有关,"阴"、"会"、"卒"作为声旁,表示字的读音或大概的读音。"培训"的"培"由"土"和"咅"组成,"土"提示字的语义和土有关,"咅"提示读音。"函授"的"授"字由"扌"和"受"组成,"扌"表示字义和手有关,"受"则提示读音。当然,由于不断地发展,声旁表音和形旁表义已有许多不准确了,但我们仍可利用汉字的这种表意性质猜测我们不熟悉的词,提高阅读能力。

第一单元 大学生活(二)

通读 净化环境与净化心灵

一、词　语

净化　心灵　主体　录取　指望　自理　值日　天经地义　雇用　例外
后勤　身份　青睐　浮动　基金　负担　捐助　一筹莫展　丢脸　启事
预料　舒畅　支配　控制　缘于　落榜　垃圾　表彰　淋漓　日益　由衷
欣慰

二、提示与要求

全文约1700字,要求15分钟内读完(一遍),然后做练习。

三、课　文

（一）

【1】进入90年代以来,独生子女成了大学的主体。为一张大学录取通知书,许多父母指望他们的就是死读书,拿高分,以致洗衣服等应该自理之事在整个中学期间全由家庭包下来,即使一些农村的小孩子,因为远离劳动,"四体不勤"、"五谷不分"的也不在少数。

【2】早在五六十年代,包括70年代和80年代初,学生宿舍的卫生一直由学生自己安排值日打扫,也没有谁去给他们报酬。自己住的地方自己打扫,似乎是天经地义的。

【3】可是到80年代后期,渐渐的,值日生不再有了,值日劳动远离了年轻一代大学生。为了保持校区卫生,学校只好雇用临时工来打扫学校宿舍的走廊和厕所。

词语注释：

净化 jìnghuà　purify
心灵 xīnlíng　soul; spirit
主体 zhǔtǐ　main part
录取 lùqǔ　enroll
指望 zhǐwang　count on; look to
自理 zìlǐ　take care of or provide for oneself
值日 zhírì　be on duty for the day
天经地义 tiān jīng dì yì (in line with) the principles of heaven and earth-right and proper; perfectly justified
雇用 gùyòng　employ

【4】现在,全国 1000 多所大学,雇用临时工打扫学生宿舍,几乎无一例外。据南京大学负责后勤管理的一位同志介绍,单是每年付给打扫学生宿舍的临时工的钱,就近 10 万元。

【5】南京大学十分重视勤工助学工作,在图书馆、校机关等设置了大约 300 个勤工助学岗位,这些岗位既能挣钱,也不失其身份,被大学生称为"白领岗",大受青睐。1996 年 10 月,学校把由临时工打扫的学生宿舍的卫生工作,由学生自己承担,设立勤工助学岗。由于这个工作又累又脏,同学们称之为"蓝领岗"。

【6】学生保洁员的工作由宿舍管理员每天检查并根据清洁程度打分。每位学生月报酬为 120 元,30 元浮动,作为奖励基金,工作优秀者期末可以拿到综合奖。

(二)

【7】97 级的李秀玲同学来自农村,读初二时,母亲生病动了两次手术,家庭的负担落在了父亲一人身上,生活非常困难。她高中三年,得到社会各方面的捐助近 5000 元。1997 年,她以 612 分的好成绩被南京大学国际商学院录取,但几千元的学费使父母一筹莫展。正在这时,又是当地一家信用社及时地支持她家 2400 元,才使她得以上大学。离家时,她望着满眼泪花的母亲,心想:"我一定要好好读书,决不能给所有关心我的人丢脸。"到校后,她看到有招收保洁员的启事,就报了名。她想,这下可以减轻家里的负担了。

【8】出乎预料的是,当她把这个消息告诉母亲时,妈妈以耽误学习为由坚决反对,说钱的问题再想办法。她的阿姨、中学老师也都打电话来表示反对,但小李还是坚持下来了。经过实践,她不但把清洁员的工作做得很好,而且也提高了生活能力。通过打扫卫生,还交了好多新朋

例外	lìwài	exception
后勤	hòuqín	rear service
身份	shēnfen	status; dignity
青睐	qīnglài	be fond of or attach importance to
浮动	fúdòng	float
基金	jījīn	fund
负担	fùdān	burden
捐助	juānzhù	offer (financial or material assistance); contribute; donate
一筹莫展	yì chóu mò zhǎn	can find no way out; be at one's wit's end
丢脸	diūliǎn	lose face; be disgraced
启事	qǐshì	notice; announcement
预料	yùliào	anticipate; expect; predict

友,心情很舒畅。最终,妈妈理解她了。在学期结束时,她以《意外的收获与惊喜》为题,写了近3000字的小结来谈自己做保洁员工作的收获。这个学期,小李又上岗上。

【9】来自广西的小伙子蒙克来家庭条件不错,每学期家中都给他几千元由他自己支配,可他每月都把伙食费控制在300元以内,不乱花钱。他当保洁员是缘于一封信。同宿舍的同学纪鹏飞来自黑龙江,他的一位高中落榜同学家庭非常困难,爸爸、哥哥的单位效益不好,妈妈又生病。那位同学在给纪鹏飞的信中,诉说了家庭的困难以及很想上大学的愿望。这封信被蒙克来看到了,他为此心情久久不能平静。他申请了一个岗位,要把每月挣到的钱都给那位农村的同龄人寄去。他干得很投入,手都磨出两个水泡。他说,他一定要坚持下去!

(三)

【10】开始上岗时,不少同学怕见人,有的清晨老早就起来,趁还没有人赶紧干完。有的挑着箩筐倒垃圾,一二百米的路,就感到要走多远似的,生怕路上碰到熟人。男同学更怕见到班上的女同学。现在,大家都习惯了。

【11】去年年底,55位保洁员每人都写了小结,学校还专门开了表彰大会,对评上优秀保洁员的给予奖励。

【12】来自江西吉安的罗珊珍说:"当我得到自己第一个月的工钱时,我有一种成就感。因为,这是我第一次以自己的劳动换来的。我想,不论将来从事何种工作,我都不会忘记我干过的第一个工作。"

【13】来自浙江的张琴华写道:"我来自浙江农村,从小父母不曾给过我饼干和巧克力,也没有给过我玩具和钢琴,但他们用实际行动教给我

舒畅 shūchàng happy; entirely free from worry

支配 zhīpèi allocate; control

控制 kòngzhì control; dominate; command

缘于 yuányú owing to; on account of

落榜 luòbǎng fail in an entrance examination

垃圾 lājī rubbish; garbage; refuse

表彰 biǎozhāng cite (in dispatches); commend

勤劳和朴素,我坚信这是人间最美好的东西。在大汗淋漓中,我感受着内心的痛快和舒畅,正是在这个时候,我感到自己和远方家中日益辛劳的父母靠得很近。我也为自己能让楼层内同学每天生活在一个整洁舒适的环境而感到由衷的欣慰。"

【14】南京大学浦口校区的负责人在接受采访时说,推行学生保洁员制度,已经远远超过了当初勤工助学的意义,不仅净化了环境,也净化了心灵,推动了整个校园的文明建设。

(选自1998年4月16日《人民日报》,作者:方延明。有删改。)

淋漓 línlí dripping wet
日益 rìyì increasingly; day by day
由衷 yóuzhōng sincere; from the bottom of one's heart
欣慰 xīnwèi be gratified

四、练　习

(一)根据课文内容选择对下列句子中画线词语的正确解释:

1. 为一张大学录取通知书,许多父母指望他们的就是<u>死</u>读书,拿高分。
   A. 努力　　B. 认真　　C. 不灵活　　D. 不顾一切

2. <u>单</u>是每年付给打扫学生宿舍的临时工的钱,就近10万元。
   A. 仅仅是　　B. 就是　　C. 常常是　　D. 只要是

3. ……但几千元的学费使父母<u>一筹莫展</u>。
   A. 很着急　　B. 很担心　　C. 想了很多办法　　D. 想不出一点办法

4. 又是当地一家信用社及时地支持她家2400元,才使她<u>得以</u>上大学。
   A. 能够　　B. 获得　　C. 得到　　D. 允许

5. 他当保洁员是<u>缘于</u>一封信。
   A. 为了　　B. 在于　　C. 对于　　D. 因为

(二)选择对下列句子的正确理解:

1. 全国1000多所大学,雇用临时工打扫学生宿舍,几乎无一例外。
   A. 全国1000多所大学,几乎没有一所不雇用临时工打扫学生宿舍。
   B. 全国1000多所大学几乎没有雇临时工打扫学生宿舍的。
   C. 全国1000多所大学差不多都没有雇用临时工打扫学生宿舍。
   D. 全国所有的大学都雇用临时工打扫学生宿舍。

2. 妈妈以耽误学习为由坚决反对。
   A. 因为耽误学习,妈妈坚决反对。

B. 妈妈认为是耽误学习，坚决反对。
C. 妈妈以耽误学习为理由坚决反对。
D. 妈妈很怕她耽误学习，坚决反对。

3. 一二百米的路，就感到要走多远似的，生怕路上碰到熟人。
A. 一二百米的路，就感到跟要走很远一样，很怕看到熟人。
B. 一二百米的路，就不知道要走多远，只怕遇到熟人。
C. 路虽然很近，走起来却感到很远，还怕遇到熟人。
D. 路虽然不远，但感觉却很远，还怕看见熟人。

(三)根据课文内容判断下列句子对错：
1. 为了让孩子考上大学，很多父母都不让孩子参加必要的劳动。（ ✓ ）
2. 现在，许多大学的学生宿舍都是学生自己打扫。（ ✗ ）
3. 现在全国每年用于大学生保洁员的费用是十万元。（ ✗ ）
4. 因为家里生活困难，李秀玲的妈妈很支持她做保洁员。（ ✗ ）
5. 蒙克来做保洁员是为了资助一位同龄人。（ ✓ ）
6. 不少同学开始做保洁员时感到不好意思，现在已经习惯了。（ ✓ ）
7. 南京大学推行学生保洁员制度取得了很大收获。（ ✓ ）

(四)根据课文内容简要回答下列问题：
1. 为什么现在一些大学生"四体不勤"、"五谷不分"？

2. 南京大学是怎么解决学生宿舍的打扫问题的？

3. 为什么"白领岗"受大学生欢迎？

4. 蒙克来同学为什么要当保洁工？

5. 为什么说大学生当保洁工不仅净化了环境，也净化了心灵？

(五)根据课文内容选择正确答案：
1. 课文第一段主要讲的是：
A. 90年代的大学生主要是独生子女

B. 90年代父母对孩子的希望就是考大学 ✓
C. 90年代的大学生自理能力很低
D. 90年代大学生的组成及存在的问题
2. 课文中哪两段主要是大学生自己谈做保洁员的收获?
A. 第8、9段
B. 第8、14段
C. 第9、11段
D. 第12、13段

(六)选择所给词语填空:

由　　为　　自　　以　　以至

1. 我们班的同学一致选他(　)代表,参加全年级的讲演比赛。
2. 小张(　)优异的成绩考入了那所全国重点大学。
3. 他来(　)南方,对北方的生活、气候还不太习惯。
4. 为了能考上一所好大学,这些孩子每天除了吃饭就是学习,(　)连基本的睡眠时间都保证不了。
5. 新来的同学(　)小王陪同游览了长城。

(七)熟读下列两组词语,把能够搭配的词语用线连起来:

出乎　　发生　　给予　　进行　　净化　　减轻　　受到　　感到

预料　　意外　　奖励　　报酬　　环境　　负担　　欣慰　　表彰

略　读

课文(一)　校园里的手机族

一、提示与要求

全文约850字,要求7分钟内读完(一遍),然后做练习。

二、课　　文

　　骑一辆没有车铃或许也没有车闸的旧自行车,手里握着手机边骑边通话,这恐怕是校园手机一族的典型画像。

　　这种并不和谐的结合表明,大多数买手机的同学并不是在显阔,"需要"是拥有手机的第一理由。一位在某商务公司兼职的同学说,他的业务要求联络广泛,而且要随时随地联络,没有手机他根本没法做。某校新闻系一个研究生班有7名男生,其中4人买了手机。他们大多在新闻单位兼职,"汇报选题、获得新闻线索、联系采访,如果哪一个环节没有联系上,一篇报道可能就黄了"。如今的大学是没有围墙的校园,学生们更多更早地接触社会,走向社会。在这一过程中,人的流动性加大,只有与社会保持稳定而频繁的联络,才可能适应社会。而学校打电话难的问题似乎很难从根本上得到缓解。校园里最让人上火的就是呼机响,找不到电话,电话机前总是排不完的长队——校园手机族就是在这一背景下产生的。

　　"成功在于联系",这句广告词确实是手机族切身的体会。一部手机,入网费加起来价格不低,每月话费也不是小数目,校园手机族们如何负担呢?据了解,购买手机的费用一般是同学自己打工挣来的,靠家里经济支援的为数不多。随着通讯工具的齐备,他们的打工范围大多已不再是家教、店员,而是在打工单位占有一席之地,负有一定责任,如"业务经理"、"编辑记者"之类。手机话费每月一般为三五百元,而从事此类工作,只要用心去做,工资加奖金的报酬是远远高过话费数额的。一位同学很动情地说,从在地铁里发传单到做家教再到在某报社兼职,并开始策划出版图书,他也从心急如焚的等电话、配上数字BP机再到用上手机。他自己并没有觉得有了手机有什么特别,这只是工作的需要,"但手机对我是个激励"。中国人民大学一位老师感慨地说:"现在的学生真不简单。"她刚刚配了呼机,而她的两个学生都已手机在握了;而在她看来,办公室和家里都有电话,再买个呼机已显得多余。手机似乎也成了两代人的某种区分物:对年轻的学子而言,有了手机就有了更大的活动空间。

　　(本文选自1998年4月20日《中国青年报》,作者:翁昌寿。有删改。)

三、练　　习

(一)根据课文判断下列句子对错:

　　1. 学校打电话难是学生买手机的主要原因之一。　　　　　　(　　)
　　2. 大学生买手机为的是显示自己有钱。　　　　　　　　　　(　　)

3. 为工作需要，为适应社会，很多大学生买了手机。　　　（　）
4. 大学生的手机费、通话费一般不贵。　　　　　　　　　（　）
5. 他们的手机大多是自己挣钱买的。　　　　　　　　　　（　）
6. 大学生课余打工已不再限于当家教、做服务员了。　　　（　）
7. 老师们认为大学生买手机是多余的。　　　　　　　　　（　）

(二)本文主要写的是：
　　A. 大学收费问题
　　B. 大学生购买手机的原因
　　C. 大学毕业生的就业问题
　　D. 教师对大学生的看法

课文(二)　鹦哥

一、提示与要求

全文约1400字，要求11分钟读完(一遍)，然后做练习。

二、课　　文

　　"佳佳起床，佳佳起床。"天刚麻麻亮，阳台上传来清脆的叫声。
　　我一惊，慌忙坐起，侧耳细听，什么声音也没有，窗外，一片寂静，怪事！
　　"佳佳起床。"正当我钻进被窝，阳台上叫声又起。哦，明白了。是昨天买回的鹦哥叫人。佳佳定是那个卖鹦哥的少年。我立刻跳下床，跑到阳台，欣赏这只活宝。
　　"佳佳早。"鹦哥招呼，高兴得在竹笼里跳来跳去。
　　"你早，小机灵！"大概发现我不是佳佳，鹦哥不跳了，侧着头，黑亮带有黄圈的眼睛愣愣地看着我。
　　是换了环境，是思念佳佳，还是食不对味，这天，鹦哥什么也不吃。我多次逗它进食，它不闻不看，不声不响，直到晚上七点，才发出"佳佳学习，佳佳学习"的叫声。一连两天都是如此，那黑亮带有黄圈的眼睛终日望着笼外，望着远方。唉，鹦哥在思念佳佳哩！
　　鹦哥，再不吃，要饿坏的！佳佳你在哪儿？这时，我也盼着佳佳出现，救救这只可怜的鹦哥。鹦哥"绝食"的第三天，中午，有人敲门。

"请进！"

门吱呀一声被推开，进来个少年。呵，是佳佳，我惊愕了，他怎么知道我住在这儿！

"老师，鹦哥它？"

"唉，鹦哥思念你，什么都不吃，快饿死了，瞧，挂在阳台上。"

"啊！"佳佳叫了声，急奔阳台。

"佳佳好！"鹦哥见了佳佳，高兴起来，饿了三天的鹦哥还这么精神，真是奇迹。

"鹦哥，你，你吃苦了！"佳佳望着鹦哥哭了，泪珠不由得掉下来，哭得十分伤心。他边抹泪边掏出黄豆、包谷粒和一包小虫子，送到鹦哥笼里，鹦哥甜甜地啄着。临别，佳佳双手捧着鹦哥紧贴在脸上。

"佳佳，要是后悔了，就赎回去吧！"我见他依依不舍就劝道。

"不，"佳佳摸了摸鹦哥的羽毛，"鹦哥很灵性，您对它好，久了它也会对您好的。"

第二天上第一节课，有人迟到。

"报告！"

"进来。"我一看，竟是佳佳："你？"

他见我惊奇，低着头走到第四组第五张空位上坐下。我脸刷地红了。虽初来乍到，但上课两天了（每天一节课），班主任当了四十八小时，竟不知佳佳是我的学生。

课后，我把佳佳叫到办公室："佳佳，鹦哥能催你起床，能督促学习，还是赎回去吧！"

佳佳低着头，咬着嘴唇，眼里闪着泪花。

"鹦哥思念你，你也想念鹦哥，何必……"

"我，我没钱，学杂费还是爷爷卖了心爱的猎枪才凑齐的，那班费、阅读费、资料费……"佳佳哽咽了，"还差二十块！"

"二十块？"我怔住了，难怪那天他喊价的数正是我要求学生交的数。

那是开学前的一天，正逢赶集，学校距集市不远。我偷闲在集市上转圈。呦，一只好漂亮的鹦哥：大头、钩嘴、亮眼睛、黄肚、红背、蓝翅膀。我被吸引住了。

"什么价？"

"六十块！"一个少年站起身。

"六十？"我仔细瞄瞄，伸出三个指头，"这个数。"

"不卖，你别不识货，它可灵性啦，会说话，会报时，要不是缺钱，我才……你要有心,算个板凳脚!"

痛快,我付了四十块。

……

"你家大人呢?"

"爸爸,"佳佳哽咽着,"我七岁那年他在铁路上为救小孩被火车压死了,妈妈改了嫁,只有爷爷。"

这晚,我怎么也睡不着,本想多收点钱,为学生办点事,想不到钱中竟有这多的曲折!

凌晨五点多,微风习习,月色清亮。我提着鹦哥笼愧歉地走到佳佳门口。六点了,东方泛起鱼肚白,笼里的鹦哥清脆的"佳佳起床,佳佳起床"的叫声,打破这小屋四周的宁静,唤醒了佳佳爷孙俩的梦。

啊,酸苦的心!

(选自《小小说》1989年第6期,作者:姚奇。)

三、练　习

(一)根据课文内容简要回答下列问题:

1. 佳佳为什么要卖鹦哥?

2. 佳佳迟到的原因是什么?

3. 佳佳家有几口人,他的爸爸妈妈呢?

(二)这篇小说反映的主要问题是:

A. 人和动物的关系

B. 社会和家庭问题

C. 老师和学生的关系

D. 贫困孩子的上学问题

课文(三) 留校打工好梦难圆

一、提示与要求

全文约800字,要求6分钟内读完(一遍),然后做练习。

三、课　　文

　　大学生们的暑假开始了,湖北武汉今年有近6000名大学生决定留校打工。然而,找上一份工作并不像想像的那么简单,到现在还有一多半学生没有找到活干。江城火辣辣的太阳,灼得学子心发焦。

　　据调查,家教在大多数留校生心中是最佳职业,然而家教市场目前是"买方市场"。在武胜路、红钢城、司门口等三个传统的家教市场,大学生们拿着"家教"牌子站成一大排,而要请家教的人却寥寥无几,有时甚至出现五六个学生竞争一个家教岗位的场面。

　　造成这种状况的原因有两点:一是假期想当家教的大学生太多,市场日趋饱和,即使能当上家教,报酬也比以前少了20%以上;二是有些大学生缺少家教经验或只顾赚钱而忽视教学效果,令家长失望。

　　暑期不少饮食公司、制衣公司、毛巾厂纷纷招聘大学生搞促销,对留校学生来说,这是一个不错的打工机会,但干过推销员的大学生无不牢骚满腹。来自一所省属高校的陈同学直截了当地说:"干推销,真是白辛苦。上门推销在大多数市民中不受欢迎,常遇白眼。"许多大学生认为,干这种促销没有底薪,干上一天挣不到两顿饭钱和路费。

　　家教找不到,推销不好干,目前一部分同学已决定回家。但回家对于那些经济困难、路途遥远的学生来说,却不是件容易的事。

　　对于留校大学生进退两难的境地,一些媒体向大学生伸出了援助之手,为贫困大学生在报刊上免费刊登求职广告,已有不少学生通过这一方式找到了工作。但这只能解决一小部分学生的问题,目前武汉尚有近4000名暑假留校大学生没有找到工作。

　　湖北大学的程斯辉教授认为,留校学生打工存在盲目性,缺乏必要的思想准备和物质准备,学校的组织工作做得不够,留校学生都是自谋出路,学校过问太少。程教授建议大学生暑假不一定要留在大城市,回到自己的家乡,用自己的知识为家乡服务,反而更能体现自己的价值。

(选自1998年7月25日《光明日报》,作者:袁少军。有删改。)

三、练 习

(一)根据课文内容简要回答下列问题：
   1. 暑假大学生最理想的工作是什么？→想家教

   2. 准备留校打工的学生为什么不愿意干推销？ 3 Gründe

   3. 对于暑假留校打工难的问题程教授提出了什么建议？ Vorschlag
nicht in der großen Städten suchen, sondern bei sich zu Hause od. auf dem Land suchen

(二)本文主要反映的问题是：
   A. 利用假期打工成为大学生的新追求
   B. 武汉市大学生纷纷利用假期打工
   C. 大学生假期打工的愿望很难实现
   D. 家教是大学生打工的最佳选择

查 阅

课文(一) 北京林业大学拒绝用一次性木筷

一、提示与要求

全文约440字，要求3分钟内查找出问题的答案。

二、问 题

1. 北京林业大学食堂门口贴出的通知的主要内容是什么？
   答：

2. 中国每年生产木筷要消耗多少林木资源？
   答：

3. Recycle 宿舍的主要工作是什么?
   答:

4. 为什么北京林业大学的学生提出拒绝用一次性木筷?
   答:

三、课　　文

　　1998年10月4日,北京林业大学的食堂门口贴出这样一个通知:"为了响应国家关于'节约木材资源,维护生态平衡'的口号,自10月5日起取消食堂的一次性卫生木筷,希望就餐者自带餐勺。"

　　目前,我国有近千家木筷生产厂家,年产量在3000万箱左右,要消耗300万立方米生产木材,折合消耗总的木材资源500万立方米左右。每一个大学食堂每天通常要消耗掉4000～5000双木筷,相当于吃掉一棵成材的白桦树。想一想,我国有多少学校、多少单位、多少食堂,每天要吃掉多少棵树?

　　在林大采访时,常听到这样一个单词"Recycle"(回收),分类回收、循环再生消费观念在国际上正蔚然成风。林大学生还特别成立了 Recycle 小组,招收 Recycle 宿舍。目前全校已有300多个 Recycle 宿舍,每周一中午12:30 组织志愿者去个宿舍收集分类好的垃圾。该校的环保社团负责人闫保华同学表示,作为林业大学的学生,我们更了解保护生态环境的重要性,有责任提倡人们去追求绿色的生活方式。作为在校学生,吃饭时带上自己的餐勺并不是一件难事,希望林大食堂里点燃的这一束绿色之火,不久就可以绿遍京城,绿遍全国。

　　　　　　　　　　(选自《中国大学生》1999年第1期,作者:陈向军。)

课文(二)　校园时事三则

第 一 则

一、提示与要求

　　全文约140字,要求1分钟内查找出问题的答案。

二、问　　题

1. 目前中国有多少律师？
   答：

2. 为什么中国的律师资格考试由两年一次改为一年一次？
   答：

三、课文　律师业亟待"填空"

在部分西方国家，律师约占从业人口的十分之一，而在我国仅占千分之一左右。今年以来，律师业在我国发展较快。从1993年起，我国将原来两年一次的律师资格考试改为一年一次。据有关部门估测，到2000年，中国律师人才缺口总额达40万。目前，中国整个律师队伍尚不足10万，而实际需要则为30万人，可见律师业在我国大有发展。

第 二 则

一、提示与要求

全文约200字，要求1分钟内查找出问题的答案。

二、问　　题

1. 到今年为止，大陆共有多少大学招收台湾学生？
   答：

2. 台湾学生在大陆主要学习哪些专业？
   答：

三、课文　至1997年共有两千余名台生在祖国大陆就读

为满足台湾青年就学需要,促进海峡两岸教育交流,教育部于 1979 年开始进行招收港澳台学生的工作。1985 年北京大学第 7 所院校以联合招收的方式进行招生,1991 年原国家教委将 7 校联合招生方式改为普通高校联合招生,招生学校扩大到 34 所。截止到今年,参加联合招生的院校已达 150 多所。至 1997 年,先后共有约 2500 名台湾学生在祖国大陆高校就读,目前在读生约有 1500 人。其就读专业主要为与中国传统文化有关的专业、法律、金融、财会、贸易类专业及中医类专业三大类。

第 三 则

一、提示与要求

全文约 160 字,要求 1 分钟内查找出问题的答案。

二、问　　题

1. 牛津大学的网上计算机课程是为什么人开设的?
   答:

2. 关于计算机基本技能的课程是为什么人开设的?
   答:

三、课文　牛津大学将开设网上计算机课程

英国牛津大学计划将于明年 1 月开设两套网上计算机课程,英国全国各地学员皆可通过因特网接受牛津大学的教师指导,并可获得相关的结业证书。其中一套课程是为那些想更好地掌握与工作有关的计算机基本技能,或者希望通过学习转行搞计算机的年轻人而设立的,其程度相当于大学本科二年级水平。另一套课程对专业要求较高,主要提供与历史学有关的数据库应用培训。

(校园时事三则均选自《大学生》1998 年第 12 期。)

课文(三) 求职信息

一、提示与要求

全文约300字,要求2分钟内查找出问题的答案。

二、问 题

1. '99北京人才大市场什么时间,在哪举办?
   答:

2. 想到外国驻华商社工作应该去哪个馆?
   答:

三、课文 '99迎春北京人才大市场

主办单位:北京人才服务中心
　　　　　北京市外国企业服务总公司
　　　　　北京市毕业生就业服务中心
　　　　　北京市高校毕业生就业指导中心
地　　点:中国国际展览中心
时　　间:1999年1月30日、31日(星期六、日)
　　　　　1999年2月2日(星期二)
大会内容:国家机关、事业单位、国有和集体企业、外国驻华商社、办事处以及外商独资、中外合资、中外合作、股份制、民营企事业单位现场招聘各类人才,并设置政策咨询区、招聘信息发布区,特邀1601155北京人才就业电话信息台进行现场查询导位,单位招聘信息会后由16890689人才信息服务专线免费服务一个月。
场馆安排:人才招聘专场1、4、5号馆(1月30日 31日)
　　　　　外国企业人才招聘专场6、7馆(1月30日、31日)
　　　　　(招聘具有相当英、日文水平所需专业的人才和应届毕业生)
　　　　　应届大中专毕业生供需见面专场1、4、5号馆(2月2日)

现场招聘应届大中专毕业生。
入场时间：每日 9：00——16：00
大会结束前一小时停止售票。

(选自《大学生》1999 年第 1 期。)

课文（四）　招生广告

一、提示与要求

全文约 300 字，要求 2 分钟内查找出问题的答案。

二、问　题

1. 该校的招生对象主要是哪些人？
   答：

2. 该校学制几年？
   答：

3. 进修班主要学习哪些专业的课程？
   答：

4. 关于学费本文有说明吗？
   答：

三、课文　首都联合职工大学中国社会科学院分校招收大专进修生

为满足广大学生求学的迫切需求，经有关部门批准，我校决定在 1998 年 9 月举办法律、英语基础课专业大专进修班，为高考落榜学生开辟成才之路。

大专进修班系国家计划外招生，具有高中以上文化程度者，均可报名参加学习，学制为全日制两年，进修班根据国家高等自学教育自学考试大纲的要求开设课程。选择有经验的教师上课，并配备专职辅导员负责日常学习和生活管

理。学生在校期间参加国家自学考试,成绩合格者由北京市高教自考委和主考学校发给毕业证书(国家承认学历)。报名者可直接与我校招生办联系,9月中旬开学。

报名咨询电话:
　　(010)64331133——3221、3223
通讯地址:北京市朝阳区东直门外中环南路甲1号中国社会科学院研究生
　　　　 院培训中心留学生楼221、223室
邮政编码:100015

(选自1998年8月14日《中国青年报》。)

阅读知识:应用文2:广告

广告内容各异,形式多样,但一般也包括三个部分:
一是标题,一般直接写明"广告"或"××广告",例如本单元校园生活(一)和(二)中的两则"招生广告"(引文出处下同),商品广告较多用商品名称为标题,也有以厂名为标题的。标题下还可有副标题,对广告的性质进行具体说明;副标题写在正标题的下一行,用"——"隔开,例如课文中的两则广告在"招生广告"下一行"——"后分别注明:"大专、本科学历班函授招生"和"首都联合职工大学中国社会科学院分校招收大专进修生"。二是正文。三是结尾。主要写明做广告的人或单位的地址、电话、邮政编码等,现在还有电子邮件地址,便于看广告的人联系或购买。广告后有时也可加注,如校园生活(一)中的广告。

阅读技能:猜词:偏旁分析(下)

下面是和本单元的词语有关的一些形旁及它们的意义和例子(要注意的是,这里指的都是它们造字时的本义):

贝:表示和钱、财产有关的人、东西或动作。如"资"、"赔"、"贷"、"费"。
心(忄):表示和思想或心理有关的现象。如"惟"、"慰"、"意"、"恼"、"惊"。
扌:表示和手有关的部位、动作等。如"授"、"拒"、"携"、"招"、"指"、"挖"、"担"、"捐"、"排"、"报"。
土:表示和土有关的东西、动作等。如"域"、"垃"、"圾"、"培"、"基"、"地"。
氵(冫):表示和水有关的事物、现象、动作等。如"浮"、"满"、"活"、"净"、"淋"、"漓"。
辶(辵):表示跟脚有关的部位或动作。如"蹬"、"逐"、"迈"、"适"。

目：表示眼睛的部位、感觉、动作或状态。如"睐"、"眺"。
艹：表示草木植物或与它有关的事物、状态。如"荟"、"萃"、"落"。
𥫗：表示和竹有关的东西、动作等。如"筹"、"简"。
马：表示和马有关的事物、动作、状态等。如"驰"。

根据上面所陈述的特点，当我们在本单元通读课文中看到"指望"一词中的"指"字，"安排"的"排"字，"负担"的"担"字，"捐助"的"捐"字，"控制"的"控"字，我们就可猜测这些字的字义和手有关。再比如"值日"的"值"字，"身份"的"份"字形旁是"亻"，"亻"是"人"的变体，因此可猜测字义可能跟人有关。而"净化"的"净"字、"浮动"的"浮"字可能跟水有关。"青睐"的"睐"字的形旁是"目"，"目"是"眼睛"的意思，因此可以猜测以"目"为形旁的"睐"可能跟"眼睛"有关。"青"在古代是"黑色"的意思，"青睐"意为用黑色的眼睛看人，这和用白眼看人（表示瞧不起）正好相反，因此"青睐"也就表示欣赏的意思。再比如"资助"一词，我们知道"贝"在古代是钱，因此，以"贝"为形旁的字常和钱有关，如"贵"、"贱"等，因此"资助"也就是"用钱帮助"的意思。

第二单元　社会交往(一)

通读　一个老师的故事

一、提示与要求

全文约1200字,要求11分钟内读完(一遍),然后做练习。

二、词　语

喜悦　顽皮　警告　处罚　胶纸　封　监视　历历在目　卷　交叉
调皮　眨　阵亡　葬礼　呆　英俊　棺　残旧　称赞　涌

三、课　文

马　力

【1】我曾在一所小学任三年级的班主任,班中34位小朋友都跟我十分亲近。其中的小马方真是万中无一,他的样子出奇地好看,而且总充满喜悦,令人觉得他偶尔的顽皮也是可爱的。

【2】小马力是个很喜欢说话的孩子,我不得不常警告他不可以在不适当的情况下说话。最使我难忘的是,每当我责骂他时,他都会以十分诚恳的态度说:"多谢老师的教训。"最初我也暗暗有点奇怪,但不久就慢慢习惯每天听几遍了。

处　罚

【3】有一天早上,我真的不能再忍受小马力不停地说话,无意间我犯了一个初为人师的错误,我对小马力说:"如果你再发出一点儿声音,

词语注释:

喜悦 xǐyuè happy; joyous
顽皮 wánpí naughty; mischievous
警告 jǐnggào warn; caution; admonish

处罚 chǔfá punish

我马上就用胶纸封住你的嘴。"然而,不过10秒钟,同学张理就大声地说:"马力又说话了。"

【4】虽然我并没有叫其他的小朋友监视小马力,但是我已经在班上提出了警告,所以必须对小马力作出处罚。

【5】当时的情况现在仍然历历在目,我走到自己的课桌前面,拿出一卷胶纸,撕下其中的两片来,二话不说地就走到小马力身边,把那两张胶纸贴在他的嘴上,胶纸刚好形成一个交叉,然后我走回自己的桌子。接着,我偷偷地瞧了瞧小马力,不料他竟调皮地冲我眨了一下儿眼睛,我不禁笑了,又不忍心地走回他身边把纸撕了下来。他第一句话又是:"多谢老师的教训。"

阵 亡

【6】许多年后的一天,我刚度完假,父母到机场来接我。在回家途中,妈妈像平常一样地问我一些关于旅行的事,然后向爸爸望过去,像有话要说。爸爸清一清嗓子才开口说:"昨晚马力的家人来了电话。"

【7】"真的吗?太好了。我已好久没跟他们联系了,马力现在怎么样?"我说。

【8】爸爸有点悲伤,接着说:"马力在战争中死了,葬礼在明天举行,他的父母想邀请你去。"

【9】我呆了……

【10】我从来没有参加过任何军人的葬礼。从照片中看到的马力非常英俊、非常成熟,当时我心里想,我愿意用全世界的胶纸来换取他跟我说话。

【11】屋里挤满了马力的亲朋,仪式后,我最后一个走到马力的棺前,正当我呆呆地望着马力时,其中一个军人走到我的面前说:"你是不是马力的老师?"我点点头。

【12】他继续说:"马力经常提起你。"

胶纸 jiāozhǐ   adhesive paper
封 fēng   seal
监视 jiānshì   keep watch on

历历在目 lìlì zài mù   come clearly into view
卷 juǎn   roll; spool; reel
交叉 jiāochā   cross
调皮 tiáopí   naughty; mischievous
眨 zhǎ   blink; wink

阵亡 zhènwáng   be killed in action

葬礼 zànglǐ   funeral

英俊 yīngjùn   handsome and spirited

棺 guān   coffin

珍 藏

【13】葬礼完毕后,马力的大部分同学都去了马力父母家用膳,当我到时,马力的双亲在等我。

【14】马力的爸爸走过来说:"我们有一样东西要给你看。"

【15】他从口袋里拿出一个信封:"他们在阵亡的马力身上找到这张纸,我想你应该认得这张纸。"

【16】打开信封,马力的爸爸小心地拿出两张残旧的纸,从纸的折痕,很明显可看出它们是被重复翻看过的。不用打开,我已知道这就是写满同学们称赞马力的话的那一张纸(我曾让每个同学写出班上每个人的优点)。

残旧 cánjiù old and broken (or incomplete)

称赞 chēngzàn praise

【17】马力的母亲说:"实在太感谢你为他做了这样一件事,马力很珍惜它。"

【18】马力的同学也走上来。张理说:"我的那一份仍旧放在我家书桌的第一格内。"

【19】石芬的妈妈也说:"石芬叫我把她那一份放在我们的结婚照相册内。"

【20】李小波接说:"我的放在日记本里。"

【21】美娜掏出钱包,也拿出她的那一份来,她的那一份看来十分残旧,她说:"我每天都带着,我想我们每个人都保留着它。"他们这样一说,我的眼泪已像泉水般涌个不停,我为马力而哭,也为好友们不能再见到他而哭。

涌 yǒng gush; pour; surge

(摘自1999年3月22日《香港经济日报》,邓明仪译。有删改。)

四、练 习

(一)选择对下列句子的正确理解:

1. 其中的小马力真是万中无一,他的样子出奇地好看,而且充满喜悦,令人觉得他偶尔的顽皮也是可爱的。

A. 马力是个好看的孩子

B. 马力是个奇怪的孩子

C. 马力是个可爱的孩子

D. 马力是个顽皮的孩子

2. 虽然我没有叫其他小朋友监视小马力，但我在班上已经提出了警告，所以必须对小马力作出处罚。

A. 我没有叫其他小朋友监视小马力

B. 我必须处罚马力

C. 我已经作出了警告

D. 虽然我没有叫别人监视小马力，但有人违反了警告

3. 从照片上看到的马力很英俊、成熟，当时我心想，我愿意用全世界的胶纸来换取他跟我说话。

A. 我非常希望马力还活着

B. 我喜欢听马力说话

C. 因为马力很英俊，所以我愿意他跟我说话

D. 因为马力很成熟，所以我愿意他跟我说话

4. 有一天早上，我真的不能再忍受小马力不停地说话，无意间我犯了一个初为人师的错误，我对小马力说："如果你再发出声音，我会用胶纸封住你的嘴。"

A. 我不再喜欢小马力了

B. 我用胶纸封住了小马力的嘴

C. 如果小马力再说话，我要处罚他

D. 我非常讨厌小马力

(二)结合课文内容阅读下列句子并选择对画线词语的正确解释：

1. ……，我不禁笑了，……

    A. 受不了   B. 接受不了   C. 不想控制   D. 忍不住

2. 我曾经在一所小学任三年级的班主任，……

    A. 当   B. 由   C. 随便   D. 临时

3. ……，无意间我犯了一个初为人师的错误，……

    A. 由于   B. 因为   C. 做   D. 为了

4. ……，他调皮地冲我眨了一下眼，……

    A. 朝   B. 对于   C. 飞快地对   D. 飞快地走

5. 葬礼完毕后，马力的大部分同学都去了马力父母家用膳。

A. 吃饭　　　　B. 聚会　　　　C. 见面　　　　D. 开会

6. 当我到时,马力的双亲在等我。
   A. 同学　　　　B. 朋友　　　　C. 亲戚　　　　D. 父母

7. ……,使人觉得他偶然的顽皮也是可爱的。
   A. 突然　　　　B. 偶尔　　　　C. 果然　　　　D. 必然

8. ……,拿出一卷胶纸,撕下两片,二话不说地走到小马力跟前,把胶纸贴在他的嘴上,……
   A. 说了两句话　B. 说了一句话　C. 一句话也没说　D. 批评

(三)根据课文内容判断下列句子对错:
　1. 小马力是个顽皮的孩子。　　　　　　　　　　　　　　(　　)
　2. 当我批评小马力说话太多时,他的态度很好。　　　　　(　　)
　3. 作为老师,我说要用胶纸封住马力的嘴是不对的。　　　(　　)
　4. 处罚马力的情景,我现在已经记得不太清楚了。　　　　(　　)
　5. 我把胶纸贴在马力的嘴上贴了很长时间。　　　　　　　(　　)
　6. 马力的父母邀请我去他们家用膳。　　　　　　　　　　(　　)
　7. 我是一个给马力留下深刻印象的老师。　　　　　　　　(　　)
　8. 马力的爸爸把马力寄给他们的一封信交给了我。　　　　(　　)
　9. 我对信封里的纸非常熟悉。　　　　　　　　　　　　　(　　)
　10. 由于马力不珍惜,所以信封里的纸非常残旧。　　　　(　　)

(四)根据段落内容选择正确答案:
　1. 课文第一段主要介绍:
　　　A. "我"是一所小学三年级的班主任
　　　B. "我"和学生的关系很好
　　　C. 马力是个好看的小孩
　　　D. 马力是个可爱的孩子
　2. 课文第二段主要介绍的是:
　　　A. 马力是个什么样的孩子
　　　B. "我"对待马力的态度
　　　C. 马力使"我"难忘
　　　D. 马力喜欢说:"多谢老师的教训。"
　3. 作者写这篇课文的目的是:
　　　A. 介绍一个顽皮的孩子

B. 介绍一位好老师

C. 介绍师生关系

D. 告诉大家应该发现别人的优点

(五)熟读下列两组词语并把可以搭配的词语用线连起来:

1. 充满　　　　顽皮
   孩子　　　　葬礼
   警告　　　　喜悦
   参加　　　　他

2. 英俊　　　　小伙子
   历历　　　　在目
   撕　　　　　眼
   眨　　　　　纸

略　　读

课文(一)　三个故事

一、提示与要求

全文约720字,要求6分钟读完(一遍),然后做练习。

二、课文　三个故事

1

护校开学的第二个月,教授给我们来了个突然的小测验。不过我是个用功的好学生,这些问题对我来说轻而易举,直到我读到最后一个问题:"每天清扫学校的人叫什么名字?"我料定这是教授给我们开的玩笑。那个女清洁工我见过多次,个儿不高,五十来岁。可是我怎么可能知道她的名字呢?我交了卷,没有答最后一题。下课前,一个学生问起最后一个题目是否记分,被告知"绝对会记"。教授说:"在你们的职业生涯中会遇到许许多多的人,每个人都是重要的。他们都值得你们去注意、关心,哪怕仅仅是微笑一下,问个好。"这节课令我终生难忘。我也得知,那位女清洁工的名字叫罗小娜。

2

清晨,我正像往常那样散步,一辆大垃圾车停在了我的身边。我以为那司机要问路,他却给我看了一张照片,那是一个非常可爱的五岁男孩儿。

"这是我孙子,"他说,"他躺在医院里,靠人工心脏生活。"我想他是想让我捐款,就伸手去摸钱包。可他不要钱。他说:"我向每一个我遇见的人请求,请求他们为他祝福,请你也为他祝福一次,好吗?"

我做了。那天,我自己的问题好像没那么严重了。

3

一天夜里十一点半,一个上了年纪的妇女在公路边忍受着大雨的抽打。她向来往车辆做着手势,希望有人能让她搭车。她已经浑身湿透,却没有车子停下。后来终于有一个年轻的人停下来帮助她,他把她载到了她要去的地方。她看上去一副非常着急的样子。她记下了年轻人的地址,然后很快离去。

七天后,年轻人的房门被敲响了。打开门,他惊讶地发现门外是一台大落地电视和立体声组合音响。上面贴着一张小纸条:

"王先生,非常感谢你那夜在公路上伸手相助。那场大雨不仅浇湿了我的衣裳,而且直浇到我的心里,直到你的出现。由于你的帮助,我才能在我的丈夫去世前赶到他的身边。为了你的慷慨助人,祝愿你一生平安。"

(选自1999年1月1日《青年参考》,编者:李颂。有删改。)

三、练 习

(一)根据课文内容选择正确答案:

1. 教授出最后一个题目的目的是:

   A. 让学生吃一惊

   B. 让学生平时就注意准备

   C. 让学生轻松通过考试

   D. 让学生学会去注意、关心别人

2. 司机将垃圾车停在我身边是为了:

   A. 问路

   B. 出示照片

   C. 让我捐款

D. 让我为他孙子祝福

3. 一位上了年纪的妇女站在路边,希望:

A. 搭车

B. 锻炼自己,让自己能忍受大雨的抽打

C. 有人救她

D. 让身上变湿

4. 那位上了年纪的妇女非常着急是因为:

A. 她想按时跟别人见面

B. 她丈夫快去世了

C. 她要去买电视和音响

D. 她要去帮助别人

(二)下列哪一句最能概括全文?

A. 帮助别人是世界上最美好的事

B. 好心会有好报

C. 爱心无限

D. 帮助别人

课文(二) 搜索的眼睛

一、提示与要求

全文约600字,要求5分钟读完(一遍),然后做练习。

二、课　　文

　　雪地行军是件危险的事,它很容易使人得上雪盲症,从而不知道行进的方向。

　　但人们感到奇怪,如果仅仅是因为雪的反光太刺眼,为什么戴上墨镜之后,雪盲症仍不可避免呢?

　　最近陆军的研究部门得出结论:雪盲症并不是由雪地的反光引起的,而是它的空无一物。科学家说:人的眼睛其实总在不知疲倦地搜索世界,从一个落点到另一个落点。要是连续搜索而找不到任何一个落点,它就会因紧张而再也看不见东西。

想起另一个关于搜索的故事。有个年轻人被判终身监禁,他失去了活下去的勇气。在结束自己的生命之前,他回想了在这个世界上的二十多年,家人、亲戚、同学、老师、邻居,有谁对自己说过一句称赞的、鼓励的、温暖的话。居然一句也想不起来。他飞快地搜索着过去,这时他想,只要能找到一句,我就不死,我就要为了这一句话而活下去。最后他终于想起了半句,那是中学里一个美术老师说的。当他将一幅作品交上去时,老师说:"你在画些什么呀,不过,色彩倒还漂亮。"这半句称赞的话成了年轻人搜索过去的一个落点,有了这个落点,他才没有失去希望。他活了下来,并成为一个作家。

所有的眼睛都在搜索世界,搜索的眼睛不怕奇怪的东西,却怕空无一物。一个人如果搜索不到友谊的落点,他很可能对所有的人充满敌意;如果搜索不到真诚的落点,他很可能会怀疑整个世界。

陆军对付雪盲症的方法是预先派一些人摇落树木上的雪。这样,白雪中便出现了一丛丛绿色景物,搜索的目光便有了落点。

如果心迷失在无边的雪野,让我们首先摇落树木上的雪。

(选自1999年3月24日《解放日报》,作者:莫小米。有删改。)

三、练 习

(一)根据课文内容判断下列句子对错:
1. 因为雪的反光太刺眼,所以雪地行军易得雪盲症。　　　　(　)
2. 得雪盲症的原因是雪地空无一物。　　　　　　　　　　(　)
3. 由于被判终身监禁,所以那个年轻人回想了一下自己过去二十多年的生活。　　　　　　　　　　　　　　　　　(　)
4. 没有人对那个年轻人说过哪怕半句赞许的话。　　　　　(　)
5. 对付雪盲症的办法是让搜索的目光找到落点。　　　　　(　)

(二)课文最后一段的意思是:
　　A. 我们应该摇落树上的雪
　　B. 迷路后,我们应该率先扫雪
　　C. 让我们率先给予别人友谊和真诚
　　D. 我们的心要求我们摇落树木上的雪

课文(三) 期待有力的握手

一、提示与要求

全文约1000字,要求9分钟内读完(一遍),然后做练习。

二、课　　文

数日前一位曾经交往多年的朋友到了我所在的城市,当我到他住的宾馆,敲开了门,我伸出了自己的右手用力一握,对方的手在我手掌里是松软、无力的,用现在流行的话来说"手感"不好。我想多年不见的两个男人的握手应该热烈而有力,手与手之间架起的应该是一座友谊深厚的桥梁,互相传递的应该是一份互敬、一分信赖、一分关切,可我得到的是那种不在意的应付。那一刻我失望了,可以说我与他的友情顿时大打折扣。

一直记得有句广告词:"这里的握手比较有力。"这广告是介绍什么产品的我给忘了,然而这句话我到现在还记得。因为职业的关系,我也走访过很多的人,有各个年龄各个层次的,告辞时往往说声"再见"便罢了,即使伸出手来,也仅仅是一种礼节上的象征,我所握住的手往往是松软无力的,对方并非都是柔弱女子或老弱病残。只因为在一些人看来,这握手只是一种过了时的礼节,应付应付便可。现在的人际交往比过去多了许多,方式也丰富了,我们常常在酒楼里频频举杯畅谈友情,或是提着丰厚的礼品登门去表示敬意,可我们却忘了真诚地伸出手相握,表达自己的心意。

我还记得十几年前的一次握手。那时我是一个没走出校门的青年学生,我们到社会上搞一个选题。一次我们拜访了一位受人尊敬的长者,告辞时,他与我们一一握手,他握住我的手很有力,似乎他对青年学子的期盼和关切尽在这一握之中,我想不到这位长者待我们这些小后生如此地真诚,而不是应付打发,我对他更加敬重。可惜的是这样的握手以后不再常有。

在我看来,有力的握手是一种真诚的、友善的人际沟通,尊敬、关爱、期盼、祝愿等等尽在不言之中,这不需要借助什么附加物,不需要花言巧语,只需要你的一颗真心。我想,一旦在我们的人际交往里少了种种的附加物,而多了深含着诚意的有力的握手,那时我们人与人之间的关系应该纯净得多了。

每当我走出门,总希望能握到这样一只有力的手,多认识一位真诚的人,至于他们是高贵或是卑微,这不重要,重要的是我们之间曾诚心相待。

(一)根据课文内容简要回答下列问题:
1. 作者跟朋友见面后为什么感到失望?

2. 多年不见的朋友握手应该是什么样子?

3. 作者为什么更加敬重那位长者?

4. 有力的握手能说明什么?

(二)根据课文内容选择正确答案:
1. 第2段画线句子的意思是:
   A. 与我握手的人都是柔弱的女人或年老多病的人
   B. 与我握手的人都不是柔弱的女人或年老多病的人
   C. 与我握手的人并不是柔弱的女人或年老多病的人
   D. 与我握手的人并不都是柔弱的女人或年老多病的人
2. 关于本文作者,下面哪一点正确?
   A. 是一位刚出校门的青年
   B. 对广告很有研究
   C. 由于工作关系,接触的人很多
   D. 人际交往能力较差
3. 作者写本文的主要目的是告诉我们:
   A. 介绍有关握手的礼节
   B. 通过握手可以感觉到朋友对你的态度
   C. 在交往中应真诚相待
   D. 现代人际交往方式更丰富了

课文(四)　在路上

一、提示与要求

全文约900字,要求7分钟读完(一遍),然后做练习。

二、课　　文

那时我还是一个在武汉读书的穷学生。国庆节,买了张没有等级的船票——散席,和同学沿江东下去庐山玩。

所谓的散席在舱底,空气很差,我们放下行李留一个人看着,便上甲板透气。直到夜深了,敌不过甲板上的嗖嗖冷风,才回舱底。舱底的人已经横七竖八地躺下,我们用行李占据的地方太小,只能挤着坐。右边是一对穿着脏兮兮衣服的父子,一看就是乞丐。小乞儿看上去十岁左右,是个盲孩,转着一双白眼靠在他瘦瘦的父亲怀里,说着什么,不时乐得咯咯笑。隐约闻到一股异味,想必是来自他们。但当时实在是没有其他空间了,只能挨着他们坐下。

男人跟我说起话来,说出来好多年了,去过许多地方,现在要到庐山去工作,旅游点好挣钱。我一听暗暗笑了,明明是乞讨,还说什么是工作。不过我并没有将情绪表现出来。那时还有些属于年轻的傲气,虽然不会摆姿态,但以为自己是大学生,跟乞丐坐一块已经很失身份了,当然不会认真跟他谈,只是有一搭没一搭地接他的话,大部分时间都是他在说。不知不觉,倦意上来。男人看出我的困倦,起身挪开他的行李——那是他的所有家当,并用几张不知是从哪儿捡来的旧报纸铺开,安排好他的儿子之后,示意我也躺下。我看了看那个脏孩子,犹豫了一下,还是躺下了。生理的需求毕竟是真实而强烈的。不过,我还是极力远离那孩子,而紧紧挨着另一边的同学。

半夜,更冷了,我被冻得缩成一团。忽然感觉有人碰了我的身子,惊醒过来,一看,见那男人把他的孩子往我这边推,我稍稍让了让,以为男人要自己也找个空隙躺下,不禁皱了皱眉。但他并不躺下,却从他的家当中扯出一条黑乎乎的被子,盖在孩子和我身上。被子不大,他先将我盖严实,再拉扯被角,努力地把男孩子的手脚也塞进被里,然后紧贴男孩子坐下,头伏在膝上,凌乱而枯涩的头发似在发抖。

我再也睡不着了。那一夜,失眠于颠簸的船上,感到无限温暖。

第二天早上,船到九江,我忙乱而兴奋地收拾行李,随即被人流挤着往外走,那对父子,不知哪儿去了。我甚至连一声再见都没跟他们说。在庐山的那几天,我不能够专注于风景,不断地留意所有行乞的人,但始终没能见到那对父子。

同学看我近乎失魂落魄的样子,说,别找了,他们只是在路上。

我仿佛一下醒了过来,不再张望。

是的,他们在路上,我也一样,我们各自在路上。

后来,在自己的路上,我也一样,总是给有需要的同行者一点力所能及的帮助。因为，我们同在路上。

(选自1998年12月11日《南方周末》，作者：唐素芳。)

三、练　习

(一)根据课文内容判断下列句子对错：
1. 因为觉得好玩，"我"买了张没有等级的船票。（ ✗ ）
2. 因为行李占据的地方太小，所以"我们"没有地方睡觉。（ ✓ ）
3. 因为想了解乞丐的生活，所以"我"跟那对父子聊起天来。（ ✗ ）
4. "我"无可奈何地睡在了那个脏孩子的旁边。（ ✓ ）
5. 半夜，那个男人自己找了一个空隙躺下了。（ ✗ ）
6. 那个男人不喜欢自己的孩子，所以才先将"我"盖严实。（ ✗ ）
7. 主要是由于盖得很严实，所以"我"感到无限温暖。（ ✗ ）
8. 第二天早上，由于人太多，"我"没跟那对父子打招呼就跟他们分了手。（ ✓ ）
9. "我"以后再也没能见到那对父子。（ ✓ ）
10. 受那件事的影响，"我"以后在路上都尽量都助别人。（ ✓ ）

(二)根据课文内容选择正确答案：
1. "我们"为什么上甲板透气？
   A. 舱底空气很差
   B. 两岸的风景很美
   C. "我们"不想跟乞丐在一起
   D. 舱底太冷了
2. "我"怎么知道那对父子是乞丐？
   A. 他们告诉"我"的
   B. "我"的朋友告诉"我"的
   C. 通过交谈"我"猜的
   D. 通过他们的打扮"我"看出来的
3. 那对父子为什么去庐山？
   A. 庐山是有名的旅游点，他们想去看看
   B. 他们想去工厂找工作
   C. 他们受到邀请去参加会议
   D. 在庐山挣钱比较容易

4. "我"为什么不认真跟那个父亲谈话?
   A. "我"很讨厌他
   B. "我"看不起他
   C. "我"觉得跟他谈话没有意思
   D. "我"觉得他很可笑

5. 从这篇课文可以看出那个父亲是个什么样的人?
   A. 可笑的人
   B. 骄傲的人
   C. 善良的人
   D. 喜欢骗人的人

查 阅

课文(一) 做好自己不愿做的事

一、提示与要求

全文约600余字,要求4分钟内查找出问题的答案。

二、问 题

1. 喜欢独立工作的人,可能不喜欢什么?
   答:

2. 一个人是否成熟的标志是什么?
   答:

3. 人们对自己不愿意做的事,一般采取什么态度?
   答:

4. 人们不愿意做某些事的三个原因是什么?
   答:

三、课　　文

　　人的一生,有多少时间是在做自己愿意做的事情?不多,至少这是我自己得出的结论。

　　这是人类许多痛苦的根源。人的性情不同、志趣不同,对待眼前事情的态度就不同。比如惯于独立工作的人,可能就不愿意去管别人;做惯市场与销售的人,就不愿意静下心来去阅读产品与技术方面的资料;性格内向的人不愿意去见客人;很少有人愿意写工作报告,如此等等。

　　事实上,从更广泛的人生意义上来说,能否做好那些自己不愿意做的事情是一个人是否成熟的标志,也是一个人能否取得人生成功的主要因素。这世界不是为你准备的,这职位也不是为你设立的。为了一种对自己、对别人、对集体、对职业的责任,你必须认真地对待那些你不愿意做的事情,而且你要想方设法把它们做好。是你要去适应环境和社会,而不是要求环境和社会去适应你,尽管你可能并且可以凭借你自己的力量最大限度地去改善你周围的环境。

　　人们对自己不愿意做的事情通常会采取消极的态度,要么不去做,要么做的时候态度不认真,随随便便,而无论哪一种情况都会给工作带来损失。

　　人们不愿意做的是通常是那些自己认为不擅长的事,所以心里害怕,在很多情况下,这是人们对自己认识的误区。

　　人们不愿意做某些事的另一个原因是懒惰,懒惰当然是不允许的。

　　也有一些年轻人好高骛远、自命不凡,对有些事情不屑去做,总以为自己应该去做更大、更重要的事情。

　　"硬着头皮、咬着牙"把你从心里不愿意做的事情做得漂亮,将会比你做好你擅长的事情有大得多的收获,不信你试试。

　　　　　　　　　　　(选自1998年12月16日《经理世界》,作者:博言。有删改。)

课文(二)　有奇效的实用委婉语

一、提示与要求

　　全文约1700字,要求11分钟内查找出问题的答案。

二、问　　题

1. 为什么"口快"未必值得称赞?

　　答:

2. 为什么电影院内所有的女观众都摘下了帽子?
   答:

3. 在宴会上,如果李女士直接向王小姐指出其牙齿上有菜屑,可能会出现什么情况?
   答:

4. 售货员为什么让林艳交了钱后再去取东西?
   答:

5. 艾玛通过什么形式让对方将姓名和电话号码告诉了自己?
   答:

6. 冯骥才说:"请您的孩子到地球上来吧。"是什么意思?
   答:

7. 小丁工厂的领导作报告时有什么特点?
   答:

8. 如果莉去责备对方,必然会引来什么?
   答:

三、课　　文

　　有人以"心直口快"为美德。其实,"心直"固然好,但"口快"却未必值得称赞。很多时候,人和人之间关系紧张,常常是因为口快。如果我们区别不同的情况,该直说的时候就直说,该委婉的时候就委婉,那就不但可以消除许多不必要的烦恼,也能在轻松愉快的氛围中收到"直言"所不能起到的作用,由此还能享受到许多意想不到的委婉妙趣。

　　委婉,能够表达不便直接表达的意思。在西方国家,有这样一个习俗,男子戴帽,入室必得摘下,而妇女的帽子,在室内则可以不摘。所以,在电影院常有戴帽的女观众,挡住了后面的视线。因此,坐在后面的人极力反对,一起向影院的经理提意见,请其通告禁止。经理却说:"禁止不太好,只有提倡戴帽才可以。"这使提意见者非常失望。后来,在影片开演前,银幕上果然出现一则通告:"本院为了照顾年老的女客,允许她们照常戴帽,不必摘下。"而让人想不到的是,通告一出,所有女帽全部摘下。原来,在西方,妇女虽然年达五六十岁的高龄,还自认为年轻貌美,不肯承认自己是高龄女客。经理这一招,实在是非常聪明。

在宴会上,李女士发现王小姐牙齿上留下了菜屑,看起来很不雅观。李很想做手势暗示或轻声告诉对方。可在情绪热烈的场合,这可能会让王小姐难堪。于是,李女士想了一个好办法。她走到王小姐面前,拿出化妆镜,假装整理自己的仪容,忽然非常惊讶地说:"哎呀,我牙齿上怎么留下菜屑了?来,你也看看,是不是也有?"说完,李女士"随手"将化妆镜递给了王小姐。王小姐一照,果然发现了那"不雅",随即将其拭去。王小姐很感激地向李女士送去一个甜甜的微笑。

委婉,能够让自己或他人摆脱窘境。林艳到百货商场买东西,忘了交钱就提着东西走了。机灵的售货员知道她并非是有意买东西不给钱,便追出来叫住林艳:"您先别急着走,我还没帮您将东西装好哩。"便把林艳请回了店里,边将东西往塑料袋子里装,边说道:"这条毛巾5元钱,这块肥皂4元5,这把筷子5元2,一共是14元7角钱。请您到3号交款台去交了钱后再来取东西。"经售货员这么一说,林艳恍然大悟,一边拍了拍自己的额头,一边笑着说:"对不起,我忘记交钱了,谢谢您的提醒。"说完,便高兴地去付款了。婉言,可以给对方一个下台阶,能够避免出现尴尬的情况。

委婉,能够在自己也不注意的时候获得自己所期望的结果。艾玛是一家公司的接待员。工作时,她要不停地应付客户,接电话,作记录,在职员和经理之间传达信息。一天,一个人打来电话说:"我要和你们的经理说话!"电话中出现不容置疑的口气。可经理曾经交待过艾玛传达电话一定要告诉他对方的姓名,于是,艾玛客气地问道:"我能告诉我们经理是谁来的电话吗?"而那个人竟毫无礼貌地嚷道:"快给我叫你们的经理,我要立即和他说话!"艾玛如果不能将对方的姓名告诉经理,经理肯定要责备她的。怎么办?她略微想了一会儿后,依旧用温和的口气说:"很抱歉,我看我们经理真不该花钱来雇我接电话,因为十次电话有九次都是直接要他的,而我还无法告诉他找他的人是谁。"对方感到自己不太礼貌,便只好把自己的姓名和电话号码告诉了艾玛。艾玛通过"自责"和"自怨"的形式,战胜了工作中遇到的困难。

委婉,能够在不"伤人"的境况下展开批评。作家冯骥才在美国访问时,一个美国朋友带儿子去看望他。说话间,那孩子爬上冯的有些摇晃的床铺,站在上面拼命跳。这时,冯如果直接喊孩子下来,肯定使其父产生歉意,也让人觉得自己不够热情。于是,冯笑着对朋友说:"请您的孩子到地球上来吧。"那位朋友没有对孩子指责,而是顺着冯的思路,同样不失幽默地回答道:"好,我和孩子商量商量!"

委婉,能够进行讽刺。某厂一位青工小丁,将申请住房报告交给厂领导。该领导看后,用很怪的声调对小丁说:"这报告难道是你自己写的?"很清楚,这位领导的话里包括着这样一种意思:"你的水平差,报告肯定写不出来。"这无疑是对小丁的一种蔑视。可小丁并没有生气,只是轻轻地说道:"我真羡慕你那么有'福气',你的报告反正有人给你写。你能给我配一个写报告的秘书吗?"顿时,让这位靠念稿子作报告的领导非常尴尬。

委婉,能够避开许多不必要的矛盾纠纷。两个 5 岁左右的男孩在一处做游戏时,不知为什么打了起来,一个孩子的脸被出了血痕,哭着跑回家。而另一个自知做了错事的孩子则早已不见了踪影。脸被抓破的孩子的母亲莉,看到自己的孩子受到欺侮,却未见对方的家长前来赔礼道歉,心里自然十分生气。想去告知对方的父母,又不知如何才是最好的方法。莉又一想,对方的孩子是否也被打了?于是,她找到那个孩子的父母,告诉他们:"孩子们刚才似乎打了一架,我的孩子受伤回来,不知你们家的孩子受伤了没有?"听了这样担心自己孩子安全的关切问话,那对夫妇大为感动,一再询问对方的孩子怎样。如果莉去责备对方,必然会引来不必要的麻烦。显然,莉的处理方式是非常妥当的。

委婉,是人际交往中的一道"大菜",让人胃口大开,让人回味无穷。

(选自《交际与口才》2000 年第 4 期,作者:张石平。有删改。)

阅读知识:应用文3:书信

我们这里主要谈一般书信的内页部分。内页一般包括六项:一是称呼。第一行顶格写,后面用冒号,表示有话要说。完整的称呼包括姓名、称呼和修饰语,写信者一般根据不同的情况分别选用,比如只写称呼:"爸爸";只写姓名:"刘正"(见本单元社会交往(二)中查阅课文(三),下同);姓名加称呼,如课文中的"李医生";有时还在称呼前加修饰语"尊敬的"、"敬爱的"、"亲爱的"、"我思念的"等。二是问候语。常见的有"您好!"、"新年好!"等,问候语后一般用感叹号,表示郑重、强调。有的也可省略,如课文中的书信。三是正文。正文是书信的中心,也是我们阅读的重点。绝大多数信息都要从正文中获得。四是结束语。一般是表示祝愿和敬意的话。常见的有:"此致敬礼"、"祝好"、"祝新年快乐"等。有时也可省略,如课文中的例子。五是署名,如课文中的"黑龙江刘正"。六是日期。如果写完后还有话要说,可以再加上附言。前面加上"附:"或"另外:"、"还有:"等。

阅读技能:根据构词法确定词义(上)

前面我们谈了如何根据偏旁(主要是形旁)猜测字义,下面我们来谈谈如何根据构词法确定词义。

现代汉语的词分为两大类:一类是由一个语素构成的单纯词,另一类则是由两个或两个以上语素构成的合成词。合成词是现代汉语词的主体。从语素和语素之间的关系看,合成词的构成方式有复合、附加、重叠、简缩四种,其中最常见、最能产的是复合法,而其中又有五种情况:联合型、偏正型、补充型、动宾型、主谓型。下面我们来看联合型的合成词。

联合型合成词的两个构成语素在地位上是平等的,两个语素在意义上又分为三种情况:

1. 意义相同、相近或相关。例如:"培训",整个词的意思是"培养、训练",而"培"即"培养","训"即"训练",两个语素在地位上是平等的,在意义上相关、相近,共同构成了整个词的意义(见第一单元校园生活(一)通读课文的词语)。这样的词还有"高雅"、"研制"等(出处同上)。

2. 意义相对或相反。例如第二单元社会交往(二)的通读课文中的"利害","利"指"利益","害"指"损害",两个语素地位平等,意义相对,共同构成了词义"利益和损害"。这样的词还有"始终"、"是非"等。

3. 一个语素的意义弱化或消失,另一个语素的意义就是整个词的词义。例如:"质量"的词义其实就是"质"的语义,"量"的语义弱化消失。而"忘记"只有"忘"的意思,"国家"只有"国"的意思,"窗户"只有"窗"的意思,"人物"只有"人"的意思。

第二单元 社会交往(二)

通读 网上交友,一种漫游

一、提示与要求

全文约1200字,要求11分钟读完(一遍),然后做练习。

二、词 语

漫游 体验 奔涌 眼花缭乱 化名 嗨 泛泛 倾听 蔚然 冷漠
利害 冲突 搜索 拥挤 挥洒 同性恋 单薄 于是 学历 栏
屏幕 放弃 心虚 擅 滋润 纸上谈兵 鼠 途径 妹儿

三、课 文

【1】先说件有趣的体验。那是我上网不久的一晚,我非常喜欢冲浪,所以连着在几个网站间冲浪,信息奔涌而至,也有点眼花缭乱,就想到网上咖啡室去休息一下,顺便也认识一些新的朋友。于是我就从"美国"回到了上海,进入一间聊天室,给自己起了个化名,点了一下儿鼠标:"嗨,大家好!"我就进了"房间"。也许是时间还早,来的人并不多。我见有rose的名字,就打算与"她"(或许是"他")说会儿话。我问:"喜欢什么音乐?"rose说:"卡彭特的。"我快速打了一句:"我也喜欢。"然后我还回忆了一下这是十五六年前喜欢的歌。rose表示认同。正在我们聊的时候,月如钩和飞狐与rose说话,我也与他们谈了两句。我发现聊天需要非常快的打字速度,如果你大约在20多秒的时间里没有打完一句话,那你的名字就往下移,几次下来,也许你就被移

词语注释:

漫游 mànyóu go on a pleasure trip; roam; wander

体验 tǐyàn learn through practice

眼花缭乱 yǎn huā liáo luàn be dazzled

化名 huàmíng assumed name

嗨 hēi hey; why

到"屋子"一角了,别人想与你说话也找不着。所以,我谈了一会就觉得怪累的,泛泛而谈也觉得没有什么意思,就出了"房间"。

【2】我又转到"心情工作室"留言簿,这里可以看到网友们或长篇或短篇的文字,有谈心情、情感的,也有聊国际形势的,比如克林顿、足球、水灾什么的,很丰富。每段话后都留有地址,正可互相交流。我还有点不善于在网上和人交往,所以只是做一个倾听者,特地将长篇谈话 copy 到软盘上,仔细看了一回,感受到一种深度交流的情怀,而且他们的用语也很讲究,有的更以诗来表达。都说20世纪末已无人读诗,可网友们用诗来抒情表意似乎颇为蔚然。

【3】在网络中,很多人都非常真诚,现代人与人之间的冷漠在这里一点也看不到。也许,网络看起来好像四海一家,其实相距千里,大家没有什么利害冲突,没有实际接触,而且一切可自己把握,所以一切也就美化了,大家客客气气,人性中的美好一面充分发挥。

【4】网络上有关交友的网站非常多,且不说可以搜索的英文网站,如果用中文键入"交友",马上就有二十条左右的信息出现,比如"新世纪交友"、"交友热线"、"齐鲁爱线"、"同志站点"等等。只要轻轻一点,一只小手出现,就可进入网站了。只是信息拥挤的时候十分需要有耐心,也必须不心疼上网费,如果能够做到,那么你就大可以充分挥洒一下你的热情了。不过,如果进"同志网站"类得注意,此同志不是小时候熟知的那个"同志",它的意思是同性恋者。此类中文网站多由香港台湾人主办,我曾经充满好奇心地上去看了看,大多为杂志型,内容单薄,还是算了。

【5】倒是进入过"齐鲁爱线",自设男性角色,键入所找女友的城市——上海,却被告知没有。于是,把城市"上海"改为"济南",学历栏依然写

泛泛 fànfàn	general; not deep-going
留言 liúyán	
形势 xíngshì	
水灾 shuǐzāi	
倾听 qīngtīng	listen attentively to
仔细 zǐxì	
蔚然 wèirán	become common practice
冷漠 lěngmò	cold and detached; unconcerned
利害 lìhài	advantages and disadvantages
冲突 chōngtū	clash; conflict
搜索 sōusuǒ	search for; hunt for
拥挤 yōngjǐ	be crowded; be packed
挥洒 huīsǎ	sprinkle
同性恋 tóngxìngliàn	homosexuality
单薄 dānbó	thin; insubstantial
于是 yúshì	so; then; thereupon; hence
学历 xuélì	record of formal schooling; academic credentials
栏 lán	column

成中专,却把收入由 2000 元改填 1000 元,屏幕上出现 7 位小姐:

狗尾巴草	别问我是谁
asd	时间不等人,抓住机会吧!
lovely	我愿为了你的成功放弃我的一切
zyz	为何不立即行动
okwf	真心付出才有收获
Lily	我一直在等候着一份情缘
lichujing	抓住每一次机会

【6】看着这些,好像在阅读爱情小说,可是面对一个个化名,不敢随便行动,想想自己的女扮男装,不免心虚,还是算了。

【7】事实上,网上交友性别角色的变换并不奇怪,美国就有一个退休在家的老太太迷上网络交友,以男性身份在网上大写情书,有小姐想在网下和她见面,才知是一场水中月,美好的误会而已。网络交友或许就是这样让人欢喜让人忧:欢喜的是不出家门就能得到想得到的情谊,更可令不善言辞不擅交际者能够享受到情感的滋润;忧的是纸上谈兵,总有点雾里看花之感。不过,若喜的就是这样一份距离的美好,网络交友确是人和人交流的相当不错的途径,倾听和诉说,或是做一个旁观者,都是没问题的。

【8】只是,面对现实中的人和事时,当然就无网上那种"猫儿"一连、"鼠"一点、"妹儿"一发那样轻松了。我想,理想的情境是网上有佳友,网下得知己。可能此事古难全,但不妨努力努力。

(选自《交际与口才》1999 年第 2 期,作者:龚静。有删改。)

屏幕 píngmù screen

放弃 fàngqì give up

心虚 xīnxū afraid of being found out; with a guilty conscience

擅 shàn be good at; be expert in

滋润 zīrùn moist

纸上谈兵 zhǐ shàng tán bīng fight only on paper; be an armchair strategist; engage in idle theorizing

途径 tújìng way; channel

鼠 shǔ mouse

妹儿 mèir e-mail

四、文化点注释

齐鲁:指山东。古代周朝齐国、鲁国曾在山东立国,故常用齐鲁指代山东。

五、练 习

(一)选择对下列句子的正确理解：

1. 都说20世纪末已无人读诗，可网友们用诗来抒情表意的似乎颇为蔚然。
   A. 读诗的人很少
   B. 网友中写诗的人很多
   C. 很多人在网上用诗表达情感
   D. 没有人读诗

2. 也许，网络看起来好像四海一家，其实相距千里，大家没有什么利害冲突，没有实际接触，而且一切可自己掌握，所以一切也就美化了，大家客客气气，人性中的美好一面充分发挥。
   A. 大家在网上没有利害冲突
   B. 网络使相距千里的人走到一起
   C. 在网上大家可自己掌握
   D. 在网上大家都很客气

3. 只是信息拥挤的时候十分需要有耐心，也必须不心疼上网费，如果能够做到，那么你就大可以充分挥洒一下你的热情了。
   A. 网上交友需要热情和耐心
   B. 由于信息拥挤，所以花费的上网费较多
   C. 信息拥挤时可尽情挥洒热情
   D. 网上交友需要耐心和一定的上网费

4. 那是我上网不久的一晚，我非常喜欢冲浪，所以连着在几个网站间冲浪，信息奔涌而至，也有点眼花缭乱，就想去网上咖啡室休息一下，顺便也认识一些新的朋友。
   A. 我想认识新朋友，所以在网站间冲浪
   B. 我想认识新朋友，所以去了网上咖啡室
   C. 我想休息一下，同时认识一些新朋友
   D. 因为休息，所以认识了一些新朋友

5. 我就从"美国"回到了上海，进入一间聊天室，给自己起了个化名，点了一下鼠标："嗨，大家好！"我就进了房间。
   A. 起化名后，我进入网上聊天室
   B. 我从美国飞回上海，进入聊天室
   C. 飞回上海后，我就进了房间

D. 起了化名后，我从"美国"回到上海

(二)结合课文内容阅读下列句子并选择和句中划线词语意思最相当的词语：
1. rose 表示<u>认同</u>。
   A. 认识　　　B. 可以　　　Ⓒ 同意　　　D. 愿意
2. ……，<u>特地</u>将长篇谈话 copy 到软盘上，……
   Ⓐ 特意　　　B. 顺便　　　C. 并且　　　D. 还
3. ……，大家没有实际<u>接触</u>，而且一切可自己把握，……
   A. 直接上网　B. 见面　　　C. 交朋友　　Ⓓ 交往
4. ……，大家没有实际接触，而且一切可自己<u>把握</u>，……
   A. 放在手里　Ⓑ 控制　　　C. 拿　　　　D. 抓住
5. ……，用中文<u>键</u>入"交友"，马上就有二十条左右的信息出现，……
   A. 停止　　　B. 做　　　　C. 行动　　　D. 按
6. ……，更可<u>令</u>不善言谈不擅交际者享受情感的滋润。
   Ⓐ 使　　　　B. 把　　　　C. 从　　　　D. 由
7. ……，更可令不善言谈不擅交际者<u>享受</u>情感的滋润。
   A. 接受　　　B. 受到　　　Ⓒ 得到满足　　D. 满足
8. ……，学历栏<u>依然</u>写成中专，……
   A. 果然　　　B. 突然　　　C. 也　　　　Ⓓ 仍然
9. ……，想想自己的女扮男装，<u>不免</u>心虚，还是算了。
   Ⓐ 免不了　　B. 忽然　　　C. 不然　　　D. 所以

(三)根据课文内容判断下列句子对错：
1. 大家在网上咖啡室里聊得很热烈。　　　　　　　　　　　　（　）
2. rose 是一个美丽的女孩子。　　　　　　　　　　　　　　（　）
3. 在网上咖啡室里交谈，我觉得非常累。　　　　　　　　　　（　）
4. 人们在"心情工作室"里主要是谈情感。　　　　　　　　　（　）
5. 大家在网络上看起来离得很近，其实相距很远。　　　　　　（　）
6. 由于离得很近，所以大家在网上都非常客气。　　　　　　　（　）
7. "同志网站"之类的中文网站内容丰富，很吸引人。　　　　（　）
8. 如果你想找一个对象结婚，可以去"同志网站"。　　　　　（　）
9. 在"齐鲁爱线"中，可以详细了解谈话对象的真实情况。　　（　）
10. 网上交友，虽然大家客客气气，但很难知道对方的真实情况。（　）

(四)根据课文段落的主要意思选择正确答案:
1. 课文第三段主要介绍的是:
   A. 网络中大家都很诚挚客气
   B. 网络中大家看起来好像四海一家,其实相距千里
   C. 网络中网友们没有实际接触,并且一切可以自己把握
   D. 因为一切可以自己把握,所以大家都很客气
2. 课文第六段主要介绍的是:
   A. 面对那么多的化名,"我"不敢随便行动
   B. "我"女扮男装,很心虚
   C. "我"给自己起了个化名
   D. 看着上面那些话,"我"好像在阅读爱情小说
3. 课文第七段主要介绍的是:
   A. 在网上,很多人变换性别角色
   B. 美国曾有一个老太太在网上变换性别
   C. 如果喜欢距离的美好,网络交友是个不错的途径
   D. 网络交友让人欢喜让人忧

(五)选择适当词语填空:
    漫游 体验 眼花缭乱 倾听 冷漠 学历 放弃 泛泛 冲突 同性恋
1. 随着时代的发展,越来越多的人认为 同性恋 也应该受到法律的保护。
2. 我在世界各国 漫游 ,认识了很多朋友。
3. 很多人认为城市里人和人之间的关系变得越来越 冷漠 ,因此他们选择在乡村生活。
4. 商店里的商品非常丰富,让我 眼花缭乱 ,真不知道该买什么才好。
5. 我们只是 泛泛 之交,没有什么深入的了解。
6. 在吸烟的问题上,我和同屋发生了 冲突 。
7. 他最后还是 放弃 了安娜,选择了李莉。
8. 一个好的听众应懂得 倾听 别人的诉说。
9. 高山反应,对我来说,真是一次可怕的 体验 。
10. 一般来说,招聘单位往往选择 学历 高的求职者。

略 读

课文(一) 妈妈,送你半朵玫瑰花

一、提示与要求

全文约1000字,要求8分钟内读完(一遍),然后做练习。

二、课 文

学校门口有个卖花的妇人,每天准时出现,推着辆板车,车上热热闹闹地挤满了玫瑰、百合、康乃馨、剑兰……还有一些叫不上名字的花。风一吹来,香气四溢,充满了生机,像一道流动的风景线。

惟一没有生气的是那妇人的脸,学美术的同学说她简直是尊天然的雕塑,毫无表情,冷冰冰的。卖花的妇人听说不过三十出头,可看上去却像是五十岁。

妇人有个女儿,才十岁,却极是让人喜爱,时常咬着我们的耳朵说悄悄话:"我妈妈下岗了,她偷偷哭了好几夜呢!""姥姥的病就要好了,妈妈这个月卖花的钱说要给我买件新衣服呢。""我没有爸爸,我爸爸在我很小的时候就不在了!我不记得他的样子!"小孩子的眼睛里是没有忧愁的,但我们听了,心里总忍不住有些黯然。于是,也不再计较那妇人如何地面无表情,我们常常跑去买花,还拉上同学。你三枝我两枝的,买得不多,却也是常客。

那一年的寒假刚过,就是情人节。外面雪后初晴,冷得能冻掉鼻子。那妇人一早就推了一车的玫瑰来卖,小女孩也跟来了,冻得哆哆直抖,手里还握着一枝玫瑰,骄傲地告诉我们那是她挑出来的最好的一枝,她也要送人的。我们笑笑,十岁的小女孩也会有爱情吗?

车上的玫瑰一律含苞欲放鲜艳欲滴,在雪地上分外耀眼,就像无数浓得化不开的爱情故事。4元一枝,要比花店便宜一半,学校里好多平时不爱买花的同学都跑出来,拿上几枝去装点他们不够浪漫的爱情。没多久,一车的玫瑰便卖得所剩无几,剩下的,多是些破损的残花。正要收拾回家,远远的地跑过来一对情侣,看到空空的花桶失望极了,那个妙龄女郎扭过头刚要走,又停了下来。她看见了车后小女孩手里的那枝玫瑰,一枝独秀,分外吸引人。

"这朵花卖吗?""不卖,我要送人的!"小女孩回答得干净利落,透着无比的骄傲与自豪。"卖的卖的,4元一枝,小孩子胡闹呢!"卖花的妇人收了钱,着急地要追孩子。女孩子一下子跑了,没跑多远,脚一滑,就狠狠地摔在了雪地上。玫瑰花的刺戳到手心里,流出血来,在洁白的雪上触目惊心。

终于,买花的情侣拿着花走了,卖花的妇人低头忙着收拾,小女孩擦干了眼泪,在最后剩下的残花里挑了半天,找出一枝来,那上面的花瓣几乎掉了一半,只有半朵了。她怯怯地走到她妈妈面前,举起手里的花:"妈妈,这半朵花送给你,你爱我,我也爱你!"一刹那间,卖花的妇人呆住了,良久,接过花,泪珠从脸上滚了下来。

我们都被小女孩的举动震撼了。有谁说过情人节的玫瑰只能装点爱情呢?

(选自 1998 年 12 月 19 日《文汇报》,作者:武丹丹。有删改。)

三、练 习

(一)根据课文内容判断下列句子对错:

1. 卖花的妇人很受大家的喜爱。 ( )
2. 妇人的女儿和我们的关系很好。 ( )
3. 卖花的妇人下岗了。 ( )
4. 妇人的家庭负担很重。 ( )
5. 因为同情妇人和她的女儿,所以我们常常跑去买花。 ( )
6. 玫瑰快卖光时,女孩从里面挑出了最好的一枝。 ( )
7. 花店里的玫瑰花 8 元一枝。 ( )
8. 小女孩手里的那枝玫瑰最后被一对情侣买走了。 ( )
9. 最后,小女孩仍然把一枝美丽的玫瑰花送给了自己的妈妈。 ( )
10. 我们都被小女孩的行为感动了。 ( )

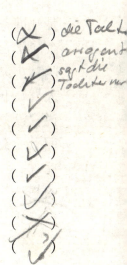

(二)根据课文内容选择正确答案:

1. 卖花的妇人为什么对人冷冰冰的?
   A. 卖花很累
   B. 她的姥姥病了
   C. 她的生活负担太重
   D. 她不喜欢自己的女儿

2. 小女孩为什么不想把那枝最好的玫瑰花卖出去?
   A. 卖价太便宜了
   B. 她想把它送给自己的母亲
   C. 那枝花太美了,她想自己留下
   D. 她不喜欢买花的那对情侣

课文(二) 为什么我总是不敢对人发火

一、提示与要求

全文约1500字,要求12分钟内读完(一遍),然后做练习。

二、课　　文

小灵很懊恼,她又一次地悔恨自己没有将内心真实的情感表露出来。

今天,她宿舍里的同学不经她允许就将她放在桌上的零食吃掉大半,而这是她准备周末带回家给父母的。当时,她从外面回到宿舍,推开门大吃一惊,几个同学正兴高采烈地吃她的零食呢!见到她的到来,其中一个还冲着她直乐:"嗨,小灵,快来吃吧,要不你的零食都快被我们吃完了!""你们……"小灵真想大骂她们一顿,太过分了!但话刚出口两个字就没了下文,甚至还勉强笑了,说:"没关系,你们吃吧,吃吧。"可等到晚上一个人躺在床上,后悔就控制不住地涌上心头。她怪自己太软弱,不能把自己的真情实感表达出来。每次都是如此,总是后悔。她很想知道,为什么自己会这么没用,有道理时也不敢说出自己的想法?甚至有时首先想好了该说些什么,可到时候又张不开口,最后什么也没说。

像小灵这样的求询者我遇到过很多,这是人际交往咨询中的一个典型的问题。当事人采取压抑自己、退让逃避的方式处理人际关系中的矛盾冲突,但自己又不能接受自己的这种行为方式,于是事件本身带来的怨恨、沮丧等消极情绪,加上对自己表现不满的消极情绪,一起堆积在心里,弄得自己常常是自己埋怨自己,没有个好心情。

一般而言,像小灵这样的人之所以有这样的表现,往往和以下一些因素有关,比如幼年家庭中冲突产生的阴影、过分重视人际关系或追求完美的心态。有的人从小就生活在一个充满矛盾冲突的不和家庭,父母经常吵架,让她幼小的心灵感到不安全,她特别害怕争吵,恐惧人际纷争。这种自己也未意识到的阴影,就会在她长大后的人际交往行为中得到反映——遇到人际矛盾,她就会采取退缩的反应方式。有的人过分重视人际关系,怕得罪人,担心别人对自己的看法。所以,当出现冲突时,总是压抑自己,装得很大度,没事似的。其实,内心的想法多着呢!

最最重要的还不是当事人的退缩表现。有的人表现退缩,但他对自己的表现认可程度较高,退就退吧,退一步很多问题也就解决了,心情倒也不是很坏。而有的人则退了之后,患得患失,既忘掉了退了之后少掉许多麻烦的好处,又把自己的面子尊严问题看得很重要。这样的话,心情就会很坏。

所以,放弃十全十美的想法,选择一个去做是很重要的:或认可自己的退缩,甚至境界高点,将自己的心胸真正变得宽容大度;或要求自己不害怕同别人讲道理。退的时候,多想想退的好处;进的时候,就一心一意地进。

当然,习惯了退,真要进起来也不是容易的事。在心理咨询过程中,遇到这种情况,咨询师首先会和求询者一起讨论是否真的有必要改变自己,如果真的发生了变化,自己是否真正能接受自己的新形象;如果答案是肯定的,接下来咨询师会让求询者在咨询室里作角色扮演训练。只有在事先将在各种情境下所需的话练熟,气势表现了出来,在真实的情况下才能从容。训练结合实际,进行了一段时间之后,咨询师会和求询者讨论和评估其表现,不断提出适当的进度和目标,慢慢地最终实现求询者敢于直言的愿望。如果你自己有想法有毅力有耐心的话,也可以依此方法进行自我训练。不过,也有连在虚拟环境中练习的勇气都没有的人,那就难度大了。练都不敢(或不好意思)练,碰到实际情况大多会很困难。看来只好等实在受不了了才行,不是说"兔子急了还咬人"嘛!

趣味心理测试:

你知道如何批评人吗

对以下项目作是否选择:
1. 在批评别人前,你一般不会去了解对方的身体和情神状况。
2. 当你感觉疲劳或很忙时,你仍然不忘记提建议。
3. 你批评别人时会显得不耐烦并带有讥笑的口气。
4. "我跟你说过了"、"最好像我想的那样"之类的话是你常爱说的话。
5. 无论高兴还是不快,你都用同样的语速说话。
6. 你常常能找到借口为自己的错误开脱。
7. 有人抱怨你不能诚恳地倾听和对待别人对你的建议和批评。
8. 你非常注重情节。
9. 在和人谈话时,你往往急于作出回答,而不愿意费时间先默默倾听。
10. 你被人认为是严肃的人,因为你的表情常常是不高兴、不耐烦或生气的。
11. 当发现错误时,你常常先发火,而不是寻找补救的办法。

解释:
11 项答否者:你非常了解批评的方法
7~10 项答否者:你对别人的批评大多会被认为是诚恳的帮助,而不是耻笑

3～6项答否者：你的批评常常起的是反作用,应当注意用平等的方式待人,而不是自认为比别人高的权威态度。

0～2项答否者：你批评人时的不快将传递给被批评者,但除了得罪人之外,往往没有什么好处。你必须多学学批评的方法。

(选自《交际与口才》2000年第8期,作者:叶斌。有删改。)

三、练　习

(一)根据课文内容选择正确答案：

1. 小灵为什么很懊恼？
   A. 同屋吃掉了她的零食
   B. 她没有东西带给父母了
   C. 同屋没有给她留零食
   D. 没有说出自己的真实想法

2. 看到同屋的行为后,小灵是怎么做的？
   A. 只骂了她们一句
   B. 大骂了她们一顿
   C. 笑着说没关系
   D. 什么也没说

3. 像小灵这样的求询者常常采用什么样的方式处理人际关系中的矛盾冲突？
   A. 同别人讲道理
   B. 退让逃避
   C. 吵架
   D. 打人

4. 小灵这样的人处理完人际关系中的矛盾冲突后,常有什么样的感觉？
   A. 怨恨、沮丧、不满
   B. 无所谓
   C. 高兴
   D. 着急

5. 下列哪个因素不是引起小灵这样的人作出那种反应的原因？
   A. 幼年家庭中冲突产生的阴影
   B. 过分重视人际关系
   C. 追求完美的心态

D. 性格宽容

6. 当出现冲突时,小灵那样的人为什么装得很大度?
   A. 觉得吵架很麻烦
   B. 对失去的无所谓
   C. 怕得罪人
   D. 喜欢对方

7. 为什么有的人退缩后,心情也不是很坏?
   A. 对自己的表现认可程度较高
   B. 对失去的无所谓
   C. 重视人际关系
   D. 得到了很多

8. 小灵这样的人应放弃什么样的想法?
   A. 宽容大度
   B. 十全十美
   C. 一心一意
   D. 退缩

9. 如果求询者能接受自己的新形象,咨询师会先让求询者怎么做?
   A. 立即以新形象出现
   B. 对新形象进行讨论
   C. 对新形象进行评估
   D. 作角色扮演训练

10. 如果求询者缺少练习的勇气怎么办?
    A. 进行说服,增加其勇气
    B. 先强迫他练习,再告诉他道理
    C. 先告诉他道理,再强迫他练习
    D. 等他感到实在需要时再说

(二)在趣味心理测验中,其答案大部分(指7项以上)是否定的人:
   A. 非常了解批评的方法
   B. 对别人的批评经常被接受
   C. 对别人的批评经常不被接受
   D. 常得罪人

查 阅

课文(一) 假如你"得罪"了上司

一、提示与要求

全文约1200字,要求8分钟内查找出问题的答案。

二、问 题

1. 当你带着情绪去寻求别人的理解时,一些同事为了避嫌会怎么做?
   答:

2. 当你"得罪"上司后,不要急于向人倾诉,最好应该怎么做?
   答:

3. 有些人以不做工作来胁迫上司,作者认为这是一种什么样的行为?
   答:

4. 当控制住自己的情绪后,下一步应该怎么做?
   答:

5. 如果与上司有冲突,不可用什么样的眼光看待对方?
   答:

6. 所有的上司都希望得到下属的什么?
   答:

三、课 文

只要你是上班族中的一员,难免有时会"得罪"上司,这可能是你自己造成的,也可能是对方引起的,但不管谁是谁非,"得罪"上司无论从哪个角度来说都不是好事,只要你还没想调离或辞职,就不要使事情变得不可解决,否则在这样的环境里工作你不仅不愉快,而且还可能会影响你的前程。所以你有必要提醒自己不可一时冲动,而要理智地处理,为自己留有以后和上司友好相处的余地。

不要带着情绪去寻求别人的理解

不论是出于何种原因"得罪"了上司,我们心里总是不愉快的,难免产生些情绪,也想向人倾诉,并且往往选择工作的圈子,向同事诉说苦衷。这样做的结果其实并不好,如果失误在于上司,同事对此都不好表态,他们也不愿意介入你与上司的争执,又怎能安慰你呢?假如是你自己造成的,他们也不忍心再说你的不是,使你更难受。看着你与上司的关系变得非常糟糕,一些同事为了不使上司误会自己与你在一块对他说三道四,反而会疏远你,使你越发变得孤立起来。更不好的是,一些不太善良人可能把你对他的诉说,加上一些更不利于你的话后再告诉上司,加深了你与上司之间的裂痕。所以,当你"得罪"上司后,不要急于向人倾诉,不要指望得到人们的理解,最好的办法是自己清醒地找到问题的原因,找出合适的解决方式,使自己与上司的关系重新有一个良好的基础。

不要因为有情绪而影响工作

即使你受到了极大的委屈,也不可把这种情绪带到工作中来,很多人会以为自己是对的,等着上司给自己一个"说法",正常的工作被打断了。很多工作是靠着众人之间一起协作才能完成的,你一旦停顿,就会影响到工作的进度,拖了别人的后腿,使其他同事对你产生不满,更高一层的上司也会对你形成坏印象,而上司更有理由说你是如何如何不对了。这样,你前功尽弃,日后要改变这么多人对你的看法就很难了。我们必须告诫自己,克服自己的情绪化,无论是哪种情况都不要影响自己手头应做的工作。而有些人以不做工作来胁迫上司,这是极不理智的行为,只会使自己今后的处境更为不妙。

找个合适的机会沟通

当你控制住自己的情绪后,下一步就是要消除你与上司之间的隔阂,因为你还要与上司相处,受其领导。如果相互之间心里存有敌意,总会给你的工作甚至你今后的发展带来负面的影响,所以最好自己解决问题。如果是你错了,你就要有认错的勇气,找出自己与上司冲突的原因,向上司作解释,并对其作合适的称赞,表明自己在今后的工作中会注意,希望继续得到上司的关心。如果是上司的原因,那么你未必需要那么正式地向其汇报,可以找个适当的时间和场合,在较为宽松的时候,以合适的方式,把自己的想法与他沟通一下。你也可以以自己的一时冲动或是方式还欠周到等原因,请求上司原谅自己,这样既可以达到相互沟通的目的,又可以给他找到一个体面的台阶下,有益于恢复你与上司之间的友好关系。

利用一些轻松的场合表示你对他的尊重

如果你与上司有冲突,不可用敌对或是轻视的眼光看待对方,否则只会使自己今后的处境更为不利。要知道,即使是开明的上司也很注重自己的权威,都希望得到下属的尊重。最好的办法是让不愉快成为过去,不要在自己的心里形成愤怒的火苗。向上司表示尊重,不仅是你为了生存与发展而采取的明智之举,也是在向更多的人表示你的修养与风度。你不妨在一些轻松的场合,比如会餐、进行联谊活动时,向上司问个好、敬杯酒,这些做起来很自然,既不会被别人说是拍马屁,又能表示你对他的尊重,上司自然会记在心里,排除或是淡化对你的敌意。

(选自《现代交际》1999 年第 1 期,作者:成林。有删改。)

课文(二) 误把友情当爱情怎么办

一、提示与要求

全文约 500 字,要求 3 分钟内查找出问题的答案。

二、问　　题

1. 甘燕是个什么样的人?
   答:

2. 异性友谊和同性友谊的一点重要区别是什么?
   答:

3. 遇到甘燕这种情况,有哪几种解决办法?
   答:

三、课　　文

李医生:

　　我现在遇到一个难题,因为我平时性格开朗,喜欢帮助人,现在有一个男同学把我对他的关心帮助,当成喜欢他,经常给我写信。我想问问李老师,如何把握异性友谊的界限,遇到错误地把友情当爱情时怎么办?

兰州　甘燕

甘燕:

　　异性友谊与同性友谊比较,重要的一点区别是前者可能发展为另外一种关系。好在友谊与爱情之间界限比较清楚。友谊是两个人的爱好等一样,互相帮助;爱情却一般以婚姻家庭为明确的最后的目标。异性之间,只要没有双方共同确认的婚姻目标,只是学习工作上比较默契,就应该认为是友谊,如果相反就应该认为是爱情了。当然,友谊的范围比较广,要求的条件不多;爱情受道德等影响,最后结婚更有法律限制。可见,异性友谊与爱情是有不同的。

　　你的同学把你们的友情当成爱情,而你不愿接受,建议你用下面的方法向对方解释:

　　1. 直接说服。先作好准备,然后找一个比较合适的时间和地点,用比较平易而又严肃的态度,认真而详细地把自己的看法和意思向对方讲清楚,并且还要当面回答对方的问题,做好对方的思想工作。

　　2. 给对方写信。如果认为当面说不方便或条件不允许,可采用写信的办法,详细说出自己的意见、看法,同时又可给对方仔细考虑的时间。

　　3. 通过中间人解释。如果认为上面两种方法都不太好,又想使对方不留幻想,可以找一个可靠的中间人去说明情况,劝说对方。这样,中间人除转达你的意思外,还可以从另外的角度进行劝说,以得到对方谅解。

你的朋友:李真

(选自《现代交际》1999年第1期,作者:李真。有删改。)

课文(三)　如何对待他人的嫉妒

一、提示与要求

全文约900字,要求7分钟内查找出问题的答案。

二、问　　题

1. 那位年纪较大的老同志为什么喜欢和他作对？
   答：

2. 受到别人轻微的嫉妒有什么好处？
   答：

3. 如何降低别人对自己的嫉妒程度？
   答：

4. 嫉妒者感情上处在什么样的状态中？
   答：

5. 为什么拉大与对方的距离可以消除嫉妒？
   答：

三、课　　文

李医生：

　　我是一个单位的中层领导，刚从某大学毕业不久的硕士研究生，有一位工作时间较长、年纪较大的老同志在很多事情上都故意和我作对。我知道他在嫉妒我，因为每当我提出新的管理方法时，对方就有意地引用单位的惯例或强调自己的经验而不同意。请李老师帮我出出主意。

黑龙江　刘正

刘正：

　　被嫉妒，假如是轻微的，可能还有刺激一下自己优越感的快意，但受到强烈的嫉妒和被别人说坏话时，就会非常恼火和痛苦，并影响与他的和睦相处。因此，要采取措施妥善处理。

　　1. 用热心消除别人的嫉妒。有一位年轻的公司总经理，他工作认真，从来不吹牛,将一切好的事情都当作部下的功劳,并喜欢说部下的好处。他这种态度,使他顺利地从营业部经理、董事、常务董事直到最后成为总经理。一般对于像总经理这样顺利的人,周围的人对他会非常嫉妒,可他不仅没有受到嫉妒,大家还希望由他来当总经理,原因是他平时就对周围的人非常关心,用这种方法来防止部下对自己的嫉妒。因此,关心不顺利的人,可以降低嫉妒的程度。

2. 用示弱的态度缓和嫉妒。嫉妒是对比自己强的人进行发泄的一种方式:比如难受、不舒服、羡慕、烦恼、痛苦、怨恨的情绪,想超过他人,甚至想破坏他人的优越状态。因此,你可以采取一定程度的退却、示弱的态度,这样可以减轻对方的自卑感。使对方产生和自己一样的平等感,起到缓和嫉妒的作用。

3. 用"净化"的方法让对方说出心中的不愉快。净化是指感情的净化,心理压抑的解脱。嫉妒者心里毫无例外地都有无处发泄的愤恨,感情上是处在非常不愉快的状态。因为表示嫉妒会被认为不是光明正大的行为,所以没有办法对人说,因为不能告诉人而使心情更加沉重,因此要想办法帮助他。要利用各种机会,创造一种融洽的气氛,得到他的信任,让他说出心中的不愉快,并巧妙地进行说服和感化。

4. 用宽容的态度对待嫉妒。一般来说,只要是人,或多或少都有一点嫉妒心,所以要以宽容的态度谅解对方的嫉妒心理,并热情帮助对方克服困难,和对方一起前进。另外,当取得成功或成就时,不要骄傲,要尊重对方,热情邀请对方共同分享自己的快乐。千万不要用仇恨的态度对待别人的嫉妒,那就会使问题更加严重,对两个人都不好。

5. 拉大和别人的距离从而使别人不再嫉妒。遭到他人嫉妒,要充分认识到是由于自己与对方的距离没有拉开。因为嫉妒具有对等性,也就是说,嫉妒更多的是在能力、地位、年龄差不多的人中由差异产生的。消除他人嫉妒的最好的办法是继续努力,加大前进的步伐,拉大与嫉妒者的距离,使别人觉得确实不如自己而不再嫉妒。

(选自《现代交际》1999年第1期,作者:李真。有删改。)

阅读知识:说明文 1:简介

说明文以说明为主要表达方式,介绍客观事物,解说事理,从而说明道理,给人以知识。阅读说明文的重点,在于分析掌握文章说明了什么事物,介绍了什么特征。下面我们主要来谈谈简介的阅读。

分析简介的内容重点可以从以下几个方面入手:

(1)从文章的标题分析内容要点。大部分简介,读题便可知说明对象;通过说明对象，可略知内容重点。例如我们看到一个题目叫"××大学的简介"，文章题目已点明了说明对象是某所大学，内容重点是跟这所大学有关的内容，如历史、环境、组成部分等。

(2)了解说明点，从局部与整体的联系上把握简介的要点。一般的简介都是以几个说明点来说明、简单介绍事物。例如对一所大学的简介，往往是通过对大学的历史、师资情况和学生情况、环境及地理位置、机构组成等几个说明点的介绍，来构成对整个大学的介绍。

(3)通过概括、归纳性的句子来确定介绍的内容重点。在简介中，每一段的段首句子往往可以提示整段的意义。例如：当我们看到"××大学创建于……"就可以大概了解这段是写大学的历史的；而看到"××大学地处……"也可以猜测下面写的将是大学的地理位置和环境。

阅读技能：根据构词法确定词义（下）

前面我们谈了联合型合成词，下面我们来谈谈其余四种合成词。

在偏正型合成词中，前一个语素修饰、限制后一个语素，前一个语素是"偏"，后一个语素是"正"，以后一个语素的意义为主。例如第一单元校园生活(一)查阅课文(四)中的"函授"的意思是"以通信辅导为主的教学方式"，"函"的意思是"信"，"授"的意思是"教"，整个词以"授"的意义为主，"函"起限制作用。这样的词还有"透视、警钟、岗位"等（见第一单元校园生活(一)通读课文《大学生暑假生活透视》）。

在主谓型合成词中，前一个语素是被陈述的事物，后一个语素是用来陈述它的。例如："自理"，就是"自己（人或事物）办、做（怎么样）"（见第一单元校园生活(二)通读课文《净化环境与净化心灵》）。这样的词还有"日出、心疼、耳熟、地震"等。

在补充型合成词中，后一个语素补充、说明前一个语素，经常表示前一个语素的结果；两个语素中，以前一个语素为主。如"提高"（第一单元校园生活(一)略读(一)《"桥"造大些》），意思是经过动作"提"后结果（质量、水平等）变"高"了。这样的词还有"改善、投入、轰动、孵化"等。

在动宾型合成词中，前一个语素表示动作或行为，后一个语素表示动作或行为所涉及的对象。例如"动员"（出处同上）的意思是"发动人参加某项活动"，"动"是动作行为，"员"是动作行为所涉及的对象。这样的词还有"伤心、革命、费神"等。

第三单元 饮食文化(一)

通读 北京烤鸭

一、提示与要求

全文约1000字,要求10分钟读完(一遍),然后做练习。

二、词 语

风味	美食	佳肴	美味	荟萃	名扬天下	独特	叫卖
宴席	珍品	字号	兴旺	铺面	闹市	财源滚滚	區
讲究	烘烤	酥脆	腻	焦	蘸	番	品尝	负	盛名

三、课 文

北京烤鸭

【1】北京的风味美食种类可多了,可以这样说,天下的佳肴美味都荟萃在北京。这是为什么呢?因为北京是历史上的古都,皇帝住在北京,所以名吃、名菜多极了,其中最有名的是北京烤鸭。

【2】提起北京烤鸭来,那可是名扬天下的中国名菜。据说,这种风味独特的烤鸭已经有好几百年的历史了。最早的南宋时,就有人在南方的一些城市沿街叫卖。后来明成祖定都北京后,烤鸭被带到了北京。到了清朝,文武百官也都喜欢吃烤鸭,烤鸭成了宴席上不可缺少的珍品。以后,烤鸭慢慢地从宫廷里传到了民间,于是,北京的街市上便出现了卖烤鸭的餐馆。清朝咸丰五年(1855年),北京前门外开设了专售烤鸭的便

词语注释:

风味 fēngwèi special flavor; local flavor
美食 měishí good food
佳肴 jiāyáo delicacies
美味 měiwèi delicious food
荟萃 huìcuì (of distinguished people or exquisite objects) gather together
名扬天下 míng yáng tiān xià world-famous
独特 dútè special
叫卖 jiàomài cry one's wares; hawk
宴席 yànxí banquet; feast
珍品 zhēnpǐn treasure; valuable things

宜坊饭馆。十一年以后的1866年,前门外又开设一挂炉烤鸭的全聚德饭馆。这里的烤鸭手艺更精更妙。从那以后,"全聚德"这个字号也就和北京烤鸭一起,名扬四海了。

【3】说起这全聚德烤鸭店的烤鸭来,那可是中外皆知。人人都知道这里的烤鸭特别好吃,可是关于它的来历,恐怕就不是知道得那么清楚了。

【4】当时的北京前门外,有一位专门经营鸡鸭行业的人,名叫杨全仁,他待人和气,又很会做生意,所以买卖很兴旺。因为手里有了一些钱,他就在当时的肉市街上买了一座铺面,准备开烤鸭店。为了烤鸭店的生意兴旺,他特地请人来给取了店名,来人起了个"全聚德"的名字,意思是说,这地方是闹市街头,是个聚合不散、全而不缺的好地方,只要做生意就会兴旺,财源滚滚。这"全聚德"的名字起得好听,也正中主人杨全仁的心意。他请人把这三个大字写成金字大匾,高高兴兴地悬挂在店门之上,又请了一位清宫御膳房里有名的厨师,精心地烤出鸭子。全聚德的烤鸭,做法非常讲究,它是挂炉烤鸭,是凭着炉墙的热力烘烤鸭子,炉里的温度先高后低,烤出的鸭子外皮酥脆,内层丰满,肉又鲜又嫩,肥而不腻,而且炉里烧的不是普通的木柴,而是用枣树、桃树、梨树等果木炭烤制。这样一来,烤出来的鸭子颜色是枣红的,鲜艳好看,油亮油亮的,外焦里嫩,有一种特殊的果木香味。烤鸭要趁着热吃,把鸭肉削成片,蘸上甜面酱,加上大葱白,卷在特制的荷叶形的小薄饼里,趁着热吃起来,不但鲜美无比,而且营养丰富。后来,全聚德里又有了"全鸭席",那风味独特的鸭肝、鸭掌、鸭翅,以及那又香又鲜的鸭骨汤,别有一番滋味,叫品尝过的人终身难忘。好多年过去了,全聚德成了北京最负盛名的烤鸭店,凡是来北京的人如果不尝尝北京烤鸭,都会觉得很遗憾。

(选自《领你走中国》,作者:舒琛、华林,海豚出版社1996年出版。有删改。)

字号 zìhào the name of a shop
兴旺 xīngwàng prosper; flourish
铺面 pùmiàn shop; shop front
闹市 nàoshì busy streets
财源滚滚 cáiyuán gǔngǔn money keeps rolling in
匾 biǎn a horizontal inscribed board
讲究 jiǎngjiu be particular about
烘烤 hōngkǎo toast; bake
酥脆 sūcuì crisp
腻 nì greasy
焦 jiāo burnt; scorched
蘸 zhàn dip in
番 fān kind, sort
品尝 pǐncháng taste; sample
负 fù enjoy
盛名 shèngmíng great reputation

四、练　习

(一) 选择与下列句子意思相同的解释：

1. 因为北京是历史上的古都，皇帝住在北京，所以那里的名吃、名菜多极了，其中最有名的是北京烤鸭。

    A. 北京是历史上的古都

    B. 北京的名吃、名菜很多

    C. 北京烤鸭是北京最有名的菜

    D. 北京在历史上是皇帝居住的地方

2. 人人都知道这里的烤鸭特别好吃，可是关于它的来历，恐怕就不是知道得那么清楚了。

    A. 人们都了解全聚德烤鸭的来历

    B. 人们都知道全聚德烤鸭好吃

    C. 人们不一定了解全聚德烤鸭的来历

    D. 对于全聚德烤鸭的来历，人们根本就不清楚

3. 好多年过去了，全聚德成了北京最负盛名的烤鸭店，凡是来北京的人如果不尝尝北京烤鸭，都会觉得很遗憾。

    A. 北京烤鸭让人感到遗憾

    B. 来北京的人应该尝尝北京烤鸭

    C. 全聚德是最有名的烤鸭店

    D. 全聚德的历史很悠久

(二) 结合课文内容选择恰当的词语替换下列句子中的画线词语：

1. 可以这样说，天下的佳肴美味都<u>荟萃</u>在北京，……

    A. 聚集　　　B. 出现　　　C. 运送　　　D. 买得到

2. 据说，这种风味<u>独特</u>的烤鸭已经有好几百年的历史了。

    A. 特点　　　B. 特别　　　C. 独自　　　D. 单独

3. 在清咸丰五年(1855年)，在北京前门外开设了<u>专售</u>烤鸭的便宜坊饭馆。

    A. 专门　　　B. 专业　　　C. 专用　　　D. 专利

4. 这里的烤鸭<u>手艺</u>更精更妙。

    A. 味道　　　B. 艺术　　　C. 制作技术　　D. 手段

5. 从那以后，"全聚德"这个字号也就和北京烤鸭一起，名<u>扬</u>四海了。

    A. 传播　　　B. 赞扬　　　C. 表扬　　　D. 传达

6. 说起这全聚德烤鸭店的烤鸭来，那可是中外皆知。
   A. 都   B. 还   C. 也   D. 不

7. 这"全聚德"的名字起得好听，也正中杨全仁的心意。
   A. 符合   B. 猜中   C. 适合   D. 满意

8. 后业，全聚德里又有了"全鸭席"，……别有一番滋味，叫品尝过的人终身难忘。
   A. 特别   B. 别的   C. 别处   D. 另外

9. 好多年过去了，全聚德成了北京最负盛名的烤鸭店……
   A. 担负   B. 负担   C. 享有   D. 拥有

(三) 根据课文内容判断下列句子的对错：

1. 北京有很多著名的小吃。   (   )
2. 北京烤鸭已有一千多年的历史了。   (   )
3. 南宋时，烤鸭成了文武百官宴席上的珍品。   (   )
4. "全聚德"是最早开设的专售烤鸭的饭馆。   (   )
5. "全聚德"的老板原来是御膳房的厨师。   (   )
6. "全聚德"的烤鸭是用果木炭烤制的。   (   )
7. 烤鸭要放凉了才好吃。   (   )

(四) 概括段落或全文大意：

1. 课文第二段的内容可以概括为：
   A. 北京烤鸭是名扬天下的中国名菜
   B. 北京烤鸭的历史
   C. 北京的名吃、名菜
   D. 北京烤鸭是从宫廷传到民间的

2. 下面哪一项不是本文的内容：
   A. "全聚德"字号的来历
   B. "全聚德"烤鸭的特点
   C. "全鸭席"的制作方法
   D. 烤鸭的吃法

(五) 选择合适的词填空：

兴旺   名扬天下   独特   财源滚滚   精心
讲究   腻   终身   遗憾   荟萃

1. 在医生的_____治疗下,小华终于恢复了健康。
2. 这座建筑风格_____,给人们留下了很深的印象。
3. 作为全国一流的高等学府,这里_____了来自各地的优秀青年。
4. 桂林因风光秀丽而_____。
5. 这道菜油放得太多了,有点儿_____。
6. 如果这次不去参加玛丽的婚礼,你会感到_____的。
7. 这家饭馆儿虽小,生意却好极了,顾客如云,_____。
8. 林教授的衣着很_____,每次见他都是穿着西装系着领带。
9. 祝你生活美满幸福,事业_____发达。
10. 母亲的这句话我会牢记心中,_____难忘。

略 读

课文(一) 腊八节和腊八粥

一、提示与要求

全文约1000字,要求8分钟内读完,然后做练习。

二、课 文

腊八,即农历十二月初八日,是汉族传统节日,历史很悠久。汉代以冬至后第三个戌日为"腊日",南北朝时才改为十二月初八日,称为"腊八节"。古时的春节,实际上从这天就算开始了。

民间有在腊八节这一天熬腊八粥的习俗。关于腊八粥的起源,众说纷纭。其中流传最广,普遍为人们所接受的是纪念佛祖说。相传在古印度北部迦毗罗卫国净饭王之子乔达摩·悉达多(即佛祖释迦牟尼)痛感人间生、老、病、死的苦恼,为了寻求解脱之道,毅然舍弃王位,遍游印度名山大川,访问贤明。十二月初八日,行至比哈尔邦的尼连河畔,又累又饿,昏倒在地。这时,一位牧羊女发现了他,便将随身带的杂粮加些野果,用泉水加热煮成粥,一口口地喂他。这对于多时不见水米的释迦牟尼来说,真好像美味甘露,所以他顿时觉得精神振奋,就在尼连河里洗个澡,然后,向着东方盘腿静坐在毕钵罗树下,苦思解脱之道,终于获得了彻底的觉悟而成了佛陀。从此,佛教徒们就将腊八节称为佛的"成道节"。自佛教传入中国后,每年农历腊月初八日,各佛教寺院都用香谷和干果做成粥来供佛。封建时代帝王还用腊八粥赏赐文武百官。雍正三年,奉世宗皇帝之命,雍和宫内万福阁等处设大锅煮腊八粥,并请喇嘛诵经,然后把粥分给各王公大臣品尝食用。民间也争相效仿。

在民间腊八熬粥,除了供佛祀祖外,主要是在亲友邻居之间当作互相馈送的礼物,其次才是自家享用。

腊八粥的种类极多,主要是根据贫富来决定。旧时,米粮店一进腊月就将芸豆、豌豆、小豆、豇豆、绿豆、小米、大米、高粱米等掺在一起出售,谓之杂豆米、"腊八米"。一般人家就将这种杂豆米加上小枣、栗子之类的干果,熬成粥之后再加上红、白糖,还有的加上玫瑰、木樨(腌桂花)等甜调料。如是比较讲究的,就首先要注意粥的颜色。这样,凡带有深色的杂豆都不能用,只用糯米、薏仁米、菱角米、鸡头米、莲子肉等原料煮成粥,雪白透明、质地精细。然后放在盖碗儿或特制的粥盒里,铺上蜜饯果脯、荔枝肉、桂元肉、桃仁、松子、染红的瓜子仁和青、红丝,称作粥果儿。还要摆出图案和花样来,称作"八宝粥"。

腊八节,除了熬腊八粥之外,民间还有用米醋在坛子里泡"腊八蒜"的风俗习惯。从腊月初八封上坛子口,放在较暖的屋子里,到除夕夜间吃大年饺子时,才打开享用。泡好的蒜都是碧绿的颜色,就像翡翠一样,配上深红的米醋,非常好看,给家宴上增添了节日色彩。

(选自《老北京的风俗》,作者:常人春,北京燕山出版社1996年出版。有改动。)

三、练 习

(一)根据课文简要回答问题:

1. 腊八节这个名称是何时出现的?
   答:nanbeichao

2. 关于腊八粥的起源,有没有统一的说法?
   答:没有 fenyun

3. 佛教徒们把腊八节称作什么?
   答:成道节

4. 旧时腊八粥的种类是根据什么来决定的?
   答:

5. 除了熬腊八粥,腊八节这一天民间还有什么习俗?
   答:

(二)根据课文内容判断下列句子的对错:
1. 古时的春节实际上从农历十二月初八日就算开始了。(　)
2. 很多人认为腊八粥的起源跟佛祖释迦牟尼有关。(　)
3. 传说释迦牟尼曾经得到一名牧羊女的救助。(　)
4. 每年腊八节这一天,中国的佛教徒熬粥供奉佛祖。(　)
5. 雍正皇帝曾命人在雍和宫熬腊八粥并将粥分给百姓品尝食用。(　)
6. 民间熬腊八粥主要是自家享用。(　)
7. "八宝粥"跟腊八粥没有什么联系。(　)
8. "腊八米"要比杂豆米更讲究一些。(　)

课文(二)　21世纪的饮料

一、提示与要求

全文约1300字,要求10分钟读完(一遍),然后做练习。

二、课　　文

　　兴起于20世纪90年代初的功能饮料是继碳酸饮料、果蔬汁饮料后的第三代饮品,被誉为21世纪的饮料。研制、生产功能饮料,已被国外众多企业家、经济学家看好。

　　所谓功能饮料即国内统称的保健饮料。我国年人均消费饮料5公斤,仅相当于美国的1/42,日本的1/20,世界人均水平的1/10。由此不难看出,整个国内饮料市场大有潜力可挖;再者,近几年,国内的保健食品虽五花八门,但多为口服液、营养素,真正既有保健作用又能补充水分的功能饮料并不多,因而开发功能饮料在国内是可行的。

　　而国际市场对功能饮料的需求更加诱人。泰国的"红牛"复合维生素功能饮料问世30余年,日产量已达500万瓶,仅西欧的年销量就超过2.5亿罐;《世界饮料》杂志宣称:在欧洲,标价3美元的"红牛"销售旺势可能超过价格为30美分的可乐。

如此巨大的市场,中国其实也大用武之地。专家们指出"药食同源"之品是中国与世界同行竞争的最有力的武器。

其一,中国有数不尽、列不完的"家珍":莲子、山药、银杏等等,具有明目、生发、固齿、益智、安神、增寿等功能,大部分尚"养在深闺人未识"或没有完全发挥其作用。这些原料参加开发新型功能饮料的竞争是十分有利的。

其二,几千年传统的医学,积淀出数万种汤剂、散剂,如《医通》中的三子养亲汤、《景岳全书》中的大补元煎等,依原方改进配制成饮料,势必大受欢迎。

其三,国际上流行的益寿型、清凉型、美容型功能饮料,均可在中国找到有效的药方或民间偏方,合理运用这些秘方定会事半功倍。

其四,中国得天独厚的自然条件,神州大地众多野生植物蕴藏着用于配制功能饮料的原材料,如食用纤维、低聚糖、维生素及各种矿物质,相信以自然之物合成的饮料定比依靠化学合成的饮料更受青睐。

"回归自然"已成为世界饮料的总趋势,中医、草药备受世人关注,这给我们的功能饮料打入国际市场提供了良好的机会。美国LD食品管理局早在两年前就提出了中国式金字塔膳食模式。在此基础上,我国的功能饮料打"中医"牌是可能在国际上站稳脚跟的。

专家们在看好功能饮料的同时,也提出两个令人担忧的问题:口味和质量。

中药的特殊味道令许多人望而却步,这是中国功能饮料参与国际竞争的最大问题。怎样消除异味而不改饮料的功能性是亟待解决的问题。怎样在配料不变的情况下依据各国饮食习惯适当调整口味尚需研究。

质量则是近几年保健食品最为突出的问题。据卫生部门统计,国内现有3000家保健食品厂,良莠不齐,市场混乱。其中,真正获得国家认可的功能饮料并不多。要过好质量关,把功能饮料推向国际市场,还必须要求各生产企业严格遵守国家今年6月颁布实施的《保健食品管理办法》和相继出台的若干规定。积极地、规范地、有序地、高起点地进行功能饮料的研究、开发和生产并积极参与国际竞争,中国的功能饮料将前景大好。

三、练 习

(一)根据课文内容判断下列句子对错:

1. 第三代饮品指的是碳酸饮料、果蔬汁饮料。   ( )

2. 中国人所说的保健饮料其实就是功能饮料。　　　　　　　(✓)
3. 功能饮料能够补充水分,而且有保健作用。　　　　　　　(✓)
4. 中国式金字塔膳食模式是由美国人提出来的。　　　　　　(✓)
5. 很多人喜欢中药的特殊味道。　　　　　　　　　　　　　(✗)

(二)根据课文内容选择正确答案:
1. 中国饮料市场的前景如何?
   A. 很有潜力
   B. 没有潜力
   C. 没什么潜力
   D. 潜力不大

2. 短文第三段的例子是想说明:
   A. 泰国的"红牛"是功能饮料
   B. "红牛"销售很好
   C. "红牛"比可乐更受欢迎
   D. 功能饮料在国际市场很受欢迎

3. 第五段"养在深闺人未识"在这篇短文中的意思是:
   A. 女儿没有出嫁
   B. 女孩子很少出门在外
   C. 比喻作用虽大而没被认识到的东西
   D. 比喻没有完全发挥作用的东西

4. 下面哪一点不是中国发展功能饮料的有利之处:
   A. 中国有很多营养丰富的野生植物
   B. 中国发展功能饮料的历史悠久
   C. 中医的一些药方可以改进配制成饮料
   D. 许多中药可作为功能饮料的原料

5. 中国功能饮料参加国际竞争最不利的一点是:
   A. 味道　　　B. 质量　　　C. 品种　　　D. 颜色

课文(三)　在拉萨泡甜茶馆

一、提示与要求

全文约1000字,要求8分钟内读完(一遍),然后做练习。

二、课　　文

西藏的酥油茶名声在外,好喝;西藏的甜茶就不大为人所知,但也非常好喝。

拉萨城里的甜茶馆一家挨一家,其数量之多,密度之高,恐为世界之最。

在拉萨街头,或在长途班车上,我时常看到许多藏民提着或背着暖瓶,觉得很奇怪。后来才明白,暖瓶里灌的就是热甜茶。在过林卡(藏民的一种野营方式)、工余休息时,藏民们便围坐在一起,在自带的木碗中倒上热甜茶,边喝边聊,其乐融融。据藏民们称,这种牛奶加红茶加糖熬制的热饮料能填饥止渴,降火通便,在高原上具有独特的营养滋补效用,他们一天都离不开它。

拉萨城里的甜茶馆一般小而简单,几张藏方桌加几条长凳即成,茶具都是酒盅大小的玻璃杯,一杯两角钱,也有论瓶出售的,一暖瓶5元。老板娘或是伙计(都是女性)提着暖瓶来回走动,不停地为茶客倒满。喝了几杯自己心里记着,结账时报上杯数,付钱走人。

甜茶馆同时还供应其他饮料食品,如酥油茶(比甜茶略贵)、酸奶、牛肉饺子、面条等。有的茶馆还播放录像,以武打片为主,音量很大,满街杀声震天。老板以此招揽生意。

八角街一带甜茶馆最为集中,一条短街往往连着开有五六家,而且生意特别好。我时常是在八角街逛累了、渴了,便随便钻进一家,把肚子灌得鼓鼓的,也花不了两块钱。当然各家的质量有好有坏。看是看不出来,一定要尝后才心中有数。

甜茶馆不仅是藏民重要的休闲场所,也是他们主要的社交场所。拉萨的生活节奏缓慢,茶客们往往一坐就是大半天,聊天、打纸牌、看录像,散发出一种令人着迷的民族情调。泡甜茶馆无疑是旅藏游人深入藏民生活的途径之一。我在拉萨的日子,每天总会花上一两个小时泡在甜茶馆中,与藏族茶客们聊天。在浮动的茶香中,在收录机悠扬的藏族长调中,我了解了不少资料上看不到的风俗,也结交了不少藏族朋友。

回上海后,发现自己已对甜茶上了瘾,常常怀念那种香甜的味道。于是常在家试着自己烹制,却怎么也不如拉萨的好喝。也许甜茶根本就无法离开拉萨,要不多少会走味。

(选自《旅游》1998年第9期,作者:吴伟。略有删改。)

三、练　习

(一)根据课文内容判断下列句子对错：
1. 西藏的酥油茶比甜茶更有名。　　　　　　　　　　　　(　)
2. 甜茶馆的规模一般都不大。　　　　　　　　　　　　　(　)
3. 甜茶馆使用木碗作为茶具。　　　　　　　　　　　　　(　)
4. 八角街上甜茶馆的甜茶，质量都特别好。　　　　　　　(　)
5. 拉萨的生活节奏不快。　　　　　　　　　　　　　　　(　)
6. 作者的家住在上海。　　　　　　　　　　　　　　　　(　)

(二)根据课文内容简要回答下列问题：
1. 甜茶是用什么熬制的？
答：

2. 甜茶馆只供应甜茶么？
答：

3. 在拉萨，哪里的甜茶馆最多？
答：

4. 作者在甜茶馆有哪些收获？
答：

查　阅

课文(一)　中国的饮食文化

一、提示与要求

全文约600字，要求4分钟内查找出问题的答案。

二、问　题

1. 中国种植水稻的历史有多长？
   答：

2. 秦汉时的"汤饼"指的是哪种食品？
   答：

3. 中国从什么时候开始制作豆腐？
   答：

4. 中国传统的饮食缺少哪种营养成分？
   答：

三、课　文

　　中国是一个古老的国家，不论饮食、服装、建筑等物质文化还是哲学、科学、艺术等精神文化，都有悠久的历史，为世界文明的发展作出了自己的贡献。

　　仅以饮食文化而言，中国的粮食、油料作物种植的历史久远。7000年前，江南就已种植水稻。此后，去了壳的稻米——大米，成为南方人的主食。小麦，中国在3000年前也已栽培。

　　中国的饮食文化，更重要的是在食品制作方面，在世界上作出了重要贡献。以用小麦加工而成的面粉制作的食物而言，如面条，已有2000多年历史，在秦汉时叫作"汤饼"。用粮食制作的辅助食品——点心，也历史悠久。唐代就已经有专制糕点的"糕坊"了。2000年来，中国不仅用面粉制作了品种越来越多的食品，而且还用豆类如大豆制作了很多种类的豆制品，如在2000年前的西汉时期，就能制作豆腐，至五代时，有的人把豆腐作为肉的代用品了。后来豆类又被制作成熏、卤、炸、干等种类繁多的豆制品。此外，豆汁、豆浆还成为营养丰富的饮料，豆酱、清酱在秦汉以前就成了重要的调料食品。

　　但中国传统的饮食文化在现代生活中，也越来越暴露出它的落后性的方面。

　　中国传统的饮食，是属于生存型的消费生活方式的一个组成部分，因此，饮食结构在质量上是低水平的。它主要表现在以谷物膳食为主,食物中的碳水化合物多,蛋白质少。

（选自《中外书报刊最新知识精华1000则》,张芳主编,蓝天出版社1990年5月出版。有删改。）

课文（二） 中国人与美国人饮食的对比

一、提示与要求

全文约1100字,要求7分钟内查找出问题的答案。

二、问　　题

1. 粗粮和细粮哪个所含的营养物质多？

答：

2. 喝茶有什么好处？

答：

3. 醋、姜、蒜、葱、辣椒等作料有什么作用？

答：

4. 分餐制有什么好处？

答：

5. 为什么清蒸食品比热炒好？

答：

三、课　　文

中国人饮食特点

一、中国人每天进食的新鲜蔬菜要比美国人多得多,而美国人虽每天摄入大量蛋白质,但肠胃功能却因进食纤维素太少而受到影响,因此消化系统的患病率及患癌率均大大超过中国。

二、中国人喜食粗粮,而美国人偏爱精白粉等细粮。实际上粗粮所含营养物质比细粮多。

三、中国人爱吃植物油,而美国人做菜喜用含胆固醇较高的动物油,此外每天还摄入大量黄油。怪不得美国人心血管发病率特别高。

四、中国城乡居民都喜欢豆浆、豆腐、豆芽等豆制品,而美国人却往往"敬而远之"。

五、中国人饭后和迎客时都沏一杯热茶,喝茶能减低人体胆固醇含量。相反,美国人喜喝的咖啡,却有可能提高血脂并刺激心脏。

六、餐毕,中国人爱吃点瓜果,而美国人往往再加一份甜食。瓜果自然要比甜食更利于健康。

七、中国人大部分家庭习惯于每天买新鲜食品,而美国人则喜从超级市场一次性大量购回,然后每天食用冷冻食品。美国人食用的罐头及腌腊食品分别为中国人的8和6倍。

八、中国人用餐爱加醋、姜、蒜、葱、辣椒等作料,能起杀菌、消脂、增进食欲、帮助消化等作用。

美国人饮食特点

一、美国人做菜放盐量只及中国人的一半,而摄入太多食盐有可能在中老年期引发种种疾病。

二、美国人做菜不爱放味精,味精含钠,摄入过量有损健康。

三、美国人做菜放的食油比中国人少。

四、美国人的分餐制自然比中国人的合餐制卫生。

五、美国人不吃猪肝、腰子等内脏,因为动物内脏无一例外地含有大量胆固醇。

六、美国主妇不爱用大火炝锅,厨房通风条件也较好,因而避免了吸入大量易致肺癌的油烟。

七、美国人喜一日多餐,比中国人的一日三餐科学。

八、美国人喜清蒸食品(营养物质破坏较少),而中国人却偏爱热炒(营养物质破坏多)。

九、美国人过节或请客从不暴饮暴食,与中国人的大吃大喝形成了对比。

(选自《中外书报刊最新知识精华1000则》,张芳主编,蓝天出版社1990年5月出版。有删改。)

课文（三） 中国的八大菜系

一、提示与要求

全文约1400字，要求9分钟内查找出问题的答案。

二、问 题

1. 中国的八大菜系是什么时候形成的？
   答：明清时期

2. 哪一菜系在烹调技术方面吸取了西餐菜的特长？
   答：广东菜系

3. 南京菜当中最有名的是什么菜？
   答：板
   bǎnyā

4. "佛跳墙"是哪一菜系的名菜？
   答：

5. 湖南菜"霸王别姬"是用什么做成的？
   答：福建的   甲鱼 和 鸡

6. 安徽菜系的"三重"指的是什么？
   答：重油，重色，重火功

三、课 文

中国菜肴的烹调艺术是举世闻名的。早在公元5世纪，贾思勰所著的《齐民要术》一书，就集前代烹调技术之大全，成为世界上最早的一部食品科学论著。元代天历年(1330年)，御膳医忽思慧写的《饮膳正要》，也对后世的烹调技术的发展产生了巨大影响。到了明清时期，我国烹调技术又得到进一步发展，并形成了许多具有独特风味的地方菜系。其中比较有名的是山东、四川、江苏、浙江、广东、福建、湖南、安徽"八大菜系"。

山东菜系：主要由济南和胶东两地的地方菜发展而成，它在北方有很高声誉，华北、东北及京津地区都受其影响。济南菜专长于清汤、奶汤，一向以清鲜、脆嫩著称。"清汤燕窝"、"奶汤鸡脯"等都是很名的菜肴。胶东菜海味有名，烹调以炸、扒、蒸、爆、熘、炒等法为主。"红烧海螺"、"酥海带"等海味很著名。

四川菜系：以成都、重庆两地菜肴为代表，以麻辣、味厚著称。烹调方法，注重调味，又富于变化。川菜中，如"宫保鸡丁"、"怪味鸡丁"、"麻婆豆腐"等，都驰名中外。

广东菜系：由广州、潮州、东江等地方菜发展而成。主要特点是：制作精巧，花色繁多，烹调技术采取了西餐菜特长，善于煎、烘、烤、焗、烩、酥、蒸、炸、熏、煲等法。在肉类原料上，除猪、牛、羊、鸡、鸭、鱼以外，还特别善于制作蛇、猴、猫、鼠、穿山甲等美味。仅蛇菜就有几十种款式。广东菜中的山珍海味、珍禽异兽，都是名扬海外的。

江苏菜系：由扬州、苏州、南京三个城市的地方菜发展而成。扬州菜也称淮扬菜，是指扬州、镇江、淮安一带的菜肴；苏州菜包括苏州与无锡一带的菜肴；南京菜又称京苏菜，主要是指南京一带的地方菜肴。江苏菜烹调擅长于炖、焖、煎、烧、炒等法，清蒸鲥鱼、百花酒焖肉、水晶肴蹄、银芽鸡丝等都是它的名菜。其中，苏州菜烹饪以清蒸、酿、白扒为主，味重于甜；扬州菜擅长于浓汁、浓汤，特别是点心最著名；南京菜擅长于焖、炖、叉、烤，尤以南京板鸭为著名。

浙江菜系：主要由杭州、宁波、绍兴等地方菜发展而成。其中，杭州菜最负盛名。浙江菜讲究鲜、脆、软、滑，保持原味，如西湖醋鱼。名菜有生爆虾片、叫化童鸡、龙井虾仁等。宁波菜以海鲜居多，绍兴菜擅长烹制河鲜和家禽，富有乡村风味。

福建菜系：主要由福州、泉州、厦门等地的地方菜发展起来的，尤以福州菜著称。闽（福建）菜长于炒、溜、煎、煨，注重甜、酸、咸、香。著名的菜肴有福寿全、雪花鸡、太极明虾、烧片糟鸭等，还有带有奇香异味的名菜"佛跳墙"，享誉全国。闽菜在南方菜肴中独具一格。

湖南菜系：是由湘江流域、洞庭湖区和湘西山区三种地方菜所组成的，尤以长沙菜为代表。湖南菜经常采用熏腊原料，油重色浓，擅长于熏、腊、蒸、煨、炖等方法，口味重于香鲜、酸辣、软嫩。著名的菜肴的"东安子鸡"、"麻辣子鸡"、"腊味合蒸"、"清蒸甲鱼"、"子龙脱袍"等。还有用甲鱼和鸡做的珍贵名菜"霸王别姬"。

安徽菜系：由沿江、沿淮、徽州三地区的地方菜构成，取材广泛，山珍海味都有。烹调以烧、煮、蒸焖为主，重油、重色、重火功。这"三重"是与其他菜系的不同之处。名菜有"红烧果子狸"、"符离集烧鸡"、"奶汁肥王鱼"、"火腿炖甲鱼"、"火腿炖鞭笋"、"雪冬烧山鸡"、"腌鲜桂鱼"等。

（选自《中国文化知识》，作者：许树安。北京语言学院出版社出版。略有改动。）

课文（四） 餐桌旁边谈筷子

一、提示与要求

全文约1600字，要求11分钟内查找出问题的答案。

二、问　　题

1. 竹筷、银筷和铁筷，哪一种出现得最早？
   答：

2. 乌木筷有什么优点？
   答：

3. 筷子在什么时候传入越南？
   答：

4. 日本为什么要庆祝"筷子节"？
   答：

5. 日本的"涂箸"指的是什么？
   答：

6. 尼克松访华前为什么要练习使用筷子？
   答：

三、课　文

　　中国人使用筷子,在人类文明史上,可以说是一桩值得骄傲和推崇的科学发明。美籍华人、著名物理学家李政道博士曾经从中国人使用筷子这一点论证:中华民族是一个优秀的种族。他说:"中国人早在春秋战国时代就发明了筷子,如此简单的两根东西,却高妙绝伦地应用了物理学上的杠杆原理。筷子是人类手指的延伸,手指能做的事,它都能做,且不怕高热,不怕寒冻,真是高明极了。"一位日本学者对用筷子的人曾作过科学测定,他发现,用筷子夹食物,牵涉到肩部、胳膊、手掌和手指等80多个关节和50条肌肉的运动,而且和脑神经有关。因此用筷子吃饭,不但可以使人手巧,还有训练大脑的作用,促进人的脑子灵活,身体健康。

　　对于筷子发明的背景,各国历史学家,尤其是西方学者,往往众说纷纭,争论不休。有人认为,中国食物精美细巧,筷子的发明,是为了适应挟捡细巧食物之用;但有人却持完全相反的观点,认为是为了适应筷子的特点,中国食物才发展得如此细巧。其实,在使用筷子之前,中国的人类祖先,同样也经历了一个用手抓取菜饭的过程。但热粥烫羹又如何抓取得了呢?于是不得不随地折取一些草茎木棍来辅助。手执棍条拨来拨去,不自觉地就练出了一种技艺——可以任凭自己的意愿夹取或拣食食物,这便是使用筷子的起源。

　　筷子又称"箸",在史传记载中,远在商纣时(公元前1144年前后),就开始用象牙制成筷子。

　　最初的筷子,是竹筷、象牙筷和玉筷。至春秋时,铜筷和铁筷便问世了。到了汉朝,出现了漆筷。之后,又出现了金筷和银筷。

　　用木头制作的筷子也很普遍。木质筷中有红木、枣木、桑木、楠木、冬青木等筷,其中乌木筷最为名贵。乌木筷木质坚硬,不易变形。现代使用的筷子又有了塑料筷、有机玻璃筷、卫生筷等。我国湖南尚有长达2尺左右的筷子,坐在桌子这端的人,用它能够把夹起的菜递到桌子那边的人的碗里去。

　　我国筷子在国际上也颇有影响。筷子传入日本,是唐代以后的事。而印度支那半岛上的越南等国,则早在唐代以前就首先学会了使用筷子。明清以来,马来亚、新加坡及印度尼西亚、爪哇等地流入华人很多,在中国文化的影响下,使用筷子的风习也随之传开。较早介绍中国筷子到欧洲者,是意大利人利玛窦,如今人们在利氏所著的《中国札记》一书里,还可读到有关中国筷子的文字。

　　在国外众多的使用筷子的人们中,当推日本人对筷子最为推崇。自古以来,在日本许多地方,每逢播种、播秧、收获或庆贺生日之时,人们都换用新筷子,以表示欢庆的心情。此外,还有许多关于筷子的神话传说,至今仍在民间流传。为了感谢筷子一日三餐为人们辛勤地"劳动",日本还把每年的8月4日定为"筷子节",年年纪念。在日本,筷子的造型也颇有特色。可能是因为日本人吃鱼片、饭团等片块形状的食物比较多的缘故,日本筷子的形状往往显得短而尖。根据筷子用处的不同,日本筷子又分为许多种:如烹调用的叫"菜箸"、"鱼箸",招待客人用的叫"剖箸",平常在家里吃饭用的是涂了漆的"涂箸"。"剖箸"又叫"一次用筷子",两只筷子连在一起,吃饭时剖开使用,用后即扔掉。近年来,日本平均每年生产130亿双筷子,为日本全国人口的110倍以上,其中90%以上是只用一次的"剖箸"。

今天,随着我国与世界各国人民的友好交往的日益频繁扩大,筷子正为更多的国家和人民所熟悉和尝试。初来中国的外国人,往往对两根小棍能施展出挟、挑、舀、撅等各种功能而赞叹不已。当年美国总统尼克松在访华前夕,曾专门在白宫练了一个时期的筷子,表示对中国文化的尊重。由于尼克松的带动,以后美国官员来华访问时,都先得学会使用筷子。就连后来的里根总统和南希夫人访华时,也曾使用筷子进餐呢。有趣的是,如今许多喜欢吃中国菜的美国人,都纷纷学着使用筷子。

阅读知识:说明文2:介绍(上)

　　说明文,是一种以说明为主要表达方式来介绍事物或解释事理的文体。我们这里主要谈的是介绍性的说明文,即介绍事物的构造、类别、形态、成因、性质、做法、关系、功用等等的说明文。这里的"事物",一般是指具体的实物,如食品、习俗、名胜古迹、旅游景点等等。像《北京烤鸭》(第三单元),主要介绍了北京烤鸭的历史,以及最负盛名的"全聚德"烤鸭的特点、制作方法、吃法等。《中国最大的皇家宫殿——故宫》(第四单元,以下简称《故宫》)介绍了故宫名字的来历,建筑的特点,工艺品的精美,园林庭院的精巧以及修建的不易,使读者获得了有关故宫的知识。

　　阅读说明文,可以从中得到一定的自然和社会的科学知识,以适应生活、学习、工作的需要。

　　阅读说明文,应注意以下几个问题:

　　首先,要分析好文章的结构。说明文的结构方法,指的是组织说明材料的方法。要把客观事物介绍清楚,就要注意材料的组织,布局的合理,也就是要考虑说明的顺序。一般来说,采取什么样的说明顺序,取决于说明对象,说明的目的不同,内容不同,条理性不同,结构的安排也不同。有的按事物的空间配置顺序来说明,有的按事物的时间演进过程来说明,有的按事物内在的逻辑关系来安排。介绍产品制作过程的说明文,往往按照产品的生产工序安排文章的结构,使读者获得清晰鲜明的印象。介绍名胜古迹、旅游景点的说明文,其结构常常根据地理环境、方位布局安排,使文章条理清楚,利于说明。也有的文章交错使用多种方法。例如《北京烤鸭》分别从北京烤鸭的历史、"全聚德"字号的来历、烤鸭的制作方法等几个侧面,加以介绍和说明,在介绍各方面的情况时,是按照时间顺序写的。《故宫》主要是以空间位置来安排的,先作总体说明,介绍故宫全貌,再具体介绍它的每一部分,按空间位置,由前面的宫殿,写到后面的园林庭院,使我们对故宫有了一个完整的印象。

阅 读 技 能

根据上下文确定词义(上):同义直解;相反或相对

在阅读过程中,难免会遇到生词。这时不要急于查字典,而应该运用各种阅读技能,猜测词义。除了前面介绍过的根据偏旁分析和构词法来猜测词义外,还可以根据上下文猜词。所谓的上下文,就是指文章或说话中与某一词语或文句相连的以前和以后的部分。读懂了上下文,就可能推测出生词大致的意思。

有时,生词前边或后边的词或句子与其是同义直解的关系,即彼此意思相同,互相解释。例如:

(1)湖北大学的程斯辉教授认为,留校学生打工存在盲目性,缺乏必要的思想准备和物质准备,学校的组织工作做得不够,留校学生都是自谋出路,学校过问太少。(第二单元《留校打工好梦难圆》)

"盲目性"这个词我们可能很陌生,但从下文就可以大致推测出它的意思是"缺乏必要的思想准备和物质准备"。

(2)也有一些年轻人好高骛远、自命不凡,对有些事情不屑去做,总以为自己应该去做更大、更重要的事情。(第二单元《做好自己不愿做的事》)

从下文可以推测出"好高骛远、自命不凡"的意思大致是不愿做简单的小事,认为自己该做更大、更重要的事,不切实际地追求过高的目标,自以为了不起。

有时可以通过上下文中一些意义相反或相对的词或句子来推测词义。例如:

(1)不要想悲观的一面,想想好的一面。(第二单元《好心没好报》)

从"不要"和"要"的对立意义,可以推测出"悲观"和"好"意思上是对立的,

"悲观"应有"不好"的意思。

(2)小孩子的眼里是没有忧虑的,但我们听了,心里却总忍不住有些黯然。(第二单元《妈妈,送你半朵玫瑰花》)

从"但"、"却"可以知道前后两个句子意义上是对立的,"黯然"有"忧虑"的意思。

第三单元 饮食文化(二)

通读 餐桌上流行健康新时尚

一、提示与要求

全文约1800字,要求12分钟内读完(一遍),然后做练习。

二、词　语

时尚　　胆固醇　　荷尔蒙　　素食　　好感　　零食　　副作用
残留　　变异　　公害　　萌芽　　风行　　新宠　　副食　　主角
昂贵　　流失　　津津乐道　　清淡　　熬　　消暑　　抽样　　烂
遗传　　取决　　但愿　　造福

三、课　文

【1】消费层次和生活质量随着经济的改善而提高,人们越来越注重安全、舒适、健康的生活方式。由此,在每日的餐桌上注重健康的饮食,已成为一种新时尚。

【2】肉类消费不再是经济情况良好的标志,从胆固醇和荷尔蒙方面考虑,人们不再每餐都吃肉。中高收入阶层、知识分子和青年人对素食的好感比较明显。水果也不再仅仅是零食,而成了餐前餐后的辅助食品。一些上了年纪的人不仅常吃水果,有的还安排每周一两餐以水果作为正餐。一些中高收入家庭餐桌上的菜谱以蔬菜为主,肉食为辅。一位朋友最近作出一个生活食品消费计划,一个星期只吃一次肉食,菜以豆腐、蔬菜、蛋类为主。蔬菜和水果不仅含有大量

词语注释:

时尚 shíshàng　fashion; fad

胆固醇 dǎngùchún　cholesterol

荷尔蒙 hé'ěrméng　hormone

素食 sùshí　vegetable food

好感 hǎogǎn　good impression

零食 língshí　between-meal nibbles

人体所需的营养物质,而且多食对健康有利,不会产生像肉食那样的副作用。

【3】现代农业大量使用化肥和农药,对土壤、空气、植物造成大量污染,使植物中残留的农药越来越多,使粮食、水果、蔬菜的味道和营养产生了变异。近几年来,市场上最引人注目的就是绿色食品的出现。绿色食品是一种安全营养、无公害的食品,尽管尚处在发展的萌芽阶段,但作为未来食品的发展方向,已受到我国政府部门的重视。据有关报道,北京、上海、广州、山东等地生产的无公害蔬菜上市后大受青睐,未受污染的野菜也渐渐风行都市,植物保健饮料和保健食品也将成为食品市场的新宠。已有不少消费者优先购买绿色食品,食品包装上的绿色标志已成为进入餐桌的特别通行证。据估计,过不了多久,老百姓餐桌上的酒、饮料、蔬菜、粮食以及其他副食都会是绿色食品唱主角。

【4】餐桌上的又一个新时尚便是生吃。生吃的首先是蔬菜,其次是鱼。生鱼片价格昂贵,但还是吸引了不少人。尤其是在一些日本餐馆,生鱼片是一道必不可少的菜。生吃,可以原汁原味地保留食品的营养,尤其是食品的维生素免遭破坏。在普通家庭,蔬菜生吃的种类和做法越来越多,像黄瓜、西红柿、白菜、大蒜、胡萝卜、白萝卜等,能生吃的尽量生吃。就是不能生吃的也要想方设法生吃,或在火锅中烫一下就吃,尽量让营养少流失。在营养和味道的选择上,大多数消费者都能把营养和健康摆在首位。一位中年工程师,原来总是要把菜煮烂一点,刚熟还不行,必须熟透;现在也喜欢把菜做生一点,对生吃也津津乐道了。

【5】饮食平衡能够改善或保持健康状况。无脂肪、无糖或有代替糖的甜味剂的清淡食品,带有维生素保健成分的补充食品,能够减少各种疾

副作用 fùzuòyòng side effect
残留 cánliú be left over
变异 biànyì variation
公害 gōnghài environmental pollution
萌芽 méngyá bud; seed

风行 fēngxíng be popular
新宠 xīnchǒng new favorite

副食 fùshí non-staple food
主角 zhǔjué leading role

昂贵 ánguì expensive

流失 liúshī run off
烂 làn soft; mashed
津津乐道 jīnjīn lè dào take delight in talking about

清淡 qīngdàn light; weak

病的药疗食品等都受到欢迎。利用饮食来预防疾病的方式也为众多家庭所采用。一位中学生物老师,为了预防胆结石,常在睡前喝一杯牛奶,因为牛奶可起到刺激胆囊排空的作用,有效地抑制胆结石的形成。一位中年工程师患有中度神经衰弱,在医院的治疗效果很不理想。在一位中医的建议下,他开始采用食疗的方法,经常用莲子、红枣、桂圆熬粥,早晨喝水汁,晚上喝浓粥,坚持数月,不仅神经衰弱大大减轻了,而且身体也觉得强壮了。在炎热的夏季,各种各样的消暑保健茶也深受家庭的青睐。据资料介绍,近几年家庭自制的消暑保健茶达几十种,绝大部分都是用常见的瓜果、花叶等作原料的。如荷叶茶,就是用荷叶、冬瓜皮加适量白糖和盐做成的,有消暑的功效。

【6】美容食品也受到越来越多的人的欢迎。据一份抽样调查,68%的妇女表示对能够美化皮肤的食品感兴趣。美容饮料、美容奶制品渐渐流行,一些带有美容作用的蔬菜、水果也受到了妇女的青睐。一老妇从中年以后开始喜欢红枣,一直坚持不断,除了做菜经常用红枣外,几乎每天都要零吃几个。她说红枣的营养非常丰富,不仅有养血安神、补脾健胃的作用,而且还能起到美容的效果。俗话说,日食三枣,百岁不老。一位三十多岁的女会计,因皮肤稍黑,在饮食上十分注意,能使皮肤变黑的食品饮料,如茶、咖啡以及鱼、虾等绝不食用,对能使皮肤变白的西红柿、菠菜、柑橘等却十分喜爱,经常食用。

【7】影响人健康的因素很多,世界卫生组织认为,人的健康长寿,遗传因素占15%,社会因素占10%,医疗条件占8%,气候条件占7%,而60%的成分取决于自己。在自己这一方面,衣食住行都对人们的健康产生影响,而餐饮是最重要的因素。但愿餐桌上流行的健康新时尚普及到

熬 áo cook into porridge or thick soup

消暑 xiāoshǔ relieve summer heat

抽样 chōuyàng sampling (in statistics and research)

遗传 yíchuán heredity

取决 qǔjué depend on

但愿 dànyuàn if only; I wish

千家万户,为广大的平民百姓造福。

（选自《健康与美容》1998年第3期,作者:戴佳兵。有删改。）

造福 zàofú   bring benefit to

四、练　习

(一)选择对下列句子的正确理解:

1. 肉类消费不再是经济情况良好的标志,从胆固醇和荷尔蒙方面考虑,人们不再每餐都吃肉。
    A. 吃肉太多不利于健康
    B. 人们现在不喜欢吃肉了
    C. 吃肉多说明经济情况好
    D. 为了健康,人们不再吃肉

2. 中高收入阶层、知识分子和青年人对素食的好感比较明显。
    A. 这些人不喜欢吃肉食
    B. 只有这些人才吃素食
    C. 这些人更喜欢吃素食
    D. 这些人只吃素食

3. 绿色食品是一种安全、营养、无公害的食品,尽管尚处在发展的萌芽阶段,但作为未来食品的发展方向,已受到我国政府部门的重视。
    A. 绿色食品的发展处于刚刚起步的阶段
    B. 绿色食品营养丰富
    C. 未来的食品将全部是绿色食品
    D. 绿色食品的发展已经受到重视

4. 已有不少消费者优先购买绿色食品,食品包装上的绿色标志已成为进入餐桌的特别通行证。
    A. 具有绿色标志的食品受到消费者的欢迎
    B. 消费者非常注重食品的包装
    C. 消费者只购买有绿色标志的食品
    D. 绿色食品上有绿色标志

5. 在营养和味道的选择上,大多数消费者都能把营养和健康摆在首位。
    A. 消费者对食品的味道不重视
    B. 消费者都很注意食品的营养
    C. 大部分消费者选择营养和味道都不错的食品

D. 在营养与味道之间，大部分消费者更重视前者

6. 尤其是在一些日本餐馆，生鱼片是一道必不可少的菜。
    A. 只有日本餐馆里才有生鱼片
    B. 到日本餐馆一定要吃生鱼片
    C. 很多日本餐馆都有生鱼片这道菜
    D. 日本人更重视饮食的科学与营养

7. 在普通家庭，蔬菜生吃的种类和做法越来越多，像黄瓜、西红柿、白菜、大蒜、胡萝卜、白萝卜等，能生吃的尽量生吃。就是不能生吃的也要想方设法生吃，或在火锅中烫一下就吃，尽量让营养少流失。
    A. 蔬菜一定要生吃
    B. 有些蔬菜不能生吃
    C. 生吃可以保留蔬菜的营养
    D. 蔬菜含有很多营养物质，多吃有益健康

(二)结合课文内容阅读下列句子并选择恰当的词语替换句中画线词语：

1. 中高收入阶层、知识分子和青年人对素食的<u>好感</u>比较明显。
    A. 好的感觉　　　　　B. 好处
    C. 喜爱　　　　　　　D. 重视

2. 水果也不再<u>仅仅</u>是零食，而成了餐前餐后的辅助食品。
    A. 不仅　　　　　　　B. 只
    C. 很少　　　　　　　D. 差不多

3. 一些<u>上了年纪的人</u>不仅常吃水果，有的还安排每周有一两餐以水果作为正餐。
    A. 青年人　　　　　　B. 中年人
    C. 老年人　　　　　　D. 成年人

4. 绿色食品是一种安全、营养、无公害的食品，尽管<u>尚</u>处在发展的萌芽阶段，……
    A. 还　　　　　　　　B. 已经
    C. 将　　　　　　　　D. 也

5. 据有关报道，北京、上海、广州、山东等地生产的无公害蔬菜上市后大受<u>青睐</u>，……
    A. 赞扬　　　　　　　B. 夸奖
    C. 喜爱　　　　　　　D. 批评

6. 据估计，过不了多久，老百姓餐桌上的酒、饮料、蔬菜、粮食以及其他副食

都会是绿色食品唱主角。
　　A. 扮演主要角色　　　　B. 唱最重要的部分
　　C. 占据所有的位置　　　D. 起主导作用

7. 餐桌上的又一个新时尚便是生吃。
　　A. 方便　　　　　　　　B. 便宜
　　C. 随便　　　　　　　　D. 就

8. 利用饮食来预防疾病的方式也为众多家庭所采用。
　　A. 对　　　　　　　　　B. 为了
　　C. 因为　　　　　　　　D. 被

9. 生鱼片价格昂贵，但还是吸引了不少人。
　　A. 不太贵　　　　　　　B. 比较贵
　　C. 特别贵　　　　　　　D. 很便宜

(三) 根据课文内容判断下列句子对错：
1. 水果原来被人们当作餐前餐后的辅助食品。　　　　　　　(　　)
2. 相比较而言，低收入阶层更喜欢素食。　　　　　　　　　(　　)
3. 肉食吃多了会对人的健康产生副作用。　　　　　　　　　(　　)
4. 过多地使用化肥和农药，会使粮食、水果、蔬菜的味道和营养产生变异。　　　　　　　　　　　　　　　　　　　　　　　　(　　)
5. 熟吃可以使食物中的营养得以保留。　　　　　　　　　　(　　)
6. 药疗食品指的是能够减少各种疾病的食品。　　　　　　　(　　)
7. 睡前喝牛奶能预防胆结石。　　　　　　　　　　　　　　(　　)
8. 大多数妇女对美容食品感兴趣。　　　　　　　　　　　　(✓)
9. 一般认为红枣能延缓衰老。　　　　　　　　　　　　　　(　　)
10. 饮食是影响人的健康的最重要因素。　　　　　　　　　　(✓)

(四) 概括段落或全文大意：
1. 课文第二段的主要意思是：
　　A. 人们不再每餐都吃肉
　　B. 水果成了辅助食品
　　C. 上了年纪的人更爱吃水果
　　D. 一位朋友作出了生活食品消费计划

2. 课文第三段的主要意思是：
　　A. 农药和化肥使粮食、水果、蔬菜的味道和营养产生了变异

B. 绿色食品受到人们的欢迎
C. 绿色食品是安全、营养、无公害的食品
D. 绿色食品将成为老百姓餐桌上的主角

3. 全文的主要内容可以简单概括为:
   A. 经济改善了,人们的生活质量也提高了
   B. 人们越来越注重饮食的营养与健康
   C. 饮食是影响人的健康的最重要因素
   D. 为了健康,应该多吃蔬菜和水果

(五)选择合适的词语填空:

时尚　　好感　　副作用　　实施　　青睐
风行　　昂贵　　津津乐道　　取决

1. 这种体积小、重量轻的自行车很受女性消费者_____。
2. 对于他在草原的那段生活经历,他总是_____。
3. 在业余时间参加健身活动,已经成为都市青年的一种_____。
4. 他家的生活并不富裕,那么_____的手术费怎么负担得起?
5. 虽然很多人都喜欢这个节目,可我却对它没有什么_____。
6. 一个人能取得怎样的成就,除了环境因素外,更大程度上_____于个人努力的程度。
7. 跳舞毯作为一种娱乐项目曾经_____全国。
8. 这种药的_____是使人感到口干、困倦,所以司机在驾车前最好不要服用。
9. 正式_____这项法令前,要做好准备工作。

略　读

课文(一)　一日三餐:科学与营养

一、提示与要求

全文约1300字,要求10分钟内读完(一遍),然后做练习。

二、课　　文

北京人传统的早餐是豆浆和油饼；上海人的早餐是将前一日的剩米饭用开水过一下，称作"泡饭"。其他地方的传统早餐也大多以吃饱为目的，少有讲究营养搭配的。

在北京附近一个叫大丘庄的村子，经过十多年的改革，经济有了飞速的发展，农民们生活富裕了，但村长发愁地说："我们的农民有了钱，可还是一天三顿小米粥、玉米面窝头和咸菜。"他打算请一些营养学家和美食家到村里为农妇们讲一讲如何吃得更有营养。

近些年，中国人的生活发生了很大的变化，仅仅吃饱已不是目的，人们更加关注一日三餐的营养。家庭主妇把牛奶、肉类等高热量、高蛋白的食品搬上早餐桌；政府努力发展奶制品和蛋制品工业，试图改善中国人以粮食为主的传统膳食结构。

1992年举行的世界营养大会通过了世界营养宣言和行动计划。宣言和计划提出：各国政府有责任引导人民合理膳食，以保证健康。1996年3月，联合国粮农组织和世界卫生组织又召开专家咨询会议，讨论了向各国政府提出制订和实施膳食指南的建议。

早在1989年，中国营养学会就制订并向社会推荐了《我国的膳食指南》。这个膳食指南，根据我国食物资源和人群营养状况以及营养科学要求，确定了膳食八原则：食物要多样，饥饱要适当，油脂要适量，粗细要搭配，食盐要限量，甜食要少吃，饮酒要节制，三餐要合理。它对引导居民科学膳食起到了重要作用。

1992年，中国进行了第三次全国营养调查，结果表明，90年代中国人群是营养不足与营养过剩并存，膳食的钙摄入量普遍不足，缺铁性贫血广泛存在，食盐摄入偏高。1997年公布的《中国居民膳食指南》恰恰是针对这些问题修改了1989年制订的《我国的膳食指南》。它既尊重中国人的饮食习惯和社会文化背景，又考虑到未来改善膳食的目标，鼓励人们追求更合乎健康要求的膳食。

在许多城市的街头，常常可以看到肥胖的儿童，在传统中国人的观念中，胖是健康和富有的标志，人们为了有一副肥胖的体态，过量摄入粮食和高脂肪的食品。但近几年，人们尤其是妇女已是"一反常态"地以瘦为美起来，一些老年人为了长寿，也崇尚"有钱难买老来瘦"。这部分人尽量少食甚至不食肉类，而以青菜为主。在营养调查中也发现，有些人出现肥胖症或其他营养过剩性疾病，不是因进食过量引起，而是由于体力活动太少，导致进食与消耗失衡。因此，在《中国居民膳食指南》中有一条并非膳食的条文："食量与体力活动要协调，保持适宜体重。"

"甜食要少吃"在新的指南中已经删去，因为现在中国年人均食糖摄入量尚不足5公斤，近年来科学家对糖有了新的认识，认为适量吃糖对人体无不良影响。

1980年，美国率先推出了《营养与健康：美国人的膳食指南》第一版，之后，加拿大、英国、澳大利亚、日本等国纷纷根据本国国情推出了各自的膳食指南。这种由政府制订科学文件指导民众合理膳食的做法受到国际社会的肯定。对于有12亿人口的中国来说，20年来的经济发展为人民的科学膳食提供了良好的基础，各有关部门对民众的膳食进行科学的指导，对于正在讲究饮食科学性的人们说来应该是一个福音。

（选自《今日中国》1998年第2期，作者：李霞。略有删改。）

三、练 习

(一)根据课文判断下列句子对错：
1. 中国的传统早餐非常讲究营养搭配。　　　　　　　　　　（　　）
2. 大丘庄村打算请营养学家对村民的饮食进行指导。　　　　（　　）
3. 牛奶和肉类属高热量、高蛋白的食品。　　　　　　　　　（　　）
4. 90年代中国人群主要问题是营养过剩。　　　　　　　　　（　　）
5. 中国人的传统观念是以瘦为美。　　　　　　　　　　　　（　　）
6. 肥胖症及其他营养过剩性疾病都是因饮食过量引起的。　　（　　）
7. 近年来科学发现适量吃糖并不会危害人体健康。　　　　　（　　）

(二)根据课文内容简要回答下列问题：
1. 中国人一日三餐的观念发生了怎样的变化？
   答：

2. 1992年世界营养大会通过的宣言和计划的主要内容是什么？
   答：

3. 根据第三次全国营养调查制订的膳食指南叫什么？
   答：

4. 一些老年人为了长寿饮食以什么为主?
   答:

5. 最早制订文件指导民众进行合理膳食的是哪国政府?
   答:

(三)本文主要写的是:
   A. 中国人的生活发生了很大变化
   B. 中国人越来越重视一日三餐的营养
   C. 一日三餐应讲究科学与营养
   D. 中国政府为人民提供了科学的膳食指南

课文(二) 饮食与色彩

一、提示与要求

全文约1400字,要求11分钟内读完,然后做练习。

二、课　　文

过去不大被人重视的有色食品,如今日益受到青睐,对有色食品的偏爱已经逐渐成为食品消费的新潮。

近些年来,随着物质生活的不断改善,在吃得饱、吃得好的基础上,人们还普遍要求所吃食品有更高的营养价值、更多的保健功能和更明显的医疗作用。大量的研究表明,许多有色食品对人体有着特殊的积极意义。

黑色食品格外引人注目。黑色食品,泛指含有黑色素和带有黑色字眼的粮、油、果、蔬、菌类食品。如:黑稻米、黑荞麦、黑面包、黑芝麻、黑大豆、黑甜枣、黑葡萄、黑松子、黑木耳、黑香菇、乌骨鸡、黑草鱼、墨鱼、海带、发菜等等。现代医学认为,黑色食品不仅营养丰富,而且具有保健养颜、抗衰防老的功能,故又有"长寿食品"之称。如黑米,含有人体不能自然合成的多种氨基酸,多种维生素和矿物质等,有滋阴补肾、健脾暖胃及活血明目等作用;黑芝麻的含油量高达50%以上,含油量居众谷物之首,还富含蛋白质和钙、铁,可以起到滋补肝肾、驻颜抗衰的效果;黑木耳具有润肺和清涤胃肠,帮助消化纤维类物质的特殊功能,享有"素中佳肉"的美誉。

　　绿色食品的营养保健价值正在日益被人看重。狭义的绿色食品指绿色蔬菜、果实及豆类,如青菜、韭菜、芥菜、青豆、绿豆、青苹果等,因其富含维生素,天然营养成分多,成色新鲜,易于消化吸收而受到广泛喜爱。广义上的绿色食品是指一些国际环保组织及国家卫生部门批准生产并加以认可的营养食品,在生产过程中不污染环境,食品的加工也不受任何污染的安全食品。近年来,中国绿色食品不仅生产上形成了规模,而且在流通领域建立起了销售网络。更为可喜的是,人们日益树立起了绿色食品意识并踊跃消费绿色食品,才使得绿色食品近来风行深圳等地。据资料显示,目前中国累计开发生产绿色食品七百三十多种,平均年产量达51万吨。

　　红色食品的消费热潮正在华夏大地普遍兴起。近年来,国内外医学界专家们认为,红米、红豆、红薯、西红柿、胡萝卜、红辣椒、红油菜、红枣、红苹果等红色食品中都含有 β-胡萝卜素,与红色食品中的其他红色素一起,能增加人体抵抗组织中细胞的活力。因此,多吃红色食品能提高人体预防和抵抗感冒的能力。常言"一日吃三枣,终生不显老"、"餐中有红薯,面庞红扑扑"、"身寒吃只椒,感冒自然消"等,都是人们对红色食品保健作用亲身体验的形象总结。

　　新近的研究还发现了多种有色食品的特殊意义。如:紫色茄子的营养价值要比白色茄子高,它可以增加微血管的抵抗力,防止血管脆裂出血,所以高血压、咯血、皮肤紫斑患者常食紫色茄子很有好处;黄色蔬菜中的化学物质能在一定程度上预防心脏病和老年失明。

　　消费者对鲜艳亮丽的有色食品的青睐,还因为在餐桌上它们五彩缤纷,能使各式菜肴得到点缀、美化,视觉愉悦,增进食欲。

　　面对涌动着的有色食品消费风潮,一些走街串巷叫卖的糖葫芦、白馒头以及农贸市场上有的水泡干菜、海产品,也被浸入了不能食用的化学色素。有些厂家无视国家规定,在饮料、糖果、罐头中任意超量添加人工合成色素,严重地威胁着消费者,尤其是少年儿童的身体健康。为此,健康学家建议和提醒人们,在购买食品时要看清食品的颜色是真还是假。

　　　　　　　　　　(选自《健康与美容》1998年第3期,作者:王壮凌。略有删改。)

三、练　　习

(一)根据课文内容简要回答下列问题:

　　1. 黑色食品为什么被称为"长寿食品"?

　　　答:

2. 哪种食品享有"素中佳肉"的美誉？
   答：

3. 目前中国开发生产的绿色产品有多少种？
   答：

4. 红色食品有什么保健作用？
   答：

5. 紫色茄子和白色茄子哪个营养价值高？
   答：

6. 黄色蔬菜可预防哪些疾病？
   答：

(二)根据课文内容选择正确答案：
   人们喜欢吃有色食品主要是因为：
   A. 有色食品的色彩丰富
   B. 有色食品价格更便宜
   C. 有色食品营养保健价值高
   D. 吃有色食品是一种流行时尚

查　　阅

课文(一)　餐厅菜谱

一、提示与要求

全文约600字,要求4分钟内查找出问题的答案。

二、问　　题

1. 最便宜的素菜是哪个？
   答：

2. 鱼香肉丝的价格是多少？
   答：

3. 以羊肉为原料的菜有几道？
   答：

4. 海鲜类中最便宜的一道菜是什么？
   答：

5. 酱牛肉被列入到哪一类菜中？
   答：

6. 这家餐厅的担担面多少钱一碗？
   答：

三、课　　文

一、素菜类

红烧茄子 8.00 元　　　　　　烧二冬 12.00 元
糖醋炒藕丝 7.00 元　　　　　油焖茄子 9.00 元
素炒西兰花 6.00 元　　　　　尖椒土豆丝 5.00 元
糖醋土豆丝 6.00 元　　　　　蚝油生菜 7.00 元
麻婆豆腐 8.00 元　　　　　　炒凉瓜 7.00 元
家常豆腐 7.00 元　　　　　　素烧芸豆 8.00 元
拔丝山药 8.00 元　　　　　　炒荷兰豆 8.00 元
酸菜粉丝 8.00 元　　　　　　锅塌豆腐 8.00 元
酸辣白菜 7.00 元　　　　　　松仁玉米 10.00 元
冬菇油菜心 7.00 元　　　　　拔丝菜果 8.00 元

二、猪肉类

糖醋里脊 10.00 元　　　　　荷叶粉蒸肉 15.00 元
京酱肉丝 10.00 元　　　　　糖醋排骨 16.00 元
香糟扣肉 16.00 元　　　　　鱼香肉丝 9.00 元
东坡肉 15.00 元　　　　　　熘肝尖 14.00 元

冬笋肉片 9.00 元　　　　　　清炖狮子头 16.00 元
回锅肉片 12.00 元　　　　　　梅菜扣肉 13.00 元

三、牛羊肉类

生炒牛肉丝 12.00 元　　　　　水煮牛肉 15.00 元
子姜牛肉片 13.00 元　　　　　铁板牛肉 16.00 元
红焖牛肉 12.00 元　　　　　　香酥牛肉 16.00 元
茄汁牛排 18.00 元　　　　　　黄焖牛肉丸 15.00 元
红煨牛尾 16.00 元　　　　　　三鲜牛蹄筋 18.00 元
芙蓉羊肉片 13.00 元　　　　　红焖羊肉 23.00 元
酥炸羊脯 15.00 元　　　　　　孜然羊肉 18.00 元
栗子黄焖羊肉 22.00 元　　　　酸辣羊肉 15.00 元
葱爆羊肉 15.00 元　　　　　　焦炸羊肉 17.00 元

四、海鲜类

清蒸皖鱼 24.00 元　　　　　　家常熬黄花鱼 15.00 元
八宝桂鱼 32.00 元　　　　　　翡翠虾仁 21.00 元
酸菜鱼 20.00 元　　　　　　　炒鱿鱼丝 22.00 元
红烧带鱼段 13.00 元　　　　　清炖甲鱼 65.00 元
松鼠桂鱼 36.00 元　　　　　　姜丝墨鱼 20.00 元
菊花鲈鱼块 28.00 元　　　　　盐水虾 25.00 元
虫草红枣炖甲鱼 80.00 元　　　红烧鲜鱼段 18.00 元

五、禽蛋类

宫保鸡丁 11.00 元　　　　　　卤仔鸡 25.00 元
鸡茸猴头蘑 23.00 元　　　　　桔酪鸡脯 20.00 元
炸熘鸡卷 15.00 元　　　　　　香菇鸡丝 15.00 元
五香全鸭 38.00 元　　　　　　北芪杞子炖乳鸽 32.00 元
归参炖母鸡 32.00 元　　　　　姜母鸭 46.00 元
橙汁鸡翅膀 12.00 元　　　　　古法蒸顶鸽 25.00 元
干贝蒸三色蛋 15.00 元　　　　南乳田鸡腿 16.00 元

六、凉菜类

红油肚丝 15.00 元　　　　　　酱牛肉 10.00 元
芥末凤爪 10.00 元　　　　　　酿黄瓜 3.00 元
椒盐鸭肝 12.00 元　　　　　　五香酱肉 12.00 元
香椿拌豆腐 6.00 元　　　　　　小葱拌豆腐 5.00 元
糖醋辣白菜 4.00 元　　　　　　煮花生米 4.00 元

凉拌蜇皮 8.00 元　　　　　　　酸辣海带丝 4.00 元

七、汤类

西红柿鸡蛋汤 5.00 元　　　　　银耳莲子汤 12.00 元
酸辣汤 8.00 元　　　　　　　　三鲜汤 8.00 元
莼菜牛肉汤 12.00 元　　　　　　粟米羹 12.00 元
鸳鸯扣三丝汤 15.00 元　　　　　榨菜肉丝汤 9.00 元
芙蓉鸭球汤 13.00 元　　　　　　山药鱼片汤 14.00 元

八、面食类

榨菜肉丝面 5.00 元/碗　　　　　牛肉面 8.00 元/碗
担担面 6.00 元/碗　　　　　　　炸酱面 8.00 元/碗
什锦凉拌面 5.00 元/碗　　　　　朝鲜冷面 5.00 元/碗
四喜蒸饺 8.00 元/盘　　　　　　小笼包 8.00 元/笼
葱油饼 3.00 元/个　　　　　　　萝卜丝饼 2.50 元/个
翡翠烧麦 8.00 元/屉　　　　　　酥油麻团 3.00 元/个
紫米粥 3.00 元/碗　　　　　　　绿豆百合粥 3.00 元/碗
芝麻汤圆 4.00 元/碗　　　　　　八宝粥 4.00 元/碗

课文（二）　吃远不吃近

一、提示与要求

全文约 900 字，要求 6 分钟内查找出问题的答案。

二、问　　题

1．苔藓植物是何时出现的？
　答：

2．食用真菌对人有什么好处？
　答：

3．鱼类的脂肪结构具有什么作用？
　答：

4. 食用蛇、乌龟和甲鱼有什么好处？
   答：

5. 为什么说"现代文明病"与食用畜类过多有关？
   答：

6. 按照本文的说法，鸟、猴子、羊、大象，哪种动物的肉最适合人类食用？
   答：

三、课　文

　　人类的食物有近千种，没有其他哪种动物像人这样有"口福"。科学家们研究了一个意想不到的现象：在生物进化史上，与人类亲缘关系越远的生物越对人体有利。例如吃动物就不如吃植物，吃陆地上的畜肉就不如吃海洋里的鱼肉。正如俗语所言："宁吃飞禽二两，不食走兽半斤。"有人把这一现象概括为"吃远不吃近"。

　　在数百万年前，丰富的原始陆生植物蕨类（如蕨菜）是人类祖先食用药用的重要资源，具有良好的营养价值；历史同样悠久的苔藓植物是民间习用的草药。与人类亲缘关系最远的生物之一真菌，如香菇、木耳、灵芝、冬虫夏草，都是名贵食物，不但营养丰富，还具有极大的药用价值；其中较常用的酵母也是近代营养学家推崇的一种食物资源。海藻类如海带、紫菜等均营养丰富。

　　最早出现的软体动物如牡蛎、鲍鱼、乌贼以及随后出现的棘皮动物，如海参、海胆等，是传统的滋补佳品。最早的脊椎动物鱼类更是营养价值颇为丰富的食物；它的蛋白质含量高，脂肪的特殊结构具有保护心脑血管的作用。鱼肉中的矿物质直接来源于大海，含量非常丰富。两栖类动物中的娃娃鱼、青蛙（又称田鸡）、蝾螈均是有名的美食。爬行动物中的蛇、乌龟、甲鱼、蜥蜴、壁虎、玳瑁等均具有滋补抗癌之功效。节肢动物昆虫如蚂蚁、蝉、蝎子等，或食或药，成为时下的新潮食品。同属节肢动物的虾、蟹更是名贵食品。鸟类使人的食物更为丰富，与畜类相比，鸟肉的脂肪对人类心血管的危害更小些。

　　与人同属哺乳动物的畜类，虽然是人类最普遍的食物，但畜肉摄食过多对人类有害无益。畜肉含有的较多脂肪是造成所谓"现代文明病"的重要原因之一。另一方面，与人类亲缘关系最近的动物猴子、猩猩等都不应作为人类的食物，同样符合"吃远不吃近"的说法。

还没有人能够令人满意地解释"吃远不吃近"这一现象的成因。有人分析,后出现的动物以先出现的物种为食是正常的,反之则是不正常的。因为人是最后出现的物种,人类的遗传密码包括了各个时期的生物信息,越早出现、越原始的物种在人类遗传密码中遗留的生物信息越多越重要。因此,食用这些与人类关系很远的生物对人体格外有益。

课文(三) 21世纪的最佳食谱

一、提示与要求

全文约900字,要求6分钟内查找出问题的答案。

二、问　　题

1. 食物中的胆固醇主要来自什么?
   答:

2. 鱼类油脂中的脂肪酸有什么作用?
   答:

3. 为了健康,每天应吃多少纤维素?
   答:

4. 长期的钙吸收量过低,会导致何种疾病?
   答:

5. HDL胆固醇有什么作用?
   答:

三、课　　文

究竟怎样的饮食才符合健康标准?为了向人们提供一个可以信赖的说法,美国68位营养专家认为,10种致命疾病中的6种与饮食习惯有关。目前有代表性的饮食结构很有必要改变,而某些相关的"合理"观点也到了需要纠正的时候了。

三块大排三个蛋 大多数专家说,脂肪的总摄入量应该在摄入热量总值的25%以下。少吃些脂肪,可以使血液中的胆固醇含量降低10%,这就意味着使心脏病的发病率下降20%。食物中的胆固醇主要来自于鸡蛋和虾,专家们建议,将每天的胆固醇摄入量限制在300毫克以内,比一个鸡蛋黄的含量稍多一些。每周不要超过3个鸡蛋黄。

一周吃鱼两顿半 在减少饱和性脂肪摄入量的同时,适时进食单不饱和脂肪与多不饱和脂肪,可以降低血液中的胆固醇含量。近年来,越来越多的人开始注意脂肪酸。在一些鱼类油脂中发现的脂肪酸,可以减少心脏病的发作,防止血管阻塞。绝大多数专家建议每周吃鱼两次以上。

水果蔬菜天天见 专家们认为吃十字花科的蔬菜效果最好。水果和蔬菜还是纤维素的主要食物来源,谷类和豆类也是如此。专家认为,纤维素有助于减少患心脏病和恶性肿瘤的危险,因此每天至少要吃20至35克纤维素。

铁锅炒菜加钙片 铁的缺乏会导致贫血。肉类、家禽和鱼不仅富含铁质,而且能提高人体对豆类、谷物和绿叶蔬菜中铁质的吸收能力。长期的钙吸收量过低,无疑会导致骨质疏松症,尤其是妇女。

葡萄美酒喝一点 饮食健康专家们最一致的看法中,有一条是:每天喝上一次或两次酒能减少得心脏病的可能。酒精能明显提高HDL胆固醇的含量,这种保护血管的胆固醇的含量在其他食物中很少。尽管半数的专家相信适度饮酒有益健康,但实际上却没有人建议人们喝酒以预防心脏病。所有专家都认为怀孕妇女和有家族酗酒史的人应该戒酒。

合理进食保健康 比如说,如果你计划在下个星期中不再多吃高胆固醇的食物,你也不用从星期天的早餐就对鸡蛋敬而远之。不用成天计算你盘子里的食物。当然有必要知道自己吃了些什么,以估算自己摄入的营养总量,但也不必算得太细。逐步建立起新的饮食习惯,你的口味会逐渐地改变过来。

(选自《报刊资料卡片》1998年第3期。)

课文(四) 海外创新的中国菜

一、提示与要求

全文约1100字,要求7分钟内查找出问题的答案。

二、问　　题

1. 中国人摄入的热量多,但患肥胖症的人并不多,这是什么原因?
   答:

2. 越南菜的特点是什么?
   答:

3. 澳洲式的中国菜吸收了哪种中国菜的特点?
   答:

4. 阻碍中国菜在海外更广泛流行的最重要因素是什么?
   答:

三、课　　文

　　海外凡有华侨的国家和地区,就有中国菜,但是现在许多并非华侨的海外人,也喜欢吃"中国菜"。这是因为这些菜吸收了中国各类名菜色、香、味俱佳的长处,创造了东道国的新派品种,这些新派品种同样受到许多其他海外食客的欢迎。

　　海外一些科研机构对中国名菜作过长期的研究,得出了一些出人意外的结论。美国许多人认为,肥胖症是由于摄入热量过多所致,中国人平均消耗的卡路里,要比美国人多20%,但中国的胖子比美国少得多;还有些美国人认为,高纤维食品会妨碍矿物质吸收,中国人饮食中纤维含量平均比美国高三倍,但照样可以吸收食物中的铁、锌和镁,等等,完全满足人体健康需要。这一切秘密何在? 就在于中国菜独特的合理营养成分。因此,海外许多国家,特别是我国周围一些国家的饮食专家,就对中国菜产生了特别的兴趣。

　　越南地处红河和湄公河三角洲,气候温和,土地肥沃,物产丰富。凭借这种自然优势,它在印支不少国家和地区开设了许多餐馆,但当地食客并不欢迎,尤其是香港的越南式餐馆。后来一些饮食专家大胆吸收了中国菜注重色、香、味的特色,在辛辣和味道浓烈的地道越南菜的基础上,大胆吸收粤菜的种种优点,使之和越南菜结合,变成了越南式的中国粤菜,适应了香港居民的口味,进越南餐馆的顾客就越来越多。在印支其他国家和地区情况也是如此。澳大利亚开放移民政策以来,大量移入其他民族,中国人也先后去了很多。中国移民对澳洲饮食文化产生了深远影响。他们用我国传统的烹制方法,用澳洲的原料,创造了许多澳洲式的中国菜,这些菜的显著特点是吸收了以香辣为主的我国四川菜、湖南菜的特点,做到色、香、味俱佳。例如,鳄鱼酸辣汤,麻辣炖袋鼠,红烧青蚂蚁,等等,都成了澳洲的名菜,成了各地老百姓节庆吉日餐桌上受欢迎的佳肴。

  日本和中国交往源远流长,华侨也不少,由于日本居民和华侨关系日益密切,对中国菜也越来越感兴趣,喜爱吃中国菜的越来越多。但他们不会用调料,因此,早在二十多年前,日本味之素公司就捕捉到了市场这种信息。他们研制了数十种中国名菜复合调味料。顾客只要把调味料放到锅里的原料上,翻炒几下,就成了中国某个名菜。这类名菜虽仍打着中国名菜的牌子,但它确实比原来名菜高出一等,成了地地道道创新的中国菜。

  中国四大风味八大菜系都有自己的特点,因它的加工制作方法相当复杂,尤其是各个名菜的复合调味料不容易配剂,这在一定的程度上阻碍了中国菜在海外更广泛流行。但由于中国菜色、香、味俱佳,所以它具有极大魅力。不少饮食专家,在本国菜的基础上,吸收了各个中国菜系的特点,创造出一种土香土色的"中国菜",成了海外不少国家或地区餐桌上的美味佳肴。

(选自《报刊资料卡片》1998年第3期。有改动。)

阅读知识:说明文3:介绍(下)

  在阅读说明文时,还应注意文中所使用的说明方法,这样才能比较准确地把握被介绍的事物的特征,从而更好地理解整篇文章。

  常见的说明方法有以下几种:

  举例说明。介绍性说明文中举例的目的,是为了使抽象的事物变得具体。如《故宫》一文在谈到故宫里的艺术品时,举出大禹治水的玉雕为例,通过对这件工艺品的介绍,充分说明了故宫里的工艺品之精巧奇妙。在介绍石子画里面的人物故事画时,举出"十八学士登瀛州图"的例子。我们在阅读介绍时,一定要注意文中所举实例,以便更好地理解文章。

  数字说明。数字具有具体、鲜明、准确的特点,利用数字来说明事物的性质、特征,容易使读者获得具体的印象,准确的知识。如《故宫》一文介绍太和殿:

  太和殿是故宫里最高的建筑,有35米多高,面积有2300多平方米……
这里用两个具体数字,分别说明了太和殿的高度和面积。我们从中不难体会太和殿高大雄伟的特点。

介绍大禹治水的玉山：

这座玉石雕成的山有两米多高，重5000多公斤，古代的工匠们用了13年时间才把它雕好……

用具体数字说明玉山的高度、重量、雕刻它所花费的时间。在阅读时我们应把握这些数字，从中体会这件艺术品是多么珍贵，来之不易。

比喻说明。为了把抽象或复杂的事物说得浅显易懂、简洁生动，介绍中有时还借助于打比方，对事物作比喻说明。如《故宫》中有这样一段话：

故宫里的建筑，都突出了大宫殿、高台基、大广场的特点，其他的大大小小的宫殿，都像星星那样，围着故宫正中间太和殿的金銮宝座。

在这段话中，其他宫殿像星星那样，围着太和殿的金銮宝座，形象地说明了故宫建筑排列布局的特点。通过这一比喻，我们对说明对象有了真切而具体的了解。

除了以上介绍的几种说明方法之外，还有定义说明、分类说明、引用说明、比较说明等其他方法，这里不再一一介绍。根据说明的事物的不同特征，作者采用不同的说明方法。说明方法对于揭示事物的本质和特征具有明显的效果。所以，我们如果能正确地理解与掌握说明的方法，就可以更好地提高阅读说明文的能力。

阅 读 技 能

根据上下文确定词义（下）：描述或例解；因果或条件

某个词在使用时总是处在一定的语境当中，与它前后的词或句子，意义上总是存在着某种联系。这种联系，就是我们确定词义的重要线索。

有时，前面的句子是一个概括，后面的句子是对前面句子的描述或例解，从后面的描述或例解中，可以猜出前面句子中概括性的词语的意思。有时，描述或例解在前，后面是一个总结性的句子，这种情况下，也可以根据前面的句子，推测后面总结性词语的意思。

例如：

(1)她担任保洁员后，工作做得很好，也提高了生活能力，还交了好多新朋友，心情很舒畅。

从前面句子的描述中，可以猜出"舒畅"应有"愉快"、"高兴"的意思。

(2)她家的生活非常窘迫，丈夫早就去世了，她本人下岗了，女儿只有十岁，年迈的老母亲又得了重病。

从后面的具体说明，可以猜出前面总结性词语"窘迫"应该是"非常困难"的意思。

有时，前面的句子与后面的句子是因果或条件关系，我们同样可以根据上下文之间的联系来确定词义。例如：

(1)力力是高二年级的帅哥，功课也不错，只是一门音乐，何老师给分总是那么吝啬，为此力力对何老师又恨又恼，却敢怒不敢言。(第一单元《力力和他的音乐老师》)

"吝啬"这个词我们可能很陌生，但从后面"力力对何老师又恨又恼"的结果，可以猜出何老师给分一定很低，那么"吝啬"应该有"小气"、"不大方"的意思。

(2)李秀玲同学来自农村，母亲生病动了两次手术，家庭的负担落在了父亲一人身上，生活非常困难。1997年，她以612分的好成绩被南京大学国际商学院录取，但几千元的学费使父母一筹莫展。(第一单元《净化环境与净化心灵》)

结合上文，可以推测出"一筹莫展"的意思是为难、不知怎么办好。

第四单元 旅游观光(一)

通读 中国最大的皇家宫殿——故宫

一、提示与要求

全文约2000字。要求18分钟内读完(一遍),然后做练习。

二、词　　语

金碧辉煌　琉璃瓦　宏大　　气派　举世无双　至高无上　地位
威严　　　子午线　金銮宝殿　台基　条理　　　幽静　　　神往　巍峨
发号施令　庆典　　矗立　　　鼎　蟠　富丽堂皇　登基　册立　供奉
大禹　　　治水　　珍宝　　　稀有　清静　优雅　花卉　轮廓　镶嵌

三、课　　文

【1】说起故宫来,人们会说那是一座了不起的皇家宫殿。在外国人眼里,它是东方古老而又神秘的艺术之宫。因为它确实太大了,而且那里面的建筑群金碧辉煌,庄严宏伟。故宫是从明朝时开始修建的,到现在已经有500多年的历史了,这里曾经住过明、清两个朝代的24个皇帝。整个宫殿里的屋顶都是用黄色的琉璃瓦做成的,远远看去,真好像天上的宫殿一样。

【2】故宫还有一个名字叫紫禁城。这是因为古代的皇帝造房子是非常讲究的,他认为,天上玉皇大帝住的房子是天宫,而天宫也叫紫宫。我们人间的皇帝自以为是玉皇大帝的儿子,他住的房子也叫紫宫。紫宫自然不让一般老百姓进出了,所以,这故宫也叫紫禁城。

词语注释:

金碧辉煌 jīnbì huīhuáng
(of a building, etc.) looking splendid in green and gold
琉璃瓦 liúliwǎ　glazed tile

【3】说起这故宫的建筑来,还真像天上的仙宫那样,又宏大又气派,那些大大小小、高高低低的建筑群,建筑得特别独特。人们都说,它是举世无双的艺术珍品,这是为什么呢?你们看看就会知道,这些建筑都有一个非常奇特的地方,那就是无论是什么样的房子,都必须显示出古代皇帝至高无上的地位和威严。

【4】说起这个问题来,人们可以看到,从北京的永定门,经故宫的午门、太和门、乾清门、神武门至安定门与德胜门之间,是北京城里一条长达8公里的子午线,而故宫太和殿里皇帝的金銮宝座,就恰好落在这条子午线的中心点上。

【5】这奇妙的设计,显示了修建故宫时人们的聪明才智。故宫里的建筑,都突出了大宫殿、高台基、大广场的特点,其他的大大小小的宫殿,都像星星那样,围着故宫正中间太和殿的金銮宝座。所以在故宫建筑群里,不论是金碧辉煌的大宫殿,还是小巧幽静的庭院,全都被设计者安排得特别有条理。

【6】故宫里最有名、也最令人神往的是那巍峨壮丽的三座大殿:太和殿、保和殿、中和殿。其中,太和殿最有名,也最大,它是古代皇帝发号施令、举行庆典的地方。太和殿是故宫里最高的建筑,有35米多高,面积有2300多平方米,这么高大的宫殿,高高地矗立在汉白玉石台基上,远远地看去,真像一座天上的仙宫。

【7】太和殿的建筑,特别讲究、精致。在大殿正中间一个两米多高的方形平台上,摆着一把大椅子,这就是皇帝的宝座,皇帝就是坐在这椅子上发布命令、召见群臣的。围着宝座,摆着香炉、铜鼎、铜龟、铜鹤。当点燃香炉,香烟从香炉里慢慢地飘出来,缭绕在宫殿里,再加上大殿里那蟠龙金柱、金屏风,特别好看,这一切,都使得整座大殿富丽堂皇。

宏大 hóngdà grand; great
气派 qìpài imposing manner; dignified air
举世无双 jǔ shì wú shuāng unrivalled; matchless
至高无上 zhì gāo wú shàng most lofty; supreme
地位 dìwèi position; status
威严 wēiyán prestige; dignity
子午线 zǐwǔxiàn meridian (line)
金銮宝座 jīnluán bǎozuò the seat for the emperor in the emperor's audience hall

台基 táijī the base (of a building) above ground level
幽静 yōujìng quiet and secluded
条理 tiáolǐ orderliness; proper arrangement or presentation
神往 shénwǎng be charmed
巍峨 wēi'é towering; lofty
发号施令 fā hào shī lìng issue orders
庆典 qìngdiǎn celebration; a ceremony of celebrations
矗立 chùlì stand tall and upright

鼎 dǐng an ancient cooking vessel with two loop handles and three or four legs
蟠 pán coil; curl
富丽堂皇 fùlì tánghuáng beautiful and imposing

【8】这太和殿是朝圣的地方,每年的元旦、冬至、皇帝的生日或新皇登基、册立皇后时,皇帝才来到这里,接受群臣祝贺。这时候,要举行非常隆重的仪式,在皇帝登上宝座时,金钟、玉笛、笙、箫等乐器齐声奏起,那些高级大臣们分别在大殿里侍立着,没有皇帝的命令,谁也不敢入座。那阵势真是威严气派极了。

登基 dēngjī ascend the throne

册立 cèlì (of a king, emperor, etc.) confer a title upon empress or crown prince, etc.

【9】人们在故宫里,随时随地都会看到许多精致的艺术品。这里是一座艺术珍品宝库。比如说牙雕艺术品吧,牙雕就是用大象的牙雕刻出各种各样的人物、花鸟和山水,这种艺术品珍贵极了,它在故宫里是专门供奉的工艺品。故宫里珍藏着一座大禹治水的玉山。大禹是古代的一位首领,他带领老百姓治水,三次路过自己的家门口都没有进去。这个故事流传到今天,依然感动着不少人。这座玉石雕成的山有两米多高,重5000多公斤,古代的工匠们用了13年时间才把它雕刻好,而且,人们利用玉石身上天然的颜色和形状,很巧妙地雕刻出适合它本身样子的东西来。这座大禹治水的玉雕,是我们国家的珍宝,在世界上都是稀有的。现在,在故宫里还珍藏着好多种工艺品,它们精巧奇妙,为这座皇宫增添了许多神秘的色彩。

供奉 gòngfèng enshrine and worship

大禹 Dàyǔ the leader of a tribe in Chinese ancient legend

治水 zhìshuǐ regulate rivers and watercourses; prevent floods by water control

珍宝 zhēnbǎo jewellery; treasure

稀有 xīyǒu rare; unusual

【10】在故宫里,除了这些高大庄重的建筑以外,还修建了一些非常精巧幽静的园林庭院,它们既有皇家宫殿的富丽讲究,又有江南园林的清静优雅。这是供皇帝和皇妃们娱乐游览的地方,这些庭院不但建筑讲究,就连脚底下的路都特别讲究。其中,最叫人喜爱的是故宫御花园中的石子画。

清静 qīngjìng quiet

优雅 yōuyǎ graceful; elegant

【11】什么是石子画呢?说起来可真奇妙,它是用五颜六色的石子雕砌在地上的画儿。其中有花卉、人物、动物等700多种图案。这些石子画好看极了。比如说那漂亮的"七巧图",就是用

花卉 huāhuì flowers and plants

长方形、正方形、菱形、梯形为轮廓的石子画,在这些不同形状的图里面,镶嵌着以花鸟、植物、动物为图案的石子,有荷花鸳鸯、松树仙鹤、凤凰、青竹、莲花等等,好多好多种,特别好看。

【12】石子画里面还有一些非常有意思的人物故事画。比如那一幅"十八学士登瀛州图",画的就是唐太宗开文馆时,向全天下招收学生的事儿。你看,画面上那些学生们牵着马,慢慢地走在小路上,这石子画上的人物,特别形象。要是朋友们来到这儿,可千万要注意脚下的石子画,别忘了好好看看它们。

【13】故宫里有这么多有意思的事,真是东方的艺术宫殿,可是修建它实在是不容易。在古代,还没有汽车和起重机,更没有火车和轮船,那些建筑用的木料、石料和砖瓦,全靠老百姓用笨重的牛车、马车从全国各地运到北京来,这要花费多大的力气呀!保和殿的台阶上有一大块汉白玉石板,上边刻着龙和白云,它有几十万斤重呢。当时,就是靠着工匠们在冬天的时候往地面上泼水,冻成冰以后滑动着拉来的。故宫里那些数不尽的珍宝,精美的雕刻艺术,都是古代劳动人民创造出来的。

【14】现在,故宫已经不再是皇帝住的宫殿了,它是一座博物院,向全中国和全世界人民开放,供人们参观。每天都有好几万人涌向故宫。人们在这里可以看到中国古代劳动人民用智慧和汗水创造的这座建筑艺术的宫殿,它是我们中华民族艺术的骄傲,它将永远放射出金灿灿的光辉。

(选自《领你走中国①》,作者:舒琛、华林,海豚出版社1996年出版。有删改。)

轮廓 lúnkuò　outline
镶嵌 xiāngqiàn　fix in a surrounding substance or set ornamentally into another substance

四、练　习

(一)选择与下列句子意思相同的解释：

1. 这些建筑都有一个非常奇特的地方，那就是无论是什么样的房子，都必须显示出古代皇帝至高无上的地位和威严。

   A. 这些建筑各有各的特点，风格不一样
   B. 这些建筑样式都差不多
   C. 这些建筑有一个共同点，就是都显示出一种威严
   D. 这些建筑的一个地方很奇特，有些样式的房子显示了皇帝的地位和尊严

2. 在故宫建筑群里，不论是金碧辉煌的大宫殿，还是小巧幽静的庭院，全都被设计者安排得特别有条理。

   A. 故宫的建筑群风格非常相似
   B. 故宫里的宫殿和庭院都很有层次，有秩序
   C. 故宫里的宫殿金碧辉煌，庭院小巧幽静，各有各的特色
   D. 故宫里金碧辉煌的宫殿和小巧幽静的庭院都出自设计师之手

3. 人们在故宫里，随时随地都会看到很多精致的艺术品。

   A. 故宫里工艺品很多，到处可见
   B. 在故宫里，随着时间和地点的变化，人们可以看到各种精致的工艺品
   C. 故宫里的工艺品都很精致
   D. 故宫的工艺品中很多都很精致

4. ……人们利用玉石身上天然的颜色和形状，很巧妙地雕刻出适合它本身样子的东西来。

   A. 人们根据玉石的自身条件来雕刻
   B. 玉石的颜色和形状对于雕刻的成功起了决定性作用
   C. 玉石雕刻的风格多种多样
   D. 雕刻玉石是一项很艰难的工作

(二)结合课文内容阅读下列句子并用恰当的词语替换句中画线词语：

1. 说起故宫来，人们会说那是一座了不起的皇家宫殿。

   A. 了不得　　　　　　　B. 不得了
   C. 不平常　　　　　　　D. 很大

2. 它是举世无双的艺术珍品。
    A. 指全世界最好的   B. 指在世界上很有名的
    C. 指很值钱的   D. 指世人所不知道的

3. ……无论是什么样的房子，都必须显示出古代皇帝至高无上的地位和威严。
    A. 太高了   B. 比较高
    C. 最高   D. 并不高

4. 这奇妙的设计，显示了修建故宫时人们的聪明才智。
    A. 表示   B. 显然
    C. 显得   D. 表现

5. 这时候，要进行非常隆重的仪式……
    A. 热闹   B. 重要
    C. 严肃   D. 盛大

6. 那阵势真是威严气派极了。
    A. 布置   B. 形势
    C. 环境   D. 场面

7. 这个故事流传到今天，依然感动着不少人。
    A. 还   B. 再
    C. 又   D. 也

8. 这座大禹治水的玉雕，是中国的珍宝，在世界上都是稀有的。
    A. 少见   B. 没有
    C. 惟一   D. 富有

9. 再说，故宫里那些数不尽的珍宝，精美的雕刻艺术，都是古代劳动人民创造出来的。
    A. 指数量多   B. 指价值高
    C. 指设计精美   D. 指世界闻名

(三) 根据课文内容判断下列句子对错：
1. 故宫里所有宫殿的层顶都是黄色的。   ( )
2. 紫禁城是皇帝住的房子。   ( )
3. 三座大殿是故宫里最重要的建筑。   ( )
4. 中和殿是位于故宫正中间的一座宫殿。   ( )
5. 皇帝每天在太和殿接见群臣。   ( )
6. 大禹治水的牙雕是一件艺术珍品。   ( )
7. 故宫里没有一处地方不体现着庄重的风格。   ( )

8. 御花园中的石子画都是人物故事画。　　　　　　　（　）
9. 故宫里面收藏了很多珍贵的艺术品。　　　　　　　（　）
10. 保和殿台阶上的汉白玉石板是冬天时运来的。　　　（　）

(四) 概括段落或全文大意：

1. 课文第二段的主要内容是：
   A. 故宫的历史
   B. 故宫是按照天宫的样子建成的
   C. 紫宫和紫禁城都是指天宫
   D. 故宫为什么也叫紫禁城

2. 课文第4、5段的主要意思是：
   A. 故宫的设计很有条理
   B. 故宫的位置很重要
   C. 金銮宝座是故宫建筑的中心点
   D. 故宫里大大小小的建筑很多

3. 第6、7、8段主要介绍的是：
   A. 故宫的三座大殿
   B. 有关太和殿的情况
   C. 皇帝庆典的仪式
   D. 故宫的建筑艺术

4. 课文第13段的主要意思是：
   A. 故宫是真正的东方艺术宫殿
   B. 修建故宫的用料是用牛车、马车运来的
   C. 故宫体现了劳动人民的智慧和勤劳
   D. 修建故宫花费了大量人力和财力

5. 全文的主要内容可以概括为：
   A. 故宫显示了古代皇帝的地位和威严
   B. 故宫吸引了大量外国游客
   C. 故宫是一座建筑艺术的宫殿
   D. 故宫是历史悠久、规模宏大的艺术宫殿

(五) 选择合适的词语填空：

　　　古老　神秘　金碧辉煌　举世无双　至高无上
　　　威严　幽静　条理　巍峨　壮丽　稀有　清静

1. 黄昏时分,远处_____的群山被夕阳染成了金色。
2. 大熊猫是世界上珍贵的 xiyou 动物,是中国的特产。
3. 这里的少数民族还保留着一些 gulao 的习俗。
4. 这是一件 jushimushuy 的艺术品,非常珍贵。
5. 科学并不是那么 shenmi,只要努力钻研,就能掌握它。
6. 在佛教中,佛的地位是 wei'e 的。
7. 你要是喜欢 qingjing,可以到郊区去居住。
8. 她的生活安排得很有_____,所以身体才这样健康。
9. 这座 jinbihuihuang 的建筑,就是恭王府。
10. 从古到今,很多诗人在诗歌中赞美祖国 jinxiu 的河山。
11. 这里绿树环绕,显得十分 meiyan。

略 读

课文(一) 桂林山水甲天下

一、提示与要求

全文约900字,要求7分钟内读完(一遍),然后做练习。

二、课 文

桂林位于广西壮族自治区东北部,古代因此地桂树成林而得名,是典型的亚热带岩溶地貌分布区,以独具特色的奇秀岩溶风光闻名于世,向来有"桂林山水甲天下"的美誉。明代大地理学家、大旅行家徐霞客称赞这里是"碧莲玉笋世界"。

"江作青罗带,山如碧玉簪。"水秀,山异,加洞奇,称为桂林的三绝。江指漓江。漓江从桂林的北面流来,经桂林东面向南流至阳朔,再至梧州汇入西江。它像一条青绿色的绸带,飘流在群山之中。桂林至阳朔一段长83公里,风光秀丽,江山如画。登艇游览,只见江水碧绿,奇峰夹岸,水绕山环,田野似锦,十分迷人,被称为"人间仙境"。山指周围千姿百态的石山。这里的山虽然不巍峨高大,但千峰从平地拔起,气势非凡,好像万剑直插蓝天,构成一个峰林世界。这些石山多为青黛色和灰褐色,上面又生长各种花草树木,因此给人以碧玉之感,而且其形态千奇百怪。洞有许多著名的深洞。这里"无山不洞，无洞不奇"。所有岩洞，不仅大小、深浅、宽窄、高低、形状各不相同，而且内中景物各生妙趣。最美的是芦笛岩，位于西北郊光明山，洞口高出地面约27米，洞深240米，游程曲折起伏约500米。洞内，钟乳石、石笋、石柱、石花、石幔构成了精美丰富的天然雕塑画屏，有"大自然艺术之宫"之称。七星岩岩洞内，景物也色彩缤纷，十分壮观。

桂林的风景胜地很多，主要的还有伏波山、象鼻山、独秀峰、榕湖、南溪山、穿山、龙隐岩、西山的摩崖石刻等。到此旅游，真是人如图画里，身入仙乡行，江山多秀色，美景看不够呵！

桂林山水之秀美，是自然界对这里的偏爱吧？远古时代，桂林是海洋的一部分，海底沉积了厚厚的石灰岩层。后来上升成为陆地，历经多次构造运动，石灰岩发生一系列的褶皱、断裂和裂隙，这就为以后的流水侵蚀和溶蚀石灰岩深部提供了条件。桂林气候湿热，流水对石灰岩的溶蚀能力强。经过漫长地质时期流水对石灰岩地形的溶蚀结果，就雕刻出如此奇特的山水杰作来了。

（选自《中国地理之最》，刘华训主编，中国旅游出版社1987年出版。有删改。）

三、练 习

(一)根据课文内容判断下列句子对错：

1. 桂林这个地方古时候生长着很多桂树，由此而得名。（ ✓ ）
2. "桂林山水甲天下"是明代大地理学家、大旅行家徐霞客对桂林的称赞。

（　）

3. 桂林的山并不很高。（　）
4. 桂林很久以前曾经是一片海洋。（　）
5. 桂林的风光可以概括为石山、漓江和溶洞。（　）
6. 桂林的气候四季如春。（　）
7. 漓江长83公里，汇入西江。（　）

(二)根据课文内容选择正确答案：

1. 本文介绍的是：
   A. 桂林的名胜古迹及其传说
   B. 桂林名称的由来
   C. 桂林的山水风光及其形成

D. 桂林的地理位置和地形
2. 被誉为"人间仙境"的是:
A. 桂林的山水
B. 漓江
C. 桂林至阳朔一段的风光
D. 桂林的溶洞
3. 有"大自然艺术之宫"美称的是:
A. 七星岩
B. 光明山
C. 芦笛岩
D. 溶洞

课文(二) 春

一、提示与要求

全文约 800 字,要求 6 分钟内读完(一遍),然后做练习。

二、课 文

盼望着,盼望着,东风来了,春天的脚步近了。

一切都像刚睡醒的样子,欣欣然张开了眼。山朗润起来了,水涨起来了,太阳的脸红起来了。

小草偷偷地从土里钻出来,嫩嫩的,绿绿的。园子里,田野里,瞧去,一大片一大片满是的。坐着,躺着,打两个滚,踢几脚球,赛几趟跑,捉几回迷藏。风轻悄悄的,草软绵绵的。

桃树、杏树、梨树,你不让我,我不让你,都开满了花赶趟儿。红的像火,粉的像霞,白的像雪。花里带着甜味儿;闭了眼,树上仿佛已经满是桃儿、杏儿、梨儿。花下成千成百的蜜蜂嗡嗡地闹着,大小的蝴蝶飞来飞去。野花遍地是:杂样儿,有名字的,没名字的,散在草丛里,像眼睛,像星星,还眨呀眨的。

"吹面不寒杨柳风",不错的,像母亲的手抚摸着你。风里带来些新翻的泥土的气息,混着青草味儿,还有各种花的香,都在微微润湿的空气里酝酿。鸟儿将巢安在繁花嫩叶当中,高兴起来了,呼朋引伴地卖弄清脆的喉咙,唱出婉转的曲子,跟轻风流水应和着。牛背上牧童的短笛,这时候也成天嘹亮地响着。

雨是最寻常的,一下就是三两天。可别恼。看,像牛毛,像花针,像细丝,密密地斜织着,人家屋顶上全笼着一层薄烟。树叶儿却绿得发亮,小草儿也青得逼你的眼。傍晚时候,上灯了,一点点黄晕的光,烘托出一片安静而和平的夜。在乡下,小路上,石桥边,有撑起伞慢慢走着的人,地里还有工作的农民,披着蓑戴着笠。他们的房屋,稀稀疏疏的,在雨里静默着。

　　天上风筝渐渐多了,地上孩子也多了。城里乡下,家家户户,老老小小,也赶趟儿似的,一个个都出来了。舒活舒活筋骨,抖擞抖擞精神,各做各的一份儿事去。"一年之计在于春",刚起头儿,有的是工夫,有的是希望。

　　春天像刚落地的娃娃,从头到脚都是新的,它生长着。

　　春天像小姑娘,花枝招展的,笑着,走着。

　　春天像健壮的青年,有铁一般的胳膊和腰脚,领着我们上前去。

三、练　　习

(一)根据课文内容判断下列句子对错:

1. 春天,园子里,田野里到处是软绵绵的小草。　　　　(✓)
2. 桃树、杏树、梨树上结满了果实。　　　　　　　　　(　)
3. 春天的风很大,让人感觉寒冷。　　　　　　　　　　(　)
4. 春天时常下雨。　　　　　　　　　　　　　　　　　(　)
5. 春天的雨很大,令人烦恼。　　　　　　　　　　　　(　)
6. "一年之计在于春"的意思是要在一年开始时多做并做好工作,为全年的工作打好基础。　　　　　　　　　　　　　　　　(　)

(二)根据课文内容选择正确答案:

　　本文表现了作者怎样的感情?

　　A. 思念故乡

　　B. 向往乡村的生活

　　Ⓒ. 热爱自然,热爱生活

　　D. 热爱和平,热爱自由

课文(三)　旅游与跨国的爱

一、提示与要求

　　全文约1900字,要求15分钟内读完(一遍),然后做练习。

二、课　文

　　风景名胜阳朔冒出一道新的"风景"。自1992年以来，阳朔已有57对涉外婚姻出现。有日本郎讨阳朔妹为妻的，也有美国姐嫁阳朔娃仔的，还有法国小伙到阳朔当上门女婿的……

　　一天，我在西街一家涉外餐馆采访了回来探亲的远嫁加拿大的邓慧兰小姐和她的丈夫马利欧。邓慧兰25岁，中等身材，漂亮而淳朴。马利欧26岁，大概1.67米的个头，身材匀称，面色红润。

　　问起他们的恋爱经过，马利欧用英语说起来："1990年我到澳大利亚打工，在那儿遇到几个中国人，得到他们的帮助，又听他们说起中国的名胜古迹，很感兴趣。于是，1992年我来到北京，看了天安门、故宫、长城，又从北京坐火车到桂林。到桂林第二天就到阳朔，在莲城酒店吃早点，一眼看到邓小姐一脸笑容迎上来，问我吃什么，要帮什么忙，她的眼光看着我，一双明亮的眼睛就像太阳照在漓江水面上。我从来没接受过这种感人的目光，感到特别幸福。而后，我天天到店从早坐到晚，看邓小姐做事，听她说话……一个星期后，我向老板提出要求，'请允许你的邓小姐给我导游一天'，老板同意了……"

　　邓小姐给马利欧导游，把自然景观和动人的传说融合为一体，把他带入梦的故乡，诗的海洋。马利欧静静地听着，享受她话语音色的甜蜜，感受那故事赋予山水的丰富内涵。他意识到自己爱上了邓小姐。晚上回到酒店，马利欧跟一位从澳大利亚来的朋友谈到这件事，那位朋友说，如果他没带女朋友来，就带这位小姐回家。朋友的话不知是羡慕还是嫉妒，但它却给了马利欧勇气和力量。他向邓小姐公开表示爱情。他相信她是他遇到的最好的姑娘。临走，他送邓一条项链。要不是机票早订好了，他真舍不得走。

　　面对马利欧的公开表示，邓慧兰只是笑着不说话。在涉外饭店，遇到外国人夸她漂亮，并说很爱她，这样的事邓小姐见得多了，只当一种礼貌的客套或开玩笑。然而，马利欧却是认真的。他回国后拼命工作赚钱，决心要娶邓小姐为妻。

　　1993年，马利欧再次到阳朔。他先写信，到香港又打了电话，告知邓慧兰飞机航班。这次邓慧兰亲自到机场接他。两个多月的深入了解，邓慧兰被马利欧的一片真诚感动了，接受了他的爱情。

　　邓慧兰带马利欧回老家邓家村，征求父母意见。那是个偏僻的山村，村里人从来没见过外国人，他们对慧兰要嫁外国人都感到不可理解，有的长者甚至找到慧兰的父母说："你的女儿嫁那么远，是不是嫁不出去了？"父母为难了。两

131

两天、三天、四天过去了,邓家父母不表态,这可急坏了马利欧。他从邓家父母的脸色感到他们很为难,他克制自己,平静等待。后来,还是读高中的三姑娘阿月回来,代姐姐出面做父母的工作,才终于说服了邓家父母。

邓慧兰和马利欧到民政局办结婚手续。民政局的工作人员很热情,但告诉他们要拿到结婚证需等两个半月,因为按中国的婚姻法,男满22岁,女满20岁才能结婚,而马利欧还差75天才满22岁,所以还得等……

马利欧的假期已到,不得不飞回国。结果是邓慧兰把结婚证寄到加拿大的。马利欧办好邓慧兰到加拿大定居的签证,来到阳朔与她结婚。在村里,父母为他们举行了简朴的婚礼。离开家时,邓慧兰哭,母亲也哭,弟妹都哭,马利欧也哭了。他理解邓家的心情,他们山里人戏称的洋鬼子就要带走人家的大女儿,而且是漂洋过海,隔山隔水……

我问马利欧:"你爱邓小姐什么?"

马利欧想了一下儿,说:"如果你三年前问这个问题,我会一口说出爱她美丽、热情。可是现在我爱她的内容更丰富了,除了爱她热情、美丽,更钦佩她那强烈的责任心和执著的爱情观念。我们结婚三年,买了自己的房子(别墅)并且有了一些积蓄,而像我这样大甚至比我大十岁的结了婚的青年夫妇大部分都还没有房子,我们完全靠自己的双手挣钱。这要感谢邓的持家——别人都夸我找到纯东方的好女人——责任心强。我们从不争吵,即使意见不一致,也是讨论解决。别人羡慕我们太幸福了,甚至令人嫉妒了。哈哈……"马利欧脸上洋溢着红润,沉浸在幸福中。

这次他们回阳朔探亲,住了一个星期。马利欧不仅学会许多汉语词汇,还学会了唱中国歌,还会即兴填词唱歌——"月亮走,我也走,我和阿兰走村口……"马利欧给亲人带来风趣快乐。村上人都愿意和这个外国人接触说话。

邓家用当地最具地方特色的食品招待马利欧。马利欧特别喜欢吃酸辣泡菜,他还要把这种东方民间腌菜文化带到加拿大去。

采访结束时,马利欧请我帮他与邓家在西街照了一组相。他说,现在阳朔是他的外家,将来必然是他的家,过些年就要回阳朔安个家,享受这人间仙境般的生活。

(选自《旅游》1998年第4期,作者:朱名洪。有删改。)

三、练 习

(一)根据课文内容判断下列句子对错:

1. 马利欧来中国之前曾经在澳大利亚打工。( )

2. 马利欧到桂林以后住在莲城酒店。 (✓)
3. 马利欧把自己爱上邓小姐的事首先告诉了来自加拿大的一位
   朋友。 (✗)
4. 邓小姐的村上人对她和马利欧的爱情表示理解。 (✗)
5. 邓小姐的父母很长时间对他们的婚姻不表态,马利欧很生气。 (✓)
6. 邓小姐离开父母家时哭了,因为她不相信马利欧的爱情。 (✗)
7. 马利欧和邓慧兰婚后生活得很幸福。 (✓)
8. 马利欧打算将来和妻子到中国来生活。 (✓)

(二)根据课文内容选择正确答案:
1. 马利欧第一次来中国是在:
   A. 1990 年 B. 1992 年
   C. 1993 年 D. 不清楚
2. 马利欧是在哪里遇到邓慧兰的?
   A. 北京   B. 桂林
   C. 阳朔   D. 澳大利亚
3. 马利欧遇见邓慧兰时,邓是位:
   A. 导游   B. 游客
   C. 服务员 D. 老板
4. 当马利欧向邓小姐表示爱情,邓认为他是:
   A. 真诚的 B. 欺骗她
   C. 开玩笑 D. 客套或开玩笑
5. 邓小姐何时接受了马利欧的爱情
   A. 在给马利欧导游时
   B. 收了马利欧的信之后
   C. 马利欧第二次来中国时
   D. 带马利欧回邓家村以后
6. 邓的父母开始时对邓小姐和马利欧婚事:
   A. 反对   B. 同意
   C. 为难   D. 无所谓
7. 阿月是邓小姐的
   A. 姐姐   B. 妹妹
   C. 同学   D. 朋友
8. 邓慧兰和马利欧去民政局登记,却没领到结婚证,因为:

A. 民政局的人工作效率太低
   B. 他们属于涉外婚姻，需要特殊的程序
   C. 他们带的证件不全
   D. 马利欧不到法定的结婚年龄
9. 本文中提到马利欧共来中国：
   A. 2次   B. 3次
   C. 4次   D. 5次
10. 现在邓的村上人对马利欧的态度是：
    A. 好奇   B. 害怕
    C. 友好   D. 敌视

(三)综观全文,作者写了什么？
   A. 介绍了阳朔的涉外婚姻的情况
   B. 介绍了出现的阳朔的一例涉外婚姻
   C. 介绍了邓慧兰与马利欧的幸福生活
   D. 介绍了中国人对涉外婚姻的态度

查　阅

课文(一)　北京国际商旅公司简介

一、提示与要求

全文约600字，要求4分钟内查找出问题的答案。

二、问　题

1. 北京国际商旅公司目前具体旅游业务范围涉及哪几个方面？
   答：

2. 参加"浪漫欧陆游"之行可以游览几个国家？
   答：

3. 北京国际商旅公司是何时成立的?
   答:

4. 这个公司接待外国游客吗?
   答:

三、课　文

　　北京国际商旅公司隶属于中国国际贸易促进会北京分会。我公司业务范围广泛,不仅利用贸促会的自身优势,积极开展商务咨询、信息提供、组织商业展览、贸易洽谈、促进商家合作等一系列业务,更是业务范围广泛、具有灵活主动性的新型旅行社。

　　北京国际商旅公司目前的具体旅游业务范围涉及到:

　　国内旅游:包括承揽大中型会议接待,组织商务交流考察团,开展境内主题旅游,如"再见三峡之旅"、"版纳风情游"、"三山五岳行"、"北京周边游",同时,我公司还可以为境内商务团体及散客代订北京及全国各地宾馆饭店。

　　境外旅游:我公司目前开展的境外旅游项目包括:'97香港回归行,泰国、马来西亚、新加坡等旅游国家观光游览,远赴西欧五国(法国、德国、卢森堡、比利时、奥地利)的"浪漫欧陆游",以及赴美国、加拿大等国的"发掘新大陆北美游"。

　　签证、护照咨询:我公司为广大商家及个人提供赴美国、加拿大、香港等地办理护照及签证的咨询业务,协助有志于在中国境外投资、经商或工作、学习的人士办理手续。

　　北京国际商旅公司集聚着大批具有丰富专业知识、长期工作经验和开拓创新精神的从业人员,自1990年成立以来,我公司已接待了近二十多万名中外游客。公司全体工作人员本着诚恳严谨、优质高效的专业精神,竭诚为各界客户提供周到完善的服务。北京国际商旅公司愿与各界有识之士共同发展进步,为振兴民族,发展中国旅游共同尽力。

课文(二)　游客注意事项

一、提示与要求

　　全文约600字,要求4分钟内查找出问题的答案。

二、问　　题

1. 春节期间参加这个公司国内旅游的团体客人应在何时报名？
　　答：

2. 团体客人在报名时应交多少订金？
　　答：

3. 出发前5天要求退团的客人可得多少退款？
　　答：

4. 多少人组成的团队旅游公司可以给派领队？
　　答：

三、课　　文

1. 咨询：您若欲详细了解我公司组织的旅游活动，欢迎拨打我公司所设咨询电话，我们会为您详细介绍旅游路线，日程安排，服务标准，游览项目，及旅行费用等内容。

2. 报名：您确定好旅游路线后，团体客人请提前10天以上报名（节假日需提前15天以上）；散客由我社安排固定出团日期，待成团后便可成行。

3. 证件：凡参加国内旅游乘飞机的客人需凭本人身份证复印件办理手续，儿童凭户口本或复印件办理手续。

4. 缴费：团队客人在报名时需交总费用50%的订金（余款在出团前付清），散客报名时需交全额。12岁以下（不含12岁）儿童，如不要求占座位和床位，只收取总费用的50%，12岁以上儿童收全额。

5. 退团：遵旅游业操作规程，在出团前10天以上退团，扣总费用的10%；出发日前10天至7天退团，扣总费用的20%；7天至3天，扣总费用的50%；3天以内要求退团，恕不予退款。

6. 责任：如遇天气影响，或人数不足，本公司有权终止组团或取消团队，所缴费用全部退回；旅途中如遇交通或天气、政治罢工、瘟疫等人力不可抗拒的原因，造成旅客额外费用，其一切费用由旅客自理。

7. 领队:团队人数不足 15 人,本公司不派领队。

8. 行程:如遇国内交通或其他政策性原因,本公司保留调整行程的权利,并以发给客人的日程安排表为准。

9. 保险:本公司可按游客要求代办旅游保险。

10. 其他:报名时请留下您的通讯地址及电话,以备联络之用,并请认真阅读我公司为您安排的接待计划,帮助我们监督接待质量,谢谢您的合作。

课文(三) 北京的六条专项旅游路线

一、提示与要求

全文约 470 字,要求 3 分钟内查找出问题的答案。

二、问　题

1. 皇家园林一日游可游览几个景点?
   答:

2. 想游览金山岭长城应选择哪条旅游路线?
   答:

三、课　文

　　自古以来北京就以看不完的秀山丽水,数不尽的亭台楼阁吸引着众多游人,为使来北京的朋友全面而又便利地游览北京的风景名胜,北京市旅游事业管理局隆重推出了六条专项旅游线路:1.中国皇帝一日游。游览皇帝勤政起居的紫禁城、膜拜苍天的天坛,品尝正宗的御膳名肴。2.皇家园林一日游。游览现存最早的皇家园林北海公园,最大的皇家园林颐和园。3.寺庙一日游。参观雍和宫、白云观、潭柘寺、戒台寺。4.不到长城非好汉一日游。游览壮观的八达岭长城和十三陵地下宫殿。5.紫禁城外皇帝游。游览六月无暑、九夏生风的承德避暑山庄、外八庙和秀色可餐的白龙潭风景区及金山岭长城 6.我与北京市民同乐游。访问街道办事处,参观幼儿园、老年人活动站、社区服务中心;参观普通中学、职业中学、少年宫、业余体校,全面了解北京的教育情况;访问居民委员会,参观富有中国传统建筑特色的四合院,到居民家做客,了解北京市民的生活情况。

朋友,参加专项旅游,将使您驻足于绿水青山、流连于宫殿古刹、深入于街巷民家,领略中华文化风采,获得崭新而珍贵的感受。

(选自《旅游》1990 年第 9 期,作者:黎明。)

课文(四) 北京的旅游资源(之一)
——文物古迹

一、提示与要求

全文约 480 字,要求 3 分钟内查找出问题的答案。

二、问 题

1. 现在陈列在古观象台上的天文仪器是哪个朝代的?
   答:

2. 妙应寺白塔是由哪国的工匠设计建造的?
   答:

三、课 文

卢沟桥 在丰台区永定河上,始建于金代大定二十九年(1189 年),全长 266.5 米,宽 7.5 米,桥身下分 11 孔涵洞,桥墩呈船形,桥身两侧石雕护栏有望柱 140 根,雕有各式神态的狮子四五百个。此桥被马可·波罗誉为"世界上独一无二"的名桥。"卢沟晓月"是燕京八景之一。

古观象台 在建国门立交桥西南角,明正统七年(1442)创建,称司天台,后曾改观星台。明代台上置有大型铜铸天文仪器浑天仪、简仪、浑象仪等,清初改用西方技术制造的天体仪、赤道经纬仪、黄道经纬仪、地平经仪、象限仪、纪限仪等,至今清代天文仪器仍陈列台上。古观象台是我国古代悠久的天文学光辉成就的历史见证。

觉生寺大钟 觉生寺在北三环西段北侧,寺内藏有永乐二年(1404 年)铸的大钟,通高6.75米,重约46.5吨,钟体内外包括钟纽铸刻了23万余字的佛经咒文。钟声轻击圆润深沉,重击浑厚洪亮,音波起伏,节奏明快幽雅。大钟铸造精致,采用我国优秀传统工艺无模铸造法,体现了我国古代冶炼技术的高超水平。

妙应寺白塔　位于西城区妙应寺内,此塔由元世祖忽必烈请来的尼泊尔工匠阿尼哥设计建筑,通高51米,塔身洁白,精美端庄,为北京城内年代最早、规模最大的喇嘛塔。百姓因此塔洁白而俗称妙应寺为"白塔寺"。

(选自《旅游》1990年第9期,作者:弓九。有删改。)

课文(五)　北京的旅游资源(之二)
——皇家园林

一、提示与要求

全文约900字,要求6分钟内查找出问题的答案。

二、问　题

1. 瀛台指的是什么?
   答:

2. 团城在什么地方?
   答:

3. "三海"当中历史最悠久的是哪一个?
   答:

4. 颐和园由哪两个部分组成?
   答:

5. 中国最长的长廊是哪一条?
   答:

三、课　　文

北京的皇家园林，经辽、金两代的开发，元、明两朝的拓建，到清朝达到了鼎盛，其中最著名的是"三海"和"三山五园"。

"三海"，即中南海和北海公园。

中南海现为党中央、国务院所在地。南海有一湖心岛，名瀛台。夏季，台环碧水，蝉鸣鸟啼；冬季，清帝在此观赏冰嬉。戊戌变法失败后，光绪帝被幽禁在台上的涵元殿。中海西苑门内临池北面为勤政殿，后面是仁曜门，门西有结秀亭。亭西一水横带，稻畦数亩，为丰泽园。园西为春藕斋，亭阁巧布，曲径通幽。中海太液池西主要建筑有紫光阁。

北海的南端为团城，上有承光殿，中奉玉佛一尊，高 1.6 米，神态自然，光洁晶莹，相传是从缅甸募化而来。殿前有一大玉瓮，重 3500 公斤，由一整墨玉雕成，名"渎山大玉海"。

北海公园是我国现存最早的帝王宫苑，已有 800 年历史。辽代仿照蓬莱仙境建瑶屿行宫，金代浚湖叠石，营建广寒宫，元代三扩琼华岛，明清增拓，遂具今日规模：白塔矗立琼岛之巅，各种建筑依山排列，太液池畔散落着五龙亭、九龙壁、大西天、小西天、画舫斋、濠濮等著名景观，园北有静心斋，别具一格。

"三山五园"，是指香山的静宜园、玉泉山的静明园、万寿山的清漪园（后改为颐和园）和畅春园、圆明园。其中最为知名的是香山和颐和园。

香山是西山风景区的重要组成部分。这里一年四季景色不同：春天百花盛开，簇锦一片；夏季林荫雾霭，宜于避暑；秋日天高气爽，红叶遍山；冬时白雪皑皑，玉山银花，燕京八景之一的"西山晴雪"就在这里。

颐和园是中国现存规模最大的一座皇家园林，坐落在海淀区西苑。当时在"三山五园"中，它以优美的自然景色独占诸园之冠，曾有"何处燕山最畅情，无双风月属昆明"之说。全园由万寿山和昆明湖组成，占地面积约 5000 亩，其中 3/4 是湖泊。万寿山前山为全园精华荟萃之处，以中部排云殿、佛香阁、智慧海及东西两侧的转轮藏、石碑、五方阁、宝云阁等构成中轴线。楼阁依山而建，极富变幻。佛香阁高 41 米，为统领全园的主景。宝云阁是铜铸佛殿，俗称铜亭，重 207 吨，造型精美，工艺绝伦。昆明湖畔的长廊又称千步廊，长 728 米，共 273 间，是我国最长的长廊。昆明湖碧波浩渺，中有小岛，左有十七孔桥，右有两堤六桥。园内还有清晏舫、谐趣园、苏州街等独特景致。

(选自《旅游》1990 年第 9 期，作者：弓九。有删改。)

阅读知识　记叙文1　记叙文及其结构

记叙文是生活中应用最广泛、最普遍的一种文体。它是以写人记事、写景等为主要内容的。我们常见的通讯、报道、消息、游记等都属于记叙文的范畴。

阅读记叙文,理解其内容,应该从了解它的结构入手。因为了解了记叙文的结构,理清了它的脉络,就为迅速理解文章内容创造了条件。这里我们简要介绍几种常见的记叙文的结构方式。

一、按时间或事件的发生、发展顺序安排结构

在记人写事的文章中,由于事情的发生都有自己的时间,而且每类事件都因为发生时间的先后而产生特定的相互关系。另外,事件本身的发生、发展、结局也都有自己的规律,因此,按时间或事件本身的发展规律安排结构,事情的来龙去脉就比较清楚。

二、按空间位置或场面转换安排结构

这种结构安排常见于游记之类的记叙文。为把事物的特征叙述、描写得正确,常根据空间位置或场面转换,按照一定的路线或场景,先看到的先写,后看到的后写。阅读时,理清了转换的场面,文章的结构也就把握清楚了。

三、按材料性质归类安排结构

有些记叙文是用若干材料描写一个人物、说明一个观点的,这些材料在性质上是相关的,而在时间、空间上相对独立。按类别归类,文章脉络就比较清楚。

四、按作者认识过程安排结构

这种结构方式常见于散文,这样安排能由浅入深、由表及里地表达作者的认识过程,容易使读者接受作者的认识。

我们在阅读时应注意的是,在复杂的记叙文中,有时写的事不止一件,人物不止一个,地方不止一处,为了叙述的全面、清楚,上述几种结构方式常常同时采用。

阅　读　技　能

词语的色彩意义:形象色彩;感情色彩;语体色彩

汉语中的词除了它的客观义即概念义外,还有色彩义。词的色彩意义多种多样,最主要的有以下三种:

一、形象色彩　某些词,当我们看到它,它所表示的事物的形象、性质、状态、声响等会在我们脑中形成鲜明的印象,如"雪白"、"碧绿"、"剑兰"、"油亮油亮"等,这就是词语的形象色彩。构成种种形象感的词语有不同的类型,视觉形象居多,如"丹顶鹤"、"金钱豹",也有听觉、嗅觉、味觉、动作状态等形象,如"咯嘣咯嘣"、"香喷喷"、"甜丝丝"、"颤抖"。可以比较一下下面的词语:

有形象色彩的	无形象色彩的
冷冰冰	冷
泪花	泪
火辣辣	热
磨擦	冲突
美滋滋	高兴
眉开眼笑	笑
满面春风	愉快的表情

二、感情色彩　有些词语在表示意义时,有明显的赞许或贬斥的意味,这就是感情色彩。带有赞许意味的词,表示喜爱的感情,如"勇敢"、"敬佩"、"慈祥"等,被称为褒义词;带有贬斥意味的词,表示憎恶的感情,如"庸俗"、"厌恶"、"凶狠"等,被称为贬义词。还有很多词不表示喜爱或憎恶的感情,不带有感情色彩,如"习惯"、"行为"、"熟悉"等,这些词被称为中性词。比较下面的词语:

褒义词	中性词	贬义词
讨伐	进攻	侵略
红娘	媒人	媒婆
晚婚青年	大龄青年	老姑娘　老光棍
喜爱	偏爱	溺爱
	行为	罪行
	长相	嘴脸

三、语体色彩　某些词只适用于某种场合,而不适用于另外一种场合,这就是词语的语体色彩。语体色彩总的来说可以分为两大类:口语体和书面语体。口语体词主要是生词用词,如"脑袋"、"吓唬"、"溜达"、"小气"等。这类词富于浓厚的生活气息,通俗、自然、活泼。书面语体词如"头部"、"恐吓"、"散步"、"吝啬"等一般都经过加工,比较庄重、文雅、含蓄,富于严密的逻辑性。书面语体细分起来还可以分为公文语体、科学语体、文艺语体等,各有各的特点。

比较下列词语：

口语词	书面语词
吃饭	进餐
拍巴掌	鼓掌
褂子	上衣
聊天儿	谈话
妈妈	母亲
来	光临
玩儿	嬉戏

第四单元　旅游观光(二)

通读　中国的佛教名山

一、提示与要求

全文约1500字，要求12分钟内读完(一遍)，然后做练习。

二、词　语

坐禅　僧徒　信众　景观　制约　探讨　解脱　说法　红尘

极乐世界　清心寡欲　处所　掩映　缭绕　肃穆　虔诚

崛起　特色　森严　芸芸众生　高不可攀　崇拜　林立

喧闹　嘈杂　胜地　宝库　精湛　凝聚　瑰宝　领略

三、课　文

【1】中国的许多名山，多与佛教有着密切的联系。佛教名山是怎样形成的呢？佛教在山林中的传播起了关键的作用。不少佛教名山原本是荒山，僧人来此坐禅修道，逐渐招来众多的僧徒和信众，才开始对这些荒山野林的开发。经过长期经营，创造了以佛教文化为特色的景观。

【2】僧人为什么选择山林从事佛教活动呢？从根本上看，既是佛教的性质决定的，又受中国历史文化和自然条件的制约。佛祖释迦牟尼探讨人生苦难的原因，寻求解脱的方法，就曾在灵鹫山说法多年。佛教向往超越红尘的极乐世界，那远离红尘的山林，可以使人清心寡欲，自然是佛家修行最好的处所。同时，寺院建在幽静的山林之中，古树掩映、云雾缭绕，更显示出佛的威严

词语注释：

坐禅 zuòchán （Buddhism) sit in meditation
僧徒 sēngtú Buddhist monks
信众 xìnzhòng believers
景观 jǐngguān landscape
制约 zhìyuē restrict; condition
探讨 tàntǎo inquire into; probe into
解脱 jiětuō free (or extricate) oneself
说法 shuōfǎ expound Buddhist teachings
红尘 hóngchén the world of mortals

和神秘。信徒们登山拜佛，容易产生肃穆之感，也更能表现出虔诚之情。中国优越的自然环境，也为佛教名山的崛起提供了客观条件，千姿百态的山林吸引着佛门弟子。

【3】中国有哪些著名的佛教名山呢？在上千处的佛山中，称得上佛教名山的有220多处，其中最著名的当数"四大佛教名山"。此外，中国佛教不少宗派的祖庭，也成了著名的佛教名山。这既是佛教广泛而深入发展的结果，又是佛教中国化的反映。

【4】五台山、峨嵋山、普陀山和九华山，被誉为"四大佛教名山"，分别成为文殊菩萨、普贤菩萨、观音菩萨、地藏菩萨的道场，就很有中国佛教的特色。佛国世界也是一个等级森严的境地。佛是至高无上的。菩萨仅次于佛，职责就是帮助佛，解救苦海中的芸芸众生，把他们"渡"到极乐世界中去。佛异常崇高，然而也因此而使人感到高不可攀。菩萨却使人感到更亲切、更实在、更需要。佛教中国化，就要适应各阶层的需求，自然也就包含着世俗化。所以，在这过程中，对菩萨的崇拜逐渐突出来。他们请来了四大菩萨在中国定居，根据佛经中的记载，结合中国具体情况，为四大菩萨选定了各自的道场。自南宋以来，就有"金五台、银普陀、铜峨嵋、铁九华"之说。

【5】有的佛教名山之所以著名，是因为它们是中国佛教宗派的祖庭，曾有名僧在那里立宗传法，在国内外产生了深远的影响。佛教不同宗派的出现，有多方面的社会原因，也是佛教中国化的标志。到了隋唐时期，佛教宗派林立，主要的有净土宗、天台宗、三论宗、唯识宗、华严宗、禅宗、律宗、密宗等八个宗派。这些宗派都有各自的创始者和主要继承人，他们对佛经和佛理有自己的理解和创造，被奉为各宗派的祖师。祖师们创立宗派和从事传法活动的寺院，也就成了各宗

极乐世界 jí lè shìjiè (Buddhism) the land of Ultimate Bliss

清心寡欲 qīng xīn guǎ yù purify one's heart and reduce the number of one's desires

处所 chùsuǒ place; location

掩映 yǎnyìng (of things screening part of each other from view) show off (each other)

缭绕 liáorào curl up; wind around

肃穆 sùmù solemn and respectful

虔诚 qiánchéng pious; devout

崛起 juéqǐ rise to prominence

特色 tèsè characteristic

森严 sēnyán strict; stern; forbidding

芸芸众生 yúnyún zhòng shēng all living things

高不可攀 gāo bù kě pān too high to reach

崇拜 chóngbài worship; adore

林立 línlì (of masts, smokestacks, derricks, tall buildings, etc.) stand (in great numbers) like a forest

145

派的祖庭。这些祖庭，大多在风光秀丽的山林之中，在中国佛教史上有重要意义，所在之地自然成为地位特殊的佛教名山。例如：庐山是净土宗的祖庭。高僧慧远路过浔阳，见庐山幽美清静，适宜于修心养性，就在这里住了下来。他在这里建起了东林寺，与信徒创立"莲社"，后来被尊为净土宗的初祖。又如：天台山以天台宗祖庭而著名。高僧智者大师住在金陵城，常感喧闹嘈杂不利于坐禅修道，向往清净的山水之间。他梦见一山水佳处，有僧人伸手召唤，就率弟子来到天台山，创立了很有影响的天台宗。

【6】中国众多的佛教名山，不仅是佛教胜地，而且又是文化宝库。那气势雄奇的山中佛国，那宏伟壮丽的建筑群体，那精湛的艺术创造，都凝聚着我们先人的劳动和智慧。你想看看保存至今最古老的建筑吗？你想欣赏古代雕塑艺术和绘画艺术的瑰宝吗？那就到佛教名山去旅游吧。你想了解佛教文化吗？你想领略佛教对中国的影响吗？那就到佛教名山去旅游吧。

（选自 1998 年 7 月 31 日《人民日报》海外版，作者：郑国铨。有删改。）

喧闹 xuānnào noisy
嘈杂 cáozá noisy
胜地 shèngdì a famous scenic spot
宝库 bǎokù treasure-house
精湛 jīngzhàn consummate; exquisite
凝聚 níngjù condense; coagulate or curdle
瑰宝 guībǎo rarity; treasure; gem
领略 lǐnglüè have a taste of; appreciate; understand

四、文化点注释

1. 佛教　世界上主要宗教之一，相传公元前 6 至 5 世纪创立于古印度，广泛流传于亚洲的许多国家。
2. 释迦牟尼　相传为古印度达毗罗国(今尼泊尔境内)王子，佛教创始人。
3. 祖庭　佛教宗派创始者创立宗派和从事传法活动的寺院。
4. 佛　佛教徒对其教主释迦牟尼的尊称，也泛指修行圆满的人。
5. 菩萨　佛教指修行到了一定程度、地位仅次于佛的人。
6. 道场　和尚或道士做法事的场所，也指所做的法事。

五、练 习

(一) 选择对下列句子的正确理解：

1. 中国的许多名山,多与佛教有着密切的联系

    A. 凡是跟佛教有关的山,都很有名

    B. 所有名山都跟佛教有关

    C. 山跟佛教联系越密切,就越有名

    (D). 跟佛教有关的名山很多

2. 不少佛教名山原本是荒山,僧人来此坐禅修道,逐渐招来众多的僧徒和信众,才开始对这些荒山野林的开发。

    (A). 佛教的传播,促进了荒山的开发

    B. 佛教名山原来都是荒山

    C. 僧人修道的目的,是为了开发荒山

    D. 僧人开发荒山的行动招来了许多僧徒和信众

3. 佛是至高无上的。菩萨仅次于佛……

    A. 菩萨的地位比佛低得多

    (B). 佛是第一位的,菩萨处于第二位

    C. 菩萨和佛地位差不多

    D. 很难说菩萨和佛谁地位更高

4. 佛异常崇高,然而也因此而使人感到高不可攀。

    A. 佛崇高,但并不是无法接近的

    (B). 佛太崇高了,让人无法接近

    C. 佛崇高得叫人觉得可怕

    D. 人们无法接近佛,因而觉得它很崇高

5. 这些祖庭,大多在风光秀丽的山林之中,在中国佛教史上有重要意义,所在之地自然成为地位特殊的名山。

    (A). 祖庭所在的山林,成了佛教名山

    B. 风光秀丽的山林,在佛教史上有重要意义

    C. 佛教的祖庭都建在风光秀丽的山林中

    D. 这些祖庭因为风景很美而成为名山

(二) 结合课文内容阅读下列句子并选择恰当的词语替换句中画线词语：

1. 佛教在山林中的传播起了<u>关键</u>的作用。

147

A. 比较重要　　　　　B. 非常重要
C. 不太重要　　　　　D. 无关紧要

2. 僧人为什么选择山林从事佛教活动呢?
   A. 进行　　　　　　B. 做事
   C. 处理　　　　　　D. 安排

3. ……其中最著名的当数"四大佛教名山"。
   A. 当然　　　　　　B. 应当
   C. 正当　　　　　　D. 相当

4. 佛异常崇高,然而也因此而使人感到高不可攀。
   A. 不正常　　　　　B. 跟其他的不一样
   C. 特别　　　　　　D. 平常

5. 在上千处的佛山中,称得上佛教名山的有220多处。
   A. 可以被称作　　　B. 受到这样的称赞的
   C. 与这个名称相称的　D. 有这样的称呼的

6. 不少佛教名山原本是荒山,……
   A. 根本　　　　　　B. 基本
   C. 从来　　　　　　D. 原来

7. ……千姿百态的山林吸引着佛门弟子。
   A. 吸收　　　　　　B. 引诱
   C. 招引　　　　　　D. 吸取

8. 高僧慧远途经浔阳,见庐山幽美清静,适宜于修心养性,就在这里住了下来。
   A. 适合　　　　　　B. 合适
   C. 适应　　　　　　D. 相宜

9. 天台山以天台宗祖庭而著名。
   A. 用　　　　　　　B. 在
   C. 因　　　　　　　D. 以为

10. 他们对佛经和佛理有自己的理解和创造,被奉为各宗派的祖师。
    A. 尊重　　　　　　B. 信仰
    C. 接受　　　　　　D. 献给

(三)根据课文内容判断下列句子对错:
1. 佛祖释迦牟尼曾在山林中修行。　　　　　　　　　　　　(　)
2. 中国最有名的佛教名山是五台山、峨眉山、普陀山和九华山。(　)
3. 佛教讲究众生平等,因而佛国世界不存在什么等级。　　　(　)

148

4. 突出对菩萨的崇拜，是佛教中国化的一个表现。　　　　(✓)
5. 四大佛教名山，分别代表四大菩萨的道场。　　　　　　(✓)
6. 慧远是天台宗的祖师。　　　　　　　　　　　　　　　(✗)
7. 天台山的东林寺，是"莲社"活动的场所。　　　　　　　(　)
8. 佛教名山体现了中国的建筑、雕刻与绘画艺术成就。　　(　)
9. 中国佛教的八大宗派，形成于隋唐时期。　　　　　　　(✓)
10. 佛教各宗派的创始者和继承人，往往把寺院建在风光秀美的山林中。　　　　　　　　　　　　　　　　　　　　　　(　)

(四)概括段落或全文大意：

1. 本文第2段主要内容是：
   A. 佛教名山崛起的客观条件
   B. 僧人选择山林从事佛教活动的原因
   C. 佛教的性质决定了佛教名山的崛起
   D. 寺院建在山林中有利于佛家修行

2. 本文第5段介绍的是：
   A. 佛教不同宗派的出现
   B. 隋唐时代的佛教
   C. 某些宗派的祖庭所在地成为佛教名山
   D. 佛教宗派形成的社会原因

3. 全文的主要内容是：
   A. 中国的四大佛教名山
   B. 中国的佛教名山有哪些
   C. 佛教名山的形成
   D. 佛教名山是中国文化的宝库

(五)选择合适的词语填空：

传播　开发　制约　探讨　向往　虔诚　崛起　吸引
被誉为　　崇高　凝聚　领略　反映　适宜　崇拜

1. 他是一个 虔诚 的基督教徒。
2. 如果环境污染问题得不到解决，就会 制约 经济的发展。
3. 他们绿化荒山的经验很快在县里 传播 开。
4. 长城 吸引 着来自世界各地的游客。
5. 这部电影是 反映 中国留学生在美国的生活的。

6. 由于交通不方便,这儿的矿产资源还没_____过。
7. 西安的兵马俑_____世界第八大奇迹。
8. 这里的气候湿润,_____发展种植业。
9. 对于这个问题,专家们还将继续进行深入的_____。
10. 深圳是改革开放以后迅速_____的一个新兴城市。
11. 这项成果_____了几代科学家的智慧和汗水。
12. 居住在都市的人们,大多_____乡村宁静的生活。
13. 她心中始终怀着一个_____的理想,所以面对困难一点儿也不动摇。
14. 通过参观历史博物馆,同学们_____了中华文化的悠久历史和辉煌成就。
15. 圣女贞德是很多女孩心中_____的英雄。

略 读

课文(一) 中国四大名山与佛教文化

一、提示与要求

全文约2000字,要求15分钟内读完(一遍),然后做练习。

二、课 文

俗话说:"天下名山僧占多"。中国四大佛教名山五台山、峨嵋山、九华山、普陀山,都是因佛教而扬名的旅游胜地。

佛教大约在公元前1世纪从印度通过西域传入中国内地。在中国历史上,长期以来流传着这样的传说:汉明帝夜里梦见一个神人,身有日光,飞在殿前。第二天,汉明帝问群臣,此为何人?太史告诉他,听说天竺(印度)有一个得道的人,叫作"佛",能够在空中飞行,并且身上带有日光,皇帝梦见的大概就是这个神人。明帝听后,便派人去西域求佛法。从此以后,佛教开始传入中国,并渐渐兴盛。

从魏晋到南北朝这400～500年间,佛经的翻译与研究日渐发达。到了隋唐时期,逐渐形成了各种佛教宗派,如天台宗、华严宗、禅宗等等。而宗教活动大多集中在名山幽谷中,因为名山幽谷空旷寂静,符合教义的超越红尘、清心寡欲的规定。也正因此,四大名山才与佛教结下了不解之缘。

五台山位于山西省五台县东北部,最高峰海拔3000米,由五座山峰环抱而成。这五座山峰的峰顶,不是尖的,而是个平台,所以叫五台山。

作为佛教圣地的五台山,有着悠久的历史。据史书说,东汉时,印度僧人来中国传扬佛教,称五台山为文殊菩萨说法的道场,奏请汉明帝在此建寺。从那时起,五台山便成为中国的佛教中心之一。菩萨,在佛教中是仅次于佛一级的圣士。文殊菩萨在各大菩萨中智慧第一。

走进五台山,首先看到的是舍利大白塔,在青山绿树之中,高耸的白塔格外醒目。这座塔有70米高,从上到下呈圆形,结构匀称,气势雄壮。高大的白塔被人们看作是五台山的标志。

显通寺,是五台山最古的寺庙,最早建于汉明帝永平年间。寺庙面积8万平方米,各种建筑400间。门前钟楼雄伟壮观,内悬万斤铜钟,击声可及全山。

佛光寺,位于五台县城东北32公里,三面环山。该寺建于北魏,隋唐时期十分兴盛,名声远及日本。寺内还有唐代塑像、壁画、汉白玉雕像等。唐代是中国佛教发展的极盛时期,而佛光寺内的文物,可以说是中国佛教艺术的精华所在。

峨嵋山在四川峨嵋县西南部,巍峨秀丽,群峰挺拔,素有"峨嵋天下秀"之称。峨嵋山历史悠久,早在东汉时期,佛教各派就开始在山上创建寺庙,晋代山上始建普贤寺,现在叫万年寺,后来逐渐演变为普贤菩萨东来道场。

峨嵋山主要寺庙之一的万年寺内,有一尊铜铸普贤骑象的像,整个铸像通高7.35米,重62吨。普贤端坐象背莲台之上,头戴五佛金冠,手执如意,体态丰润,神情安详。

金顶佛光是峨嵋山的一大奇观。金顶是峨嵋山上的一个小平原,也是游山所登最高处。如果午后红日高悬,暗光岩前白云平铺,云层之上就会出现五彩光环,有时重叠数层,明亮艳丽。佛教徒说它是菩萨头上的光环。据说影入佛光,可获吉祥,故名"金顶佛光"。

九华山位于安徽省青阳县境内,有99峰,素有"江南第一山"、"佛国仙城"之称。唐代,古新罗国(今朝鲜)僧人金乔觉航海来中国,游至九华山,寄居山洞里,99岁圆寂。后被僧徒当作地藏菩萨的化身,以九华山为地藏王道场,此后山区寺庙林立,使九华山成为中国四大佛教名山之一。

地藏菩萨的美称尊号是"大愿地藏"。据佛经故事说,他曾发下大誓愿:一定要尽度众生,拯救各种苦难,才升级为佛。

化成寺,在九华山中心,为九华山开山寺。现在寺内藏经楼收有历朝皇室赐予的经书6700卷。

月身宝殿,在九华山神光岭。这是在金地藏的墓地上构筑的一座塔形庙宇。地藏王的塑像坐在殿内的木质黄金塔内,神态自若,金光灿烂。

普陀山位于浙江东北部的普陀县,是舟山群岛中的一个小岛。相传普陀山是南海观世音说法的道场,所以山上的寺庙都以供奉观世音为主。观世音菩萨是汉化佛教中最著名的菩萨。她对一切人救苦救难,不分贵贱贤愚。隋唐时期,观音已逐渐获得社会上普遍信仰。

普陀山作为佛教圣地的历史是从公元916年即五代后梁贞明二年开始的。当时有位日本和尚叫慧锷,从中国五台山请得一尊观音像。他在回国途中,船航行到普陀山附近,遇风触礁。他祈请观音,得到不肯去日本愿留中国的灵示,于是就在普陀山潮音洞前的紫竹林,和当地老百姓一起修建了寺院,供奉这尊观音像,取名"不肯去观音院"。这就是普陀山最早的寺院。

普陀山三大寺庙慧济寺、法雨寺、普济寺之中,数普济寺最大。在每年农历二月十九、六月十九,观音菩萨的生日和成道日,这里的佛事最为隆重。香客、佛教徒结队前往朝拜,普济寺内香烟缭绕,钟声阵阵,热闹非凡。

(选自《神州学人》1998年第10期,作者:徐春。有删改。)

三、练 习

(一)根据课文内容判断下列句子对错:

1. 佛教是在公元1世纪时传入中国的。 ( )
2. 五台山的名称跟它的地理位置有关。 ( )
3. 显通寺是五台山的标志性建筑。 ( )
4. 峨嵋山一开始便是作为普贤菩萨的道场而修建的。 ( )
5. 普贤菩萨是智慧的化身。 ( )
6. "金顶佛光"的景观出现于五台山佛光寺。 ( )
7. 一位日本僧人航海来到中国九华山,后被僧徒们当作地藏菩萨的化身。 ( )
8. 普陀山是位于浙江省东北海面上的一个小岛。 ( )

(二)根据课文内容选择正确答案:

1. 佛教最初兴起于:
   A. 中国   B. 印度
   C. 西域   D. 日本

2. 中国各种佛教宗派形成于:
   A. 汉代   B. 魏晋
   C. 南北朝   D. 隋唐

3. 五台山什么时候成为佛教中心?

A. 汉代 B. 北魏
C. 隋唐 D. 明代

4. 峨嵋山是哪位菩萨的道场？
   A. 文殊 B. 普贤
   C. 地藏 D. 观音

5. "佛国仙城"指的是：
   A. 五台山 B. 峨嵋山
   C. 九华山 D. 普陀山

6. 汉化佛教中最有名的菩萨是：
   A. 文殊 B. 普贤
   C. 地藏 D. 观音

7. 普陀山最早的寺院是哪国僧人跟当地老百姓一起修建的？
   A. 印度 B. 西域
   C. 朝鲜 D. 日本

课文（二）　轻装上阵，有备而行
——旅行装备经验谈

一、提示与要求

全文约1700字，要求12分钟内读完（一遍），然后做练习。

二、课　　文

即将远行，心里往往激动不已，可是也会费不少神，到底该带些什么东西呢？很多人心里没数。往往是背着重重的行李，扫了玩兴，或者许多必需品未带而出现尴尬情形。下面依我多年出行总结出的经验谈一下旅行装备问题。

旅行的基本装备可以分为以下四大类：用具、衣物、药品、食品。

一、用具类

除最基本的洗漱用品如牙具、香皂、毛巾、男士的剃刀、女性的少量化妆品以外，还应携带小指南针、地图、瑞士军刀、手电、打火机、别针、针线盒、列车时刻表、笔和本。指南针和地图是判别方向、避免迷路的重要工具，特别是那些容易转向的人，更应把它作为必需品。瑞士军刀一般有十几种或更多的用途：刀、锯、剪、改锥、起瓶器等等，虽价格不菲，但绝对是物有所值，有了它，旅途中的许多问题便可解决。旅游过程中有许多夜间活动的机会,许多地方是没有路灯的,所以有必要携带一把手电。特别是夜间登山和洞穴探险之类的活动更应备有全天候防水手电。这种手电多为全塑、密封设计,有重量轻、易携带、防水、光量大的特点,用起来很顺手。旅行途中,常会有衣物或背包破损现象,别针和针线能迅速解决问题。许多人都曾有过这样的经历:出门在外,要想找人借笔和纸用,城市尚不容易,旅游区就更难了,如果你想写些东西或是解决语言不通等问题,养成出门带笔和本的习惯会给行程带来方便。

另外还有一些不起眼的小东西在旅行途中会派上大用场。

大方巾,是一种非常有用的东西,以至于越战时的美军士兵几乎人手一张。它既可在东西较多时当包袱用,又可在沙漠地区围在头上挡风沙防日晒;冬天可以围在脖子上保暖,夏天可以用来当毛巾擦汗;当你受外伤上臂骨折时,将大方巾对折以后,把伤肢兜住,方巾两个长头在颈后打结,再用一条绳带横向将伤肢同躯干绑扎在一起,可简易地固定伤肢,以利于进一步的救治。塑料袋和塑料鞋套也很有用,塑料袋可以分装你购买的东西,可以将淋湿未干的衣物同其他东西隔开,可以将照相器材和干燥剂一道包起扎紧,以防受潮。下雨时把塑料鞋套套在脚上可以使鞋子免被打湿弄脏,还可将相机放在鞋套中,鞋套的松紧口扎在相机镜头上,这样就可尽享雨中拍照的乐趣了。

二、衣物

所带衣物应视即将前往地区气候情况而定,但应遵循少而精、轻薄保暖的原则。一般有两套常穿衣服即可,多带会成为累赘,应带体积小、重量轻且较耐脏的尼龙绸等类服装。袜子要多带,三四双都可,行程中要大量步行,所以脚的保养很重要,除经常以温水洗脚外,能总穿着一双干爽、柔软的袜子,无疑会让你脚下生风,心情舒畅。每次出行都应带上雨衣,以防下雨。雨衣应选那种较薄的塑料雨衣,既轻又不易被风吹起,携带和使用都很方便。另外依我的经验,外出带一件羽绒背心,总能感觉恰到好处,它轻便,叠压后体积小,保暖性良好,又可透气,特别是在昼夜温差较大的山地、沙漠地区更为有用,所以无论是何季节,它都是我外出背包中的必带之物。

三、药品

经常外出旅游的人应在平时注意多学一些医药保健常识,特别要学一些急救方面的知识,如人工呼吸、外伤止血等紧急处置的方法,这对自救和救人都会起到决定性的作用。每次出行都应带一个小医药包,备些常用药,不要等病倒后再到处找药。常备药应包括:感冒药、肠胃药、止痛药、中暑药、晕车药、外伤止血药或创可贴及纱布。此外,可带上一些橡皮膏,既可以粘破损的东西,又可以包扎伤口,还可以剪一块一寸见方的贴在肚脐上,能有效地防止晕车,用处很多。还应带一瓶医用酒精棉,它除可作外伤清创用,也可为高烧病人降温,在无水洗手时可用它消毒,而且在特别情况下,可以用它来引火、取暖、做饭。看起来好像东西很多,但只要精心安排,它们并不会占太多的空间,而且这些会是旅途安全、舒适的绝对保障。

　　四、食品

　　在旅游途中,因较疲劳,食欲会有所下降,一般预计三顿吃完的食物要吃四五顿,这点作计划时应注意。为补充体力,要带一些高热量和高营养的食物。

　　主食类如方便面等可多带一些,因为在车上和风景区会很贵;肉类如叉烧、香肠应选真空小包装的,以便保存、携带;再加上一点小酱菜就基本能解决吃饭问题了。为了增加营养和热量,可带一些干化水果和巧克力。若进行大运动量的活动如登山等,还可带一些葡萄糖粉和精盐,在大量出汗以后,喝一些糖盐水,很利于体力的恢复。若有条件,带一点压缩饼干、牛肉、鱼类罐头作为食品储备,在缺乏食物来源的情况下,能帮你走出绝境。此外,口香糖和咖啡则会为你的旅行增添一些情趣,帮你打发旅途中的寂寞时光。

　　以上所列物品外,你可根据情况增减,并在每次出行前列表一一对照,以防遗漏。这样,一路行程你必会大显从容的英雄本色。

　　　　　　　　　　　(选自《旅游》1998 年第 5 期,作者:沈光。有删改。)

三、练　　习

(一)根据课文内容选择正确答案:

1. 本文介绍的是:

　　A. 旅行中的经验

　　B. 旅行前要做哪些准备

　　C. 旅行时应带哪些东西

　　D. 怎样才能使旅行更愉快

2. 作者认为:

　　A. 旅行时东西带的越多越好

　　B. 为了使旅行更轻松,带的东西越少越好

　　C. 旅行时最重要的装备是药品

　　D. 旅行时应带一些必需品

3. 对于容易转向的人,旅行中的必需品是:

　　A. 指南针和地图　　　　　B. 手电

　　C. 列车时刻表　　　　　　D. 笔和纸

4. 瑞士军刀的价格：
   A. 不贵   B. 不便宜
   C. 不一定   D. 本文没有提
5. 为了防雨，作者认为该带：
   A. 塑料雨衣   B. 雨伞
   C. 全天候防水手电   D. 羽绒背心

(二)根据课文内容判断下列句子对错：
1. 旅行中带瑞士军刀的主要目的是为了防身。   (   )
2. 纸和笔在旅途中很容易借到，没有必要带。   (   )
3. 一些看起来没什么用途的小东西，往往在旅途中可以发挥很大的作用。
                                                              (   )
4. 旅行中带的衣物越厚越好，这样可以保暖。   (   )
5. 旅行中准备一些常用药是必要的。   (   )
6. 出门时不必带方便面之类的食品，因为这些东西车上和旅游点都
   有卖的。   (   )
7. 在旅游途中，因为疲劳，体力消耗大，食欲会增加，一般预计四五
   顿吃完的食物往往三顿就吃完了。   (   )
8. 一些干化水果和巧克力等能补充体力，增加营养和热量。   (   )

课文(三) 五月游苏南

一、提示与要求

全文约1300字，要求10分钟内读完(一遍)，然后做练习。

二、课 文

一直想去苏南。5月上旬，我们一行7人，乘463次列车，中午1点40从北京站出发，直奔无锡。

在车上睡了一夜，次日中午1点40晚点到达。待住处安排下来，离晚饭还有一段时间，打个出租车到市中心逛街去。乘公共汽车也很方便。无锡的特产主要有酱排骨、油面筋、豆腐干、惠山泥人等。经人指点，到泥人一条街上走走，三两元一个泥娃娃，千姿百态。笑嘻嘻的胖阿福和各种精致的彩绘脸谱，拿起来就放不下。晚饭后可以泡泡茶酒楼，一壶新茶或老酒，伴以丝竹管弦，消费档

次多样,我们选大众化的,一群人才几十元,配点小吃挺好。无锡是著名的二胡之乡,因为瞎子阿炳和二胡演奏家刘天华而更具盛名,连一些茶酒楼的招牌都用"二泉映月"这样的名字,看了就让人喜欢。

次日一早,乘车前往灵山拜大佛。天下名山僧占多,灵山环境优美,草木葱茏。置身其中,花艳草香,清新袭人。

到宜兴后乘车去善卷洞,造型奇特的岩溶地形,和北京郊县的一些景点类似。不同的是这里除了洞还有飞瀑和地下湖。离善卷洞不远是英台书院,相传是祝英台读书的地方,还有英台阁等建筑。宜兴以紫砂闻名,有悠久的制陶历史。参观宜兴陶瓷博物馆,可以饱览古今中外的陶瓷精品,特别是宜兴紫砂制品的风格。离开宜兴前,少不了买些小玩艺儿。玲珑的紫砂壶和四只小茶杯,小得可以全摆在掌心上,要价5元。砍掉一半都能成交。当然珍品价格不菲。据介绍,上等的紫砂壶必是严丝合缝,壶盖和壶身密得插不进一根头发。

到了无锡,自然要去苏州。好在有高速公路,开车40分钟就到。苏州园林刚被列为世界文化遗产,当地人说,如果不是市区里新修的一条路破坏了原貌,整个苏州城都要被列入清单的。但是没人后悔,因为路不修,老百姓太苦了,交通不便,改善生活总要有点代价。

上午去拙政园,门票25元,市民优惠,据说苏州所有园林都对高龄老人实行免费。正赶上第二届拙政园杜鹃花节,小桥流水之外,花色缤纷。拙政园是古城苏州最有代表性的园林,也是明代园林建筑的杰作。园中以水为主,缀有花圃、竹丛、果园、盆景、桃林,近乎自然风景。

将近中午,下起雨来。便餐后去寒山寺。据传,唐初两僧人寒山、拾得曾在此主持。雨中游寺,香客众多,黄墙古钟,在淅沥的雨声里显得寂静而辽远。

游园完毕,开始购物。苏州多丝绸,买两件衣服扯一块真丝料子给亲友,是份心意。绢伞也不错,鲜艳的绢布上绘有花卉图案,竹制伞骨干净爽亮,一把25元,在北京当阳伞颇显风情,挂在墙上当装饰也很有江南特色。檀香扇更是特产,常见的小扇子10元钱3把,上有精致的镂空花纹,檀香拂面,送人照样拿得出手。

晚上9点44的火车,不走不行了。苏南真是个好地方,有时间真想多住些日子。气候湿润,菜鲜鱼肥,难怪江南人都生得白白净净。最后品一品太湖碧螺春,带着满腹余香上车。410次列车将在次日下午4点40到达北京。

三、练 习

根据课文内容选择正确答案:

1. 第二段画线句子的意思是这些泥娃娃:

A. 价钱很贵

B. 特别可爱

C. 不买就不能用手碰

D. 拿起来感觉很沉

2. 有关无锡,哪种说法不对?

A. 公共交通很方便

B. 有很多特产,包括小吃和手工艺品

C. 茶酒楼档次都很高

D. 瞎子阿炳和陈天华都是无锡人

3. 有关宜兴,可以了解到:

A. 普卷洞的岩溶地形和北京郊县的一些景点没有区别

B. 英台阁就是英台书院

C. 紫砂壶价格都很便宜

D. 从很早以前就开始生产陶瓷

4. 有关苏州,我们可以了解到:

A. 整个苏州城已被列入世界文化遗产

B. 苏州城原来交通不方便

C. 苏州的百姓生活很艰苦

D. 现在苏州城仍然保持着原来的样子

5. 关于拙政园,哪种说法不对?

A. 是苏州代表性园林

B. 杜鹃花节在五月份举办

C. 是明代时修建的

D. 对市民实行免票

查 阅

课文(一) 旅游广告(之一)

一、提示与要求

全文约200字,要求1分钟内查找出问题的答案。

二、问　　题

1. 去黄山旅游的报价是多少？
   答：

2. 想随团出国旅游应提前多少天报名？
   答：

三、课　　文

中国康辉旅行社总社

一、东南亚异国风清游

1. 泰一地…………每周一、四出团…………4600元
2. 泰澳……………每周四出团……………6480元
3. 泰港……………每周四出团……………6680元
4. 新马泰…………每月20日出团…………8600元
5. 新马泰港澳……每月20日出团…………10800元

二、国内旅游线路精选

1. 海南5日双飞…………每周五出团……………3580元
2. 昆明/版纳7日四飞……每周四出团……………4550元
3. 长江三峡豪华游………每周一出团……………3780元
4. 黄山四日双飞…………每周日出团……………2280元
5. 武夷山/厦门5日双飞…每周五出团……………3480元

注：出国旅游团请提前45天报名

出境旅游咨询电话：66180302、66189533、66187631—3241

国内旅游咨询电话：66186833、66187631—3242、3225

特价机票：66151633、66159435（免费送票）

地址：地安门西大街57号（什刹海体校内）

课文（二） 旅游广告（之二）

一、提示与要求

全文约300字，要求2分钟内查找出问题的答案。

二、问　题

1. 随团去三峡旅游，至少需几天时间？
   答：

2. 新婚夫妇劳动节期间随团去桂林旅游有什么优惠？
   答：

三、课　文

中国太和旅行社三九国际旅游部
北京友联旅行社
中国太和旅行社三九旅游前门营业处

1. 三峡豪华⋯⋯⋯⋯双飞6日游⋯⋯⋯⋯4月29日发团⋯⋯⋯⋯3580元
2. 三峡豪华⋯⋯⋯⋯双卧8日游⋯⋯⋯⋯4月28日发团⋯⋯⋯⋯2680元
3. 昆明/大理/石林/版纳/缅甸⋯⋯⋯⋯4飞8日游⋯4月27日发团⋯⋯⋯⋯4850元
4. 桂林/漓江/阳朔/冠岩⋯⋯⋯⋯双飞4日游⋯每周五发团⋯⋯⋯⋯3250元
5. 厦门/武夷山⋯⋯⋯⋯3飞6日游⋯⋯⋯⋯4月28日发团⋯⋯⋯⋯3750元
6. 海南⋯⋯⋯⋯双飞6日游⋯每周五、六发团⋯⋯⋯⋯3750元
7. 海南⋯⋯⋯⋯双飞5日游⋯每周五、六发团⋯⋯⋯⋯3580元
8. 黄山/九华山/太平湖⋯⋯⋯⋯双飞6日游⋯每周三发团⋯⋯⋯⋯2580元
9. 黄山一地⋯⋯双飞6日游⋯⋯⋯⋯每周五发团⋯⋯⋯⋯2180元
10. 北海/越南/鸿基/亚龙湾⋯⋯双飞6日游⋯4月29日发团⋯⋯⋯⋯3780元
11. 泰山/曲阜⋯⋯⋯⋯双卧4日游⋯⋯⋯⋯每周五发团⋯⋯⋯⋯640元

注：前四条线路在5月1日期间对新婚夫妇实行9.5折优惠

地址：北京市朝阳区呼家楼宾馆516室
电话：69528328、65928329、65068833—3402、3615

地址:西城区百万庄子区 38 号楼 302 室(国家计委招待所)
电话:68315927、68325651
地址:前门廊房头条前新饭店二层
电话:63013823、63032331—5216

课文(三) 北京的旅游资源(之三)
——寺庙道观

一、提示与要求

全文约 600 字,要求 4 分钟内查找出问题的答案。

二、问　　题

1. 为什么民间有"先有潭柘寺,后有北京城"之说?
   答:

2. 云居寺所藏的石经刻板是什么朝代的?
   答:

3. 北京最大的伊斯兰教寺院是哪一座?
   答:

三、课　　文

　　中国是个多民族的国家,也是个多种宗教并存的国家,北京作为五代古都,至今仍有许许多多历尽千百年的宗教场所,信徒众多,香烟缭绕。
　　潭柘寺　位于京西门头沟区境内,始建于晋代,至今已有 1600 年的历史,民间有"先有潭柘寺,后有北京城"之说。殿堂依山而势,古朴雄奇,环境清幽,三圣殿侧的帝王树历经千年,粗壮高大。
　　戒台寺　位于门头沟区,始建于唐代武德年间,至今已有 1300 年历史。此寺因辽代高僧法均曾在此建坛传戒而名声远扬。寺内奇松颇负盛名,如卧龙、九龙、抱塔、莲花和活动松等。

云居寺　位于京西南75公里处的石经山脚下,始建于隋代,寺院东北的石经山上凿有九个石洞,藏有隋唐至明末的石经刻板4万余方,堪称我国石经之最。云居寺附近还保存有唐辽时期的石塔、碑刻等珍贵文物,著名的唐塔、曝经台等建筑十分精美。

白云观　位于西城区西便门附近,始建于唐代,被誉为"洞天胜境",是道教全真派的"天下第一丛林",全真龙门派的祖庭,观内老君坐像为唐代所制,观前影壁所嵌"万古长春"四字出自元代书法家赵孟頫之手。

礼拜寺　位于宣武区牛街,是北京市规模最大、历史最久的清真寺,始建于辽代。主体建筑有礼拜寺、梆歌楼、望月楼和碑亭等。寺内的碑碣和香炉为明清之物。现在,牛街礼拜寺为中国伊斯兰教协会所在地。

(选自《旅游》1990年第9期,作者:弓九。有删改。)

课文(四)　雍和宫——民族团结的历史见证

一、提示与要求

全文约1800字,要求12分钟内查找出问题的答案。

二、问　　题

1. 雍和宫是什么教的寺院?
   答:

2. 雍和宫最初是做什么用的?
   答:

3. 信仰喇嘛教的主要有哪两个民族?
   答:

4. 乾隆皇帝的《喇嘛说》使用了几种文字?
   答:

5. 金瓶掣签制始于何时?
   答:

6. 被载入吉尼斯记录的大佛是用什么材料雕刻的?
   答:

7. 为祝贺乾隆皇帝七十生日而进京的喇嘛教领袖是谁?
   答:

三、课　文

　　雍和宫坐落在安定门内,是北京市最大的藏传佛教寺院。在这片芳香的土地上,不仅有著名的雍和宫木雕"三绝",而且有大量实物资料,表现了我们多民族国家统一的历史。

　　雍和宫集建筑、园林、宗教、艺术于一体,以动静结合的生命力和演示,烘托出其博大精深的文化内涵和庄严肃穆的环境气氛。它形象地记录着雍和宫的历史和现状,构成了雍和宫永恒的主题。

　　雍和宫始建于康熙三十三年(1694年),占地6.6万平方米,初为雍正皇帝的府邸,乾隆九年(1744年)改为喇嘛庙。乾隆皇帝改建此庙的目的,不是作为单纯的宗教活动场所,而是在处理国内民族关系方面的重大举措。因为乾隆深深了解蒙藏民族对喇嘛教(也称黄教、藏传佛教)的虔诚信仰和绝对服从,才把雍和宫作为国教的中心备加推崇,利用边远地区民族的宗教势力,以达到安邦治国的最终目的。

　　改建后的雍和宫,前半部按汉族佛寺的通例"迦蓝七堂"式,在后半部则依其政治上的需要,完全仿照藏式风格的正规寺院。设四学殿,即显学殿、密学殿、时轮殿、医学殿。各殿均备有众多的藏文经典、佛像等。雍和宫在鼎盛时期喇嘛达八百名。

　　在雍和宫殿前,有座御碑亭,内竖乾隆五十七年(1792年)弘历用满汉藏蒙四种文字写的《喇嘛说》碑,碑文既讲明了藏传佛教的命名、来源和发展,又阐明了清政府今后对蒙藏等地区宗教政策的总方针。乾隆皇帝针对当时活佛转世存在的弊端,规定了金瓶掣签的具体措施,以使这项具有最高法律效力的制度"万世遵循"。清乾隆以后乃至民国期间,直至新中国成立后至今,仍按这种历史定制和宗教仪轨进行。当时,这是加强中央政权对蒙藏政教权力中枢的控制,它的实行,更加明确了西藏地方和清中央政府的从属关系,增强了中央政府在蒙藏等地的威望,得到了当时达赖喇嘛和僧侣民众的拥护和支持,对于加强民族团结,有着深远影响。雍和宫从那时起,实质上已成为清帝处理蒙藏问题的权威和地位最高的政治中心。今存雍和宫内的珍贵文物"金奔巴瓶",就是我国民族团结的最有力的实物例证;《喇嘛说》也是一座民族团结的历史丰碑。

在这里,还有体现民族团结的万福阁和法轮殿,其中,万福阁内供奉一尊地上高18米、地下8米的弥勒大佛,相传是由一棵白檀树雕刻而成,此树是由第七世达赖喇嘛从西藏向乾隆皇帝进贡的。1990年,这尊大佛已被载入吉尼斯记录大全,由国宝升为人类之宝。

在万福阁的北面,还有专门为六世班禅进京祝贺乾隆皇帝七十寿辰而建的班禅楼和戒台楼。这一重大历史事件,在我国民族关系发展史上,已成为历代广为传颂的佳话。

在雍和宫改庙至今已逾两个半世纪的历史长河中,雍和宫以它独具的特色,不仅造就了中央和蒙藏等地方"谁也离不开谁"的大一统局面,而且在弘扬传统的民族宗教文化中,增进了民族间的友好往来和文化交流。

(选自1996年5月7日《北京日报》,作者:黄崇文。有删改。)

阅读知识　记叙文2　游记

游记,是散文的一种,以轻快的笔调,生动的描写,记述游览中的所见所闻所感,如某地的山川景物、风土人情、名胜古迹、社会生活等等。阅读教程中的《五月游苏南》(第四单元)就是一篇游记。

在阅读游记时,我们应注意以下几个问题:

一是抓住景物特点。游览过程中,所见所闻很多。作者不是事无巨细、面面俱到地全都写出来,而是抓住景物特点,把最有代表性的、印象最深刻的部分写下来。如《五月游苏南》中写到游览苏州,苏州是个古城,有许多名胜古迹,但作者只着重写了拙政园和寒山寺,而这两处正是苏州最具代表性的景点。在阅读过程中,我们应当注意作者详写哪个部分,略写哪个部分。详写的部分是作者写作时的重点,也是读者阅读时的重点。通过对这部分内容的分析,可以更好地了解景物的特点。

二是要注意作者记叙的顺序。游记最常见的写法是采用第一人称,以"我"游览的先后顺序为线索,安排文章的层次。如《五月游苏南》就是按"我"游览的过程来叙述的。也有的游记是以一个固定的观察点为基点,按照远近高低的空间顺序,进行全方位的描写。抓住作者记叙的顺序,我们就可以从总体上对于景物有一个更清晰的印象。

三是要领会作者的思想感受。游记写的是游览过程中的见闻与感受,以记叙、描写为主,叙述、描写、议论、抒情相结合。在阅读游记的过程中,我们不仅应随着作者的叙述与描写,了解景物的形貌、色彩、声音、气势和变化,还要注意领会作者的思想情怀。如《五月游苏南》,作者用朴素、自然的语言描述了无锡、苏州等地的名胜古迹、风俗特产,我们从中可以体会到苏南古朴优雅的历史文化氛围,也可以体会到作者对苏南的喜爱之情。这样,在阅读游记过程中,我们不但增长了知识,而且得到了美的享受,陶冶了情操。

阅 读 技 能

词语的特殊意义:讽刺性反语;喜爱性反语;诙谐性反语

所谓"反语",就是不直接说本意,而用与本意相反的词语或句子来表达本意,实际意思和表面意思相反,也就是我们通常所说的"说反话"。在特点的场合,用这种方式来表达能增强语言的幽默,启发人深思。使用反语有时为了表示嘲讽,有时为了表示喜爱,有时为了表示诙谐。

一、讽刺性反语。例如:

学了两年英语,连26个字母还认不全,你也太聪明了。

句中的"聪明"应以反面意义来理解,是反语,实际是"笨"。

二、喜爱性反语。例如:

女儿半个月没来信了,妈妈骂道:"这死丫头,上了大学就忘了家了。"

女儿不来信,妈妈很牵挂,这里的"骂"实际表达了想念关心的意思,而"死丫头"则是对女儿的昵称。喜爱性反语大都用消极性词语表示亲密喜爱的感情。例如:日常生活中用"傻孩子"、"淘气包"、"捣蛋鬼"等反语亲昵地称呼晚辈。

三、诙谐性反语。例如:

(1)姐妹正走着,一只狗忽然冲了过来,妹妹尖叫一声躲到姐姐身后。姐姐笑着说:"哎呀,你胆子也太大了。"

(2)由于别人嫉妒,小王又没评上先进。哥哥知道后,拍了拍他的肩膀说:"你真幸运,又被人看中了。"

(1)句中"太大"、(2)句的"幸运"、"看中"分别是"太小"、"不幸"、"嫉妒"的意思。对听话人(妹妹、小王)来说,并不含讽刺之意,而是表示一种风趣诙谐的语气,引人发笑,人与人之间的关系显得和谐、亲切,充满浓郁的生活气息。

正确使用反语可以增强语言的幽默感和感情色彩,加强语言的表现力。

第五单元　　环境保护（一）

通读　保护濒危的东北虎

一、提示与要求

全文约1300字。要求9分钟内读完（一遍），然后做练习。

二、词　语

濒危　珍稀　野生　土畜产　繁殖　皑皑　饲养　迁徙　地域　丘陵
原始森林　性情　凶猛　开垦　粮仓　生态　砍伐　捕杀　濒临
灭绝　跟踪　考察　轰动　赞誉　重返　化石　不复　放归　繁衍
不息　暴烈　养殖场　蜿蜒　拯救　捐款　募捐

三、课文　保护濒危的东北虎

【1】东北虎是一种大型的食肉动物。80年代中期，中国濒危珍稀野生动物管理办公室与黑龙江省土畜产进出口公司在黑龙江省海伦县的张广才岭山下，建立了东北虎繁殖中心，对这一由国家法律明确规定的保护动物进行集中繁殖。这里群山环抱，夏天满目翠绿，冬天白雪皑皑，景色秀丽，是东北虎生活的好地方。目前全球人工饲养和野生的东北虎加在一起不到300只，而这个繁殖中心现在就有东北虎70只。

【2】据考证，中国的东北部是全世界老虎的起源地。几百万年前，虎开始从这个地方向南部迁徙，逐渐散布于中国南部、马来西亚、印度和里海等地区，根据不同的地域分布，被称为华南虎、

词语注释：

濒危 bīnwēi　be in imminent danger
珍稀 zhēnxī　rare and precious
野生 yěshēng　wild; undomesticated
土畜产 tǔxùchǎn　local and livestock products
繁殖 fánzhí　propagate; reproduce
皑皑 áiái　(of snow, frost, etc.) pure white
饲养 sìyǎng　breed, raise; rear
迁徙 qiānxǐ　migrate; move
地域 dìyù　region; terrain; zone

孟加拉虎、里海虎等,而留在中国东北部及西伯利亚的这一支,则被称为东北虎。

【3】中国的东北部包括黑龙江、吉林、辽宁这三个省,邻近俄罗斯和朝鲜。这里的气候,特别是北部的黑龙江省,冬天寒冷多雪,夏季短暂而凉爽。此外,这里有大片的丘陵地区及广阔的原始森林,自然条件很适合东北虎的生长,东北虎因而成为虎类中体形最大,性情最凶猛的一种。

【4】近几十年来,中国东北部地区新的城市不断出现,居民急剧增加,荒地被开垦,建设了许多煤矿、油田和大型工厂。拥有丰富的土地和自然资源的东北三省,已经由中国的落后地区变为中国的"粮仓"和最大的重工业基地之一。

【5】人类活动范围的扩大,不可避免地会带来对原始生态环境的破坏,特别是原始森林的大量砍伐,以及过量捕杀,使被中国人骄傲地视为"兽中之王"的东北虎越来越少,已濒临灭绝。1994年,世界野生动物基金会把东北虎列为世界十大濒危动物的第一位。在中国东北,野生东北虎的数量估计只有30只左右。80年代中期,野生动物学家们曾使用先进的设备和技术对野生东北虎进行跟踪考察,只发现了7只老虎的脚印。

【6】九年前,刚成立的繁殖中心运来了5只种虎,如今繁殖到70余只,实在是个不小的成就。1992年,在日本东京召开了第八届国际濒危动植物种贸易公约组织成员国大会,中国东北虎繁殖中心的工作成就引起了很大的轰动,得到公约众多成员国代表的赞誉。近年来不断有外国野生动物保护专家、学者前来中心进行考察。

【7】保护野生动物的最终目标是让它们能够重返自然界,自由自在地生活,而不是一直被关在人类的笼子里,成为"活化石"。对于东北虎来说,人工饲养数量现在已经是野生数量的近十倍,野生种群已不复存在,所以要加强对人工饲

丘陵 qiūlíng hills
原始森林 yuánshǐ sēnlín primeval forest
性情 xìngqíng disposition; temperament
凶猛 xiōngměng fierce
开垦 kāikěn bring under cultivation
粮仓 liángcāng granary; garner
生态 shēngtài ecology
砍伐 kǎnfá fell
捕杀 bǔshā catch and kill
濒临 bīnlín be close to; border on
灭绝 mièjué become extinct
跟踪 gēnzōng follow the tracks of
考察 kǎochá inspect; make an on-the-spot investigation
轰动 hōngdòng cause a sensation
赞誉 zànyù praise; acclaim

重返 chóngfǎn return
化石 huàshí fossil

不复 bùfù no longer

养的东北虎进行野化训练,使其适应野生自然环境,在适当的时候放归大自然,恢复野生种群,让它们世代繁衍不息。

【8】中国东北虎繁殖中心就是以此为目的的。在幼虎中,他们挑选生机旺盛、性情暴烈的个体进行人工野化训练。但是,现在的场地已经显得不够宽敞,因此,30余只虎被送到了新的养殖场——位于黑龙江省省会哈尔滨郊外游览区太阳岛上的"东北虎林园"。这里的活动区面积比旧繁殖地增加了20倍。

【9】一位参观了"东北虎林园"的记者这样写道:"……四周用3米高的钢筋铁角围护,园内车道蜿蜒,游人可乘公园里的大面包车和大客车同时进园游览。人在车上,车行于虎群之旁,游人隔窗观赏……园中专设了两辆密闭的吉普车引导虎群,车上有备好的活羊、活鸭等,游人可以看到虎群扑鸭、捉羊的场面……"

【10】值得欣慰的是,拯救东北虎的事业已经开始得到社会各界人士的关心,从国家领导人,到普通百姓、中小学生,纷纷寄来捐款,全国许多城市为东北虎举行募捐活动。让东北虎重返大自然,回到莽莽的森林中去,已经成为中国人民的一个美好愿望,但愿这一天能够早日到来。

(选自《今日中国》1998年第7期,作者:学风。有删改。)

生词	拼音	释义
放归	fàngguī	set free; release
繁衍	fányǎn	increase gradually in number
不息	bùxī	ceaseless
暴烈	bàoliè	violent; fierce
养殖场	yǎngzhíchǎng	breeding farm
蜿蜒	wānyán	zigzag; meander
拯救	zhěngjiù	save; rescue
捐款	juānkuǎn	contribute money; donate; subscribe
募捐	mùjuān	solicit contributions

四、练 习

(一)选择对下列句子的正确理解:

1. ……在黑龙江省海伦县的张广才岭山下,建立了东北虎繁殖中心,对这一由国家法律明确规定的保护动物进行集中繁殖。

    A. 这个中心是根据国家法律的规定建立的

    B. 东北虎是国家法律保护的动物

C. 建立这个中心是为了保护野生东北虎

D. 这个中心的主要任务是集中繁殖东北虎

2. 目前全球人工饲养和野生的东北虎加在一起不到300只,而这个繁殖中心现在就有东北虎70只。

A. 这个中心的东北虎数目不少

B. 这个中心的东北虎数目不多

C. 这个中心的东北虎都是野生的

D. 全世界的东北虎总共有300多只

3. 1994年,世界野生动物基金会把东北虎列为世界十大濒危动物的第一位。

A. 全世界共有十种濒危动物

B. 东北虎的地位很重要

C. 东北虎在十种濒危动物当中排在前面

D. 基金会为东北虎提供的基金最多

4. 80年代中期,野生动物学家们曾使用先进的设备和技术对野生东北虎进行跟踪考察,只发现了7只老虎的脚印。

A. 野生的东北虎只剩下7只了

B. 对东北虎的跟踪考察没有取得什么成果

C. 野生东北虎的数量很少

D. 先进的设备和技术对考察工作很重要

5. 保护野生动物的最终目标是让它们能够重返自然界,自由自在地生活,而不是一直被关在人类的笼子里,成为"活化石"。

A. 保护野生动物就应当让它们回到自然界生活

B. 关在笼子里的动物太可怜了

C. 人工饲养的动物只能生活在笼子里

D. 把动物关在笼子里不利于它们的成长

(二)结合课文内容阅读下列句子并选择恰当的词语替换句中画线词语:

1. 80年代中期中国濒危珍稀野生动物管理办公室与黑龙江省土畜产进出口公司在黑龙江省海伦县的张广才岭山下,建立了东北虎繁殖中心……

A. 接近危险的处境的   B. 面临生命的危险的

C. 危险的   D. 危害他人的生命的

2. 据考证,中国的东北部是全世界老虎的起源地。

A. 指这里的老虎最多   B. 指这里最适合老虎的生长

C. 指老虎最早生活在这里　　　　D. 指老虎聚集的地方

3. ……而留在中国东北部及西伯利亚的这一支,则被称为东北虎。
　　A. 就　　　　B. 却　　　　C. 是　　　　D. 才

4. 近几十年来,中国东北部地区新的城市不断出现,居民急剧增加,荒地被开垦,建设了许多煤矿、油田和大型工厂。
　　A. 迅速　　　B. 紧急　　　C. 急忙　　　D. 剧烈

5. ……被中国人骄傲地视为"兽中之王"的东北虎越来越少,已濒临灭绝。
　　A. 临时　　　B. 来临　　　C. 到来　　　D. 接近

6. ……中国东北虎繁殖中心的工作成就引起了很大的轰动,得到公约众多成员国代表的赞誉。
　　A. 荣誉　　　B. 名誉　　　C. 称赞　　　D. 赞成

7. 保护野生动物的最终目标是让它们能够重返自然界……
　　A. 最不重要的　　　　　　B. 最难实现的
　　C. 最根本的　　　　　　　D. 最后的

8. 值得欣慰的是,拯救东北虎的事业已经开始得到社会各界人士的关心……
　　A. 注意　　　B. 高兴　　　C. 庆贺　　　D. 激动

9. ……从国家领导人,到普通百姓、中小学生,纷纷寄来捐款,全国许多城市为东北虎举行募捐活动。
　　A. 指捐来的钱很多　　　　B. 指捐款的人很多
　　C. 指捐款的速度很快　　　D. 指捐款者没有秩序、杂乱

(三)根据课文内容判断下列句子对错:

1. 中国国家法律明确规定东北虎为保护动物。　　　　　　　　　(✓)
2. 现在全世界的东北虎大约共有300多只。　　　　　　　　　　(✗)
3. 东北虎的名字跟它分布的地域有关。　　　　　　　　　　　　(✓)
4. 东北虎生活在丘陵地区和原始森林中。　　　　　　　　　　　(✓)
5. 在所有的老虎当中,东北虎个头最大、性情最凶猛。　　　　　(✓)
6. 中国的东北部地区原来比较落后,现在工农业仍不发达。　　　(✗)
7. 在世界野生动物基金会列出的十大濒危动物当中,东北虎排在第一位。　　　　　　　　　　　　　　　　　　　　　　　　　　(✓)
8. 对东北虎进行野化训练,是东北虎繁殖中心的一项重要工作。　(✓)
9. 人们在位于哈尔滨市中心的"东北虎林园"可以见到老虎捕捉猎物的情景。　　　　　　　　　　　　　　　　　　　　　　　　　(✗)

10. 现在,保护东北虎已经引起越来越多的中国人的关注。　　　　(✓)

(四)根据段落内容选择正确答案:

1. 课文第 3 段介绍了东北虎的:
   A. 生活地点的气候和自然条件
   B. 起源地
   C. 生活习性
   D. 体形和性情

2. 课文中哪一段介绍了东北虎繁殖中心取得的成就?
   A. 第 1 段
   B. 第 6 段
   C. 第 7 段
   D. 第 8 段

3. 全文主要内容可以简单概括(gàikuò)为:
   A. 东北虎濒临灭绝
   B. 东北虎的起源、分布及生活习性
   C. 东北虎繁殖中心的工作及其成绩
   D. 号召全社会都来关心东北虎

(五)选择合适的词语填空:

　　珍稀　饲养　迁徙　灭绝　适应　欣慰　募捐　考察　轰动

1. 这个老太太在自家的院子里 饲养 了几只鸡。
2. 听到女儿考上大学的消息,母亲感到很 欣慰 。
3. 金丝猴是国家重点保护的＿＿＿＿动物。
4. 我曾经作为记者,先后两次去东北林区＿＿＿＿。
5. 现在,小杨对南方的气候已经比较 适应 了。
6. 当年中国成功发射了一枚人造卫星的消息,在全世界引起了 轰动 。
7. 候鸟指的是随季节变化而 迁徙 的鸟。
8. 这次＿＿＿＿活动的目的,是帮助贫困地区的失学儿童重返校园。
9. 恐龙是古代的一种爬行动物,大的长达 30 米,在中生代末期 灭绝 。

略 读

课文（一） 人虎情

一、提示与要求

全文约2000字，要求13分钟内读完（一遍），然后做练习。

二、课 文

20多年前，我们一家还生活在东北林场，住在离场部很远的山坡上。五岁的女儿姗姗太寂寞，想养一只小猫小狗什么的，可在这种人烟稀少的地方，到哪里去抱呢！

初夏的一天，我下班刚到家，女儿就跑进门："妈妈，快去瞧我的狗。"拉上我就往外走，来到岩石下的一棵古松旁，拨开灌木丛给我看。啊，我不禁双腿发颤，什么狗？原来是一只大老虎！老虎浑身布满黑色条纹，头有牛头那么大，眼睛微闭，嘴边的胡子足有三寸长，下半身隐藏在石窝里。

女儿搬起老虎的头放在自己的肩上，用小手梳理虎背上的毛，说："我给它喝过好几次水了，它又渴又饿。"老虎微微睁开眼，嘴唇颤动发出"呜呜"的呻吟声。"它是不是病了？您给看看吧。"老虎好像听懂了女儿的话，闭上眼睛等待着。我看老虎没有伤害人的意思，心才稍微安定下来。尽管如此，我仍不敢大意："姗姗，快过来，让妈妈给它看病。"女儿来到我身边，老虎的头沉重地垂下了。幸亏老虎病了，否则……我赶紧拉上女儿回家，恰好丈夫玉刚下班回来，我把刚才的事告诉了他，他拿上猎枪和我出了门，来到岩石下古松旁。丈夫端起了枪。女儿突然跑来了，她搂住老虎的脖子说："妈，您不是给我的狗看病吗？"老虎对女儿的信任和友好神态，使丈夫打消了开枪的念头。我给老虎注射了安痛定和镇静剂，等老虎平静地入睡了，我和丈夫把它从石窝里拖出来。原来老虎的后臀上长了一个碗大的疮。我拿镊子把腐肉夹去，用酒精给它擦洗……

一连几天，我给它打青霉素，换药包扎。

两个月后，老虎的伤好了，我们一家也和它有了感情。玉刚常打野兔喂它。我们给它起名叫"灰灰"。它成了姗姗最好的伙伴和保护者。白天它和女儿上山玩，晚上回石窝休息。开始，伐木工人见到老虎都吓了一跳，但见个小姑娘伴在老虎身边又非常惊奇,日子一长也习惯了,还常来我家看老虎。"灰灰"有时围着姗姗又蹦又跳撒欢,有时让姗姗骑在它背上跑圈儿,逗得姗姗发笑。如果姗姗不跟它玩,它就闭起眼睛卧着,以示对人绝对安全。

秋天到了,有一天"灰灰"黑夜进了森林再没有回来。女儿哭了,伤心得不得了。

次年春的一天早晨,女儿从外边跑进来喊道:"'灰灰'回来了!"我急忙来到岩石下,"灰灰"平静地躺在古松下,一动不动。我走过去一摸,它已经没有气息,然而它的脚边还有一只猫大的小虎还在使尽全力吮吸母亲的乳汁。我把小虎抱在怀中,小虎一双眼睛滴溜溜转,洁白的小乳牙在晨光中闪闪发光,好可爱啊!

掩埋了"灰灰"之后,我们把小虎抱回家,给它取名"花花"。当时交通不便,生活艰苦,但我们一直托人给"花花"买奶粉和白糖,掺上面粉制成乳浆喂它。三个月后,"花花"长得像小狗那么大了,很健壮。我们都喜欢同它逗闹,它躲藏、跳跃、扑拿,玩得可开心了。玩累了就卧在你身边,用舌头舔你的手。

9月1日,是姗姗入学的日子。玉刚要送女儿到场部坐车。"花花"一直跟着,父女俩怎么训斥它它也不走。我只好抱住"花花"不放,等到他们走得没影了才放了它。可它耍起脾气,躺在路边不回家,直到下午姗姗放学回来,它箭一般迎上去,高兴地跟在姗姗身边扬着脑袋,翘着尾巴边跑边跳。从此迎送姗姗成了它的工作。

"花花"长得很快,两年就长成了一只半大虎。一次,玉刚带女儿和"花花"去打猎,为射一只黄羊把子弹打光了。就在"花花"去追受伤的黄羊时,一只黑熊直奔姗姗而来。玉刚急得不知怎么办好。在这危急时刻,"花花"从远处飞奔过来,为保护小主人,勇敢地扑向大黑熊,跳到黑熊背上一口咬住熊耳朵。黑熊疼得嗷嗷直叫,翻身就跑,"花花"追了很远很远。

后来,我们被调回了北京。离开林场前,一家人首先考虑的是"花花"怎么办?商量的结果是送给省杂技团。没想到七天后,杂技团又把"花花"送回来了。原来到省城后,"花花"一直流泪,牛肉放在它嘴边它闻都不闻。"花花"见到我们时已没有力气站起来,只是摇动摇动尾巴表示高兴。我赶紧喂它一碗牛奶,它才慢慢站起来摇摇晃晃随我们回家。它得了重感冒且发着高烧,我给它注射了安痛定。这一夜它和我睡在一起,就像它小时候和姗姗在一起一样。两周后,"花花"康复了,这回我们决定把它送到大森林去过自由自在的兽性生活。玉刚开始训练它独立生活的能力,当它又渴又饿时,放一只鸡让它去追食,打伤黄羊让它去追捕……我们做好了回京前的一切准备。出发前,我们全家把"花花"送进大森林。就在它去追一只野兔时,我们悄悄离开了森林,之后从场部坐

173

汽车到县城,当晚乘上了回京的列车。这一夜刮起了狂风,下起了暴雨,而小虎独自留在原始森林里,到哪儿躲避这无情的风雨呢?想到它对一家人的温情,想到它保护女儿的勇敢,<u>我流下了眼泪</u>。然而它终究要经受大自然的严酷考验并闯荡山林。当它经历了生活的艰难之后,偶然或有意回到我们共同住过的山坡小屋,是否也会和我们一样产生几分想念……

(选自《青年文摘》1994 年第 2 期,作者:杨正棠。有删改。)

三、练 习

(一)根据课文内容选择正确答案:

1. "灰灰"是怎样被发现的?
   A. "我"在下班路上遇到的
   B. "灰灰"跑到了"我"的家里
   ~~C.~~ 女儿在外面发现的 ✓
   D. 丈夫回家路上碰见的

2. 一开始,"灰灰"对女儿的态度非常:
   ~~A.~~ 友好
   B. 怀疑 ✓
   C. 害怕
   D. 凶狠

3. 我们最初发现"灰灰"时,它:
   A. 被猎枪打伤了
   B. 摔伤了 ✓
   ~~C.~~ 病得很厉害
   D. 非常饥饿,站不起来了

4. 丈夫为什么没有对"灰灰"开枪?
   A. "我"劝他别开枪
   B. 女儿再三恳求
   C. 他担心这一行为是违法的
   ~~D.~~ 他发现老虎没有伤害人的意思

5. "花花"来到我家时
   A. 是只成年大老虎
   ~~B.~~ 只有小猫那么大 ✓
   C. 有小狗那么大

D. 是只半大虎

6. 下面哪一点本文没有提到：
   A. "花花"迎送姗姗上下学
   B. "花花"陪姗姗在学校上课
   C. "花花"跟玉刚和姗姗去打猎
   D. "花花"喜欢跟"我"的一家人玩

7. 杂技团为什么把"花花"送回来了？
   A. "花花"性情太暴躁
   B. "花花"没有从小受训练，不适合演杂技
   C. "花花"太思念主人了
   D. "花花"不适应那里的气候，得了重感冒

8. 离开林场前，我们全家把"花花"
   A. 又送回了杂技团
   B. 送给了一家好心人
   C. 送进了大森林
   D. 留在了山坡上的小屋中

(二)根据课文内容判断下列句子的对错：

1. 这个故事发生在东北的林区。　　　　　　　　　　( )
2. "我"开始见到"灰灰"时非常紧张。　　　　　　( )
3. 姗姗太小了，她将老虎当作了小狗。　　　　　　( )
4. 丈夫坚决不支持"我"和女儿喂养"灰灰"。　　　( )
5. "我"的一家人曾经同时喂养了两只老虎。　　　　( )
6. 伐木工人每次见到"灰灰"跟姗姗一起走，都躲得远远的。( )
7. 晚上，"灰灰"住在"我"家的小屋里。　　　　　( )
8. 春天到了，"灰灰"离家出走，姗姗伤心极了。　　( )
9. "灰灰"又回来后，得了重病。"我"尽全力抢救它。( )
10. "花花"来"我"家后，丈夫常打野兔喂它。　　　( )
11. 丈夫带女儿和"花花"去打猎，为射一只黑熊把子弹打光了。( )
12. "花花"为了保护姗姗，被黑熊咬伤了耳朵。　　　( )

175

课文(二) 养鹤姑娘的故事

一、提示与要求

全文约2000字。要求13分钟内读完(一遍),然后做练习。

二、课　文

歌曲《一个真实的故事》唱遍了大江南北,人们都知道有一位养鹤姑娘,为了寻找一只走失的丹顶鹤,再也没有回来……

这位养鹤姑娘,名字叫徐秀娟。她的故乡,在东北的一个美丽的村庄。那里有湖泊和溪流,芦苇一望无际。珍稀而美丽的丹顶鹤就在那儿生息。

徐秀娟的父亲在60年代就开始喂养走失的丹顶鹤。一次,父亲发现湖边有一只受伤的雏鹤,就把它带回家养伤。孩子们兴奋极了,父亲却严厉规定:不许打逗小鹤。一家人吃贴饼子就咸菜,却给小鹤吃剪碎的鱼。秀娟和弟弟、妹妹也学会了喂鹤、养鹤,并且爱上了鹤。小鹤长大会飞了,他们带着小鹤到野外,想放它回大自然。谁知鹤儿飞了几圈,又飞回来用嘴叼住他们的衣襟,不肯离去。童年的秀娟,就在鹤起鹤落的芦荡玩耍,渔场和家里养的鹤,成了她童年心爱的玩伴。

秀娟上学了。她是个成绩优秀的好学生,可是她所在的地区很落后,中学竟然解散了。1981年,17岁的秀娟进入扎龙自然保护区,当了一名临时工。她主动要求养鹤,这是保护区最累的工作。

秀娟深深爱上了养鹤。细心、勤快的她,很快在饲养、放牧、繁殖、孵化、育雏方面成为一把好手。为了看好鹤,她住到了鹤场,和鹤建立了亲密的感情。

每天,迎着日出,她带着鹤捉虫、练翅、洗澡、晒太阳。还不会捉虫的小鹤,在她身边叽叽直叫,等着她喂。中午鹤洗完澡,她和鹤一起躺在草地上晒太阳,劳累的她都快睡着了,调皮的鹤一会儿叼她的鞋带,一会儿叼她的头发、鼻子。她成了鹤儿的人类姐姐。

养鹤当然不都是诗情画意。这是一门科学,秀娟在专家指导下记录了十几本准确、严格的工作日记。A82-2号小丹顶鹤孵化时,她守在旁边,详细记录了凌晨4:00至当日23:00内幼鹤出壳的全过程,画了15幅图形,受到专家的赞誉。1983年,她专门饲养雏鹤,在她精心喂养下,雏鹤成活率达100%。5号白枕鹤出生半个月就得了病,体重从3斤多降到9两,医治无效,有人说扔掉算了。

秀娟坚决反对,到处求医找药,小白枕鹤终于得救了。

1985年3月,秀娟到东北林业大学学习了一年半。她珍惜这个难得的机会,学习非常刻苦。每天都是早上4点起床,晚上11点睡觉。两年的课程她一年半内就学完了,除一门选修课的成绩是合格外,其他10门功课都是优或85分以上。

江苏盐城自然保护区的领导,不远千里来请秀娟南下工作。秀娟知道:盐城是丹顶鹤的越冬地,盐城保护区想进行鹤类低纬度人工繁殖和半散放养试验,建立一个不迁徙的丹顶鹤养殖基地。意义重大!

秀娟要远行千里。妈妈舍不得,年迈的奶奶也不愿意,但父亲坚决支持她。1985年5月,她怀抱三只丹顶鹤蛋,历经三天三夜,辗转5000多里地,到达盐城保护区。

盐城是一片荒滩,比她想像的条件还要差。她带领同事们从筑路建育雏室开始,精心照料,三只毛绒绒的幼鹤出壳了。秀娟给它们取了三个好听的名字:龙龙、丹丹、莎莎。秀娟经受了她从没有经历过的南方炎夏、蚊虫咬鹤、台风等恶劣条件的考验,三只雏鹤度过了育雏期,没一只生过大病,并且在83日龄这一日,迎着朝阳起飞了。

丹顶鹤首次在低纬度地区孵化、饲养、驯化成功。喜讯轰动了我国野生动物界!

12月7日,全国第三次鹤类保护会议在南昌召开,22岁的徐秀娟宣读了她用汗水写成的论文《越冬丹顶鹤的半散放饲养》。回到盐城,她又拟订了4个丹顶鹤的科研课题。

然而,不幸接连而来,白枕鹤南新死亡,丹丹死亡,龙龙误食寄生虫吐血死亡。秀娟不禁放声痛哭。她收拾行李带着柴米油盐,离开保护区宿舍,长期住到鹤场。她在日记中写道:"10年、20年,我要把这辈子献给鹤场。"她和同事们全面强化了鹤场的管理。

1987年9月15日中午,天鹅"牧人"、"黎明"飞失。直到晚上,大家找回了"牧人"。秀娟吃不下晚饭,一个人又去寻找"黎明"。第二天没吃早饭又去找,中午回来喝了半碗粥又出门了。晚上5点回来后,听李老爹说西边有天鹅叫,秀娟和同事小王、小殷没吃饭又冲出了门。到了河边,小王、小殷游过了河,秀娟游到河心时脸色苍白,大喊我不行了。小王、小殷大声喝退她上岸后,又继续寻找。

秀娟回到鹤场,推了辆自行车又出发了。在她刚下水的地方,她把车子放下,又下了河……

4个小时后,"黎明"找回来了。欢天喜地的人们发现没有秀娟时,又冲向了黑夜沉沉的原野。人越来越多。人们从水里托起了秀娟,可是她已经永远地闭上了双眼。22岁的她,将美好的青春和生命献给了这片土地。

十几年过去了。盐城保护区成了全球最大的丹顶鹤越冬地,丹顶鹤、白鹤、灰鹤、天鹅……许多珍稀的鸟类生活在这里。而十几年前那个真实的故事则变成了一个美丽的传说:那个女孩并没有死,因为她是鹤仙女变成的。她回去了,永远活在仙境般的白云、芦苇深处……

(根据《中国青年报》1997年第6期张云杰《"鹤仙女"和她的环保之家》改写。)

三、练　　习

(一)根据课文内容选择正确答案:

1. 关于秀娟的童年,下面哪一点本文没有提到?
    A. 她的家乡比较落后
    B. 她们一家人都喜欢丹顶鹤
    C. 她的父亲是名养鹤工
    D. 她喜欢跟鹤一起玩耍

2. 秀娟中学没毕业就工作了,因为:
    A. 她家太穷了
    B. 她的家离学校太远
    C. 她不喜欢上学
    D. 学校解散了

3. 秀娟在扎龙自然保护区:
    A. 工作轻松而愉快
    B. 一直专门饲养雏鹤
    C. 养鹤方面的论文得到大家的赞誉
    D. 认真钻研科学养鹤的方法

4. 对于秀娟南下盐城工作,家里人是什么意见?
    A. 全家人都支持她
    B. 父母支持,但奶奶反对
    C. 父亲支持她
    D. 没有人支持她

5. 秀娟想像盐城的条件可能:
    A. 非常好

B. 比较好
C. 不太好
D. 极差

6. 秀娟牺牲了,她是为了:
    A. 寻找飞失的丹顶鹤
    B. 寻找走失的同事
    C. 寻找飞失的天鹅
    D. 抢救落水的同事

(二)根据课文内容判断下列句子对错:
1. 秀娟小时候她的家里养过鹤。 (✓)
2. 秀娟是父母惟一的女儿。 (✗)
3. 养鹤是自然保护区最辛苦的工作。 (✓)
4. 因为秀娟年轻,身体好,人又勤快,所以扎龙自然保护区领导派她去养鹤。 (✗)
5. 一只小白枕鹤得了病,秀娟到处求医找药,可小鹤还是医治无效而死去了。 (✗)
6. 秀娟曾经在东北林业大学学习过两年。 (✗)
7. 因为秀娟的基础不好,所以尽管她很努力,成绩仍然不理想。 (✗)
8. 结束在东北林业大学的学习之后,秀娟主动要求到盐城自然保护区工作。 (✗)
9. 龙龙、丹丹和莎莎是秀娟从东北带来的三只鹤蛋孵出的丹顶鹤。 (✓)
10. 秀娟一到盐城自然保护区就住到了鹤场。 (✗)
11. 盐城夏天比东北热,因此雏鹤的生存条件比东北好。 (✗)
12. 如今盐城是世界上最大的丹顶鹤越冬地。 (✓)

查　阅

课文(一)　中国九大世界级自然保护区

一、提示与要求

全文约1300字,要求7分钟内查找出问题的答案。

二、问 题

1. 中国第一批加入国际人与生物圈保护区网的自然保护区有几个？
   答：

2. 中国最早建立的自然保护区在哪个省？
   答：

3. 大熊猫的故乡在哪个自然保护区？
   答：

4. 世界上第一个草地类型的自然保护区是哪一个？
   答：

5. 被称为"天然动植物园"的是哪个自然保护区？
   答：

6. 九大自然保护区中位于江苏境内的是哪一个？
   答：

三、课 文

我国地大物博、环境条件复杂，有许多各具特色的自然保护区，为了加强国际合作，于1972年参加了MAB国际协调理事会，至1992年，我国鼎湖山、长白山、卧龙、梵净山、武夷山、锡林郭勒、神农架、博格达峰、盐城9个自然保护区先后加入国际人与生物圈保护区网。

鼎湖山：1980年加入。位于广东省，是我国建立最早的一个自然保护区，有北回归线上的"绿色宝库"之称，亚热带常绿季雨林环境优越。主要保护对象为木荷、乌榄、水杉、银杏、苏铁、桫椤、山龟、白鹇、鼷羚等珍贵动植物资源。

长白山：1980年加入。位于吉林省，是我国温带森林生态系统的综合性自然保护区，它汇集了西伯利亚、朝鲜、日本及我国南方亚热带众多植物种类，有"温带生物资源基因库"之称。珍稀动植物有红松、长白落叶松、东北虎、梅花鹿、紫貂、金钱豹、麝、猞猁等。

卧龙：1980年加入。位于四川省，是珍稀动物大熊猫的故乡，是典型的高山林区自然生态系统。区内动植物资源丰富，森林葱郁，箭竹稠密。主要保护对象是：珙桐、天麻、连香树、大熊猫、金丝猴、牛羚、水鹿、白唇鹿等。

梵净山：1986年加入。位于贵州省，是世界罕见的灰金丝猴产地，原始森林保存完整，野生动植物资源丰富，保存有大量古老生物类群、植被垂直带谱分明。主要保护对象是：珙桐、金钱槭、冷杉、铁杉、灰金丝猴、云豹、大鲵、华南虎、灵猫等。

武夷山：1987年加入。位于福建省，是世界罕见的"物种基因库"、"昆虫世界"、"鸟类天国"、"蛇类王国"，鸟类400余种，高等植物1800多种，蛇类56种，昆虫两万多种。主要保护对象为：银杏、石松、草鹗、厚唇鱼、角蛙、丽棘蜥、大平头胸龟等。

锡林郭勒：1987年加入。位于内蒙古东部，是典型的温带草原生态系统，草类资源丰富、牧草优良，面积广阔，是世界上第一个草地类型的自然保护区。代表性生物有沙地云杉、药用植物大针茅、狐茅、冰草、变蒿、黄芪、甘草等。

神农架：1989年加入。位于湖北省，是一个古老完整的森林生态系统，有丰富、复杂的动植物资源，植物2200多种，动物570多种，中药材1500多种，被称为"天然动植物园"。主要保护对象有：珙桐、香果、连香、金丝猴、白色动物如白熊、白鹿、白龟、白蛇、白獐、白鹤等。

博格达峰：1990年加入。位于新疆中部，天山东段，由天池自然保护区和中国科学院阜康荒漠生态站两部分组成，保护对象包括濒危动物和天鹅、雪鸡、雪豹等和荒漠、森林、草原、天池风景区及荒漠绿洲。

盐城：1992年加入。位于江苏省，是全球最大的丹顶鹤越冬地，滩涂上有盐蒿滩、草滩、芦苇沼泽7万公顷，是丹顶鹤等鸟类的良好栖息地。珍稀动物除丹顶鹤外，还有白鹳、白鹤、白肩雕、白头鹤、黑鹤、白枕鹤、灰鹤、天鹅等。

(选自《旅游》1998年第5期，作者：邹连英。有删改。)

课文（二） 永为净土
——西藏的自然保护区事业

一、提示与要求

全文约2000字，要求10分钟内查找出问题的答案。

二、问 题

1. 对西藏自然环境的人为影响主要来自于什么？
   答：

2. 目前西藏环保的重点是什么？
   答：

3. 现在西藏有多少个自然保护区？
   答：

4. 世界上海拔最高的自然保护区是哪一个？
   答：

5. 为什么专家们称过去西藏的自然保护区为"死保护"？
   答：

6. 为了使保护区当地人民与环境和谐发展，环境保护应与什么相结合？
   答：

7. 1997年，中国科学院对珠峰保护区的综合规划中，将保护区分为几个区域？
   答：

三、课 文

西藏所处的青藏高原号称世界屋脊，也是世界上除了南北两极之外，受到人类活动影响最小的地方。

世界上最高的山峰几乎都聚集在这里，还有世界上最深的峡谷，以及广阔的草原和众多的湖泊。西藏保存着大量原始森林和草原。许多植物是西藏特有的，有些就以西藏的某一地名来命名。珍稀的动物种类也很多，受到国家重点保护的就有60多种，占全国受重点保护品种的三分之一以上。

到目前为止，西藏的工业污染仍非常少，对西藏自然环境的人为影响主要来自于森林砍伐和偷猎野生动物。这一地区的生态系统正因气候的演变而变得脆弱——在越来越干旱的气候下,许多物种已趋向灭亡。如果来自人类的破坏加剧,将导致灾难性的后果。

1992年,西藏颁布了保护野生动物的地方性法规,利用法律手段控制对野生动物的捕猎。限制政策也使森林的砍伐量有所下降。建立保护区对于保护西藏自然环境来说成效更为显著,也是当前西藏环保的重点。

早在60年代,中国科学院的专家们就已开始对西藏自然环境和资源的考察,从70年代开始,他们在西藏发现了许多珍贵的动植物品种,并向西藏自治区政府和国家有关部门提出采取保护措施。在各方面的努力之下,80年代初,西藏建立了第一批自然保护区,现在,自然保护区的数量已经达到13个。

自然保护区的典范

珠穆朗玛峰保护区成立于1993年,南起中国与尼泊尔边界,北至雅鲁藏布江,包括珠穆朗玛峰及其附近的3.391万平方公里土地,是世界上海拔最高的自然保护区,并因其优越的条件赢得世界上众多环境保护组织的关注,同时,也是目前西藏最好的自然保护区之一。

这里拥有极为美丽的高山、峡谷、高原、冰川,而且珍稀动植物种类丰富,又基本上没有被人类大规模开发,这样的地区在世界上已十分少见。

保护区成立十几年来,自然环境得到了很好的保护,一些地区过去曾经遭受破坏的生态系统也逐渐恢复起来。

位于保护区南部的吉隆县拥有被许多中外考察者视为世界上最美丽的峡谷森林。过去,吉隆是西藏日喀则和阿里地区主要的木材产地,由于经济发展和城市建设,从60年代开始,森林砍伐量逐渐增加。1986年,筹办保护区的中国科学院的专家们前来考察,在他们的要求下,西藏自治区政府下令停止砍伐森林,如今,吉隆已逐渐恢复了往日的面貌。

在定日,野驴曾因受到猎杀而失去踪迹。保护区成立十几年后的今天,100多只聚集在一起的野驴种群又可以经常看到了,以至于重新对当地农民的庄稼形成损害。保护区利用国际组织的援助在农田周围修建起围栏——只要农民答应不伤害和驱赶野驴。

岩羊也回到了珠穆朗玛峰下的绒布寺,冬天,在这座世界上海拔最高的寺庙附近,岩羊常常来觅食,当人类走到离它们只有几米远时,它们也不逃走。

与自然共存

西藏的自然保护区都依照国家的相关法律制定了管理条例,对砍伐森林、猎杀动物等行为进行处罚。由地方政府和林业部组成管理部门,而具体保护项目的制定、实施则大多委托中国科学院完成。除了保护生态系统,制止可能出现的破坏性开发活动之外,研究者们也在寻找一条使当地人民与环境和谐发展之路。

在西藏的偏远地区,人们仍然处于自给自足的"自然经济",他们的生活相对贫困,不得不通过砍伐森林或猎取野生动物增加一点收入,破坏自然资源,对环境产生危害。如果这些地区在保护的同时利用自然资源发展适宜的产业,以使当地居民的生活得以改善,对环境的破坏将大大减少。

过去,西藏的自然保护区只起到防止破坏的作用,专家们称之为"死保护"。现在的中心问题则是实现自然资源的持续利用,使环境保护与经济发展结合起来。

这种转变就是从珠峰保护区开始的。由于保护区把村庄和乡镇都包括在内,专家们形象地将其比喻为一个"社区",在这个"社区"中进行着一系列新的尝试,使人与自然保持和谐的关系,对自然资源不再采取掠夺性开发。

珠峰保护区内的居民几乎全部为藏族,从事农业、畜牧业、手工业和商业,专家们指导他们采用先进的耕作和畜牧方式,把耕地、牧场面积和木材砍伐限制在固定的数量之内,并逐步减少,使受破坏的生态系统恢复自然面貌。

通过一个由联合国教科文组织支持的脱贫计划,保护区管理委员会向当地居民提供几十至几百元的小额无息或低息贷款,帮助他们从事其感兴趣的经济活动。

1997年,中国科学院完成了珠峰保护区综合规划:一些几乎没有常住居民而且保护价值高的地区被与外界"隔离"起来,成立了核心保护区。在外围则建立科学实验区,也称为缓冲区,以减缓人类活动对核心保护区的影响。人口相对集中的地区被划为经济发展区。

由于保护区优越的自然条件,发展旅游业成为计划中使当地居民富裕起来的重要手段,并且得到了旅游行业专家的认可,这对于风景同样优美又各具特色的西藏其他自然保护区来说也是一个好消息。

已经实施的脱贫工作也取得了良好效果,居民的收入有了明显的提高,保护区提供的贷款中,90%得到了偿还。

珠峰保护区的管理模式已逐渐成熟,即将在其他保护区推广。这不但意味着西藏的自然环境和资源得到更有效的保护,而且很可能给相对贫困的地区带来经济的振兴,对此,当地的政府和人民产生了越来越浓厚的兴趣。可以相信,西藏的自然保护区事业将拥有一个光明的前景。

(选自《今日中国》1998年第5期,作者:李渤生。有删改。)

阅读知识:记叙文3:写景

　　写景的记叙文就是以描写自然景物为主的记叙文。这类记叙文通过对日月星辰、花草树木、山川河海、春夏秋冬、风霜雨雪等景物及变化的描写,表现作者的某种思想感情,如热爱自然、热爱家乡、热爱生活等等。阅读教程中的《春》(第四单元),就是一篇写景的记叙文。

　　阅读写景的记叙文时,应该注意以下几个问题。

　　首先,应该抓住景物的特点。世界上的景物多姿多彩,各以其独特的面貌相区别。只有把握了景物独特的个性,才能真正把握它们的形象。作者一般选择有代表性的景物作为重点来描写,其余的则略写,一笔带过。这样既突出了重点,又看到了全貌。《春》这篇文章抓住春天万物复苏、生机勃勃的特征,对于春天的山、水、太阳、树木、花草、风雨以及人们的活动,作了具体生动的描述,使人一看就知道写的是春天的景物。

　　其次,我们在阅读时还应注意写景的层次。写景的记叙文一般都是通过"我"这个固定的观察点进行描绘,或由近而远,或自上而下,或从大到小;也有的是按照作者参观游览的顺序;还有的是按时间顺序,写出不同时间里同一景观的不同特点,如在风霜雨雪、春夏秋冬不同气候条件、不同季节的景色。如《春》描述春天的景象,先总写"一切都像刚睡醒的样子",后分写各种景物。写各种景物,又先写远的、大的,如山、水、太阳;后写近的、小的,如树木、花草、风雨。写树,引出花、蜜蜂和蝴蝶;写风,引出泥土的气息、花草的香味和鸟儿的歌声;写雨,引出各种雨景。最后写到人们的活动。层次清楚,前后呼应,过渡自然,井然有序。

　　写景的记叙文往往目的不在于写景本身。而是通过写景表达作者的思想感情。作者通常将感情渗透于景物描写之中。或将感受随时穿插于景物描绘之中。《春》的作者饱含激情描绘了一幅幅万物复苏、大地回春的景象;"嫩嫩的、绿绿的"小草、开满了花的树、"像眼睛、像星星"的野花、"像母亲的手"一般的风……赞美了春天的创造力,抒发了热爱自然、热爱生活的美好情怀。喜爱之情,溢于言表。文章结尾说:"一年之计在于春",春天"从头到脚都是新的,它生长着","领着我们上前去",激励人们要像春天的万物一样奋发向上,珍惜美好的时光。

　　还有一点值得注意的就是写景的记叙文常常使用拟人、比喻、象征等修辞手段。如《春》采用了拟人手法,把春天当作人来描写,写"春天的脚步近了","一切都像刚睡醒的样子,欣欣然张开了眼","太阳的脸红起来了","小草偷偷地从土里钻出来"……把物当作人来写,无知觉无感情的景物被赋予了人的思想感情和动作,充满了生机活力,寄托着作者热爱生活的激情。文中还用了许多比喻,如:"(野花)散在草丛里像眼睛,像星星,还眨呀眨的";(雨)像牛毛,像花针,像细丝,密密地斜织着";"春天像刚落地的娃娃"、"像小姑娘"、"像健壮的青年"……比喻的运用,使景物更具体、形象,富有活力。我们在阅读时,结合这些运用了各种修辞手法的句子,展开联想与想像,可以更好地掌握景物特点,了解文章内容,体会作者的思想感情。

阅读技能:指代词及其指代内容(上)

我们知道代词具有代替、指示的作用。主要起代替作用的词叫人称代词,如"你、我、他","我们、你们、他们","自己、人家、别人"等。"它"不指人,但习惯上也放在人称代词中。主要起指示作用的词叫指示代词,如最常用的"这"(近指)、"那"(远指)。主要起询问作用的词叫疑问代词,如"谁、什么、哪","怎么、怎样、怎么样","几、多、少"等。

代词的使用可以使语言简洁,避免不必要的重复,增加语句的容量。代词的语法特点同它所指代的词的语法特点相同,但代词指、代的具体内容要在一定的语言环境里才能确定。阅读时有时需要代词指代的内容具体化才能理解语义。因此,明确代词指代的具体内容,是阅读这类语句的突出问题。

指代词指代的可以是个词、短语,也可以是句子、句群甚至段落。而指代的具体内容则要通过上下文来判断。例如:

(1)进入90年代以来,独生子女成了大学生的主体。为了一张大学录取通知书,许多父母指望他们的就是死读书,拿高分。(《净化环境与净化心灵》)

人称代词"他们"指的是什么人呢?根据前句所述,我们不难看出在这里的"他们"指的是"独生子女"。

(2)雪地行军是危险的事,它极易使人得上雪盲症以致迷失行进的方向。(《搜索的眼睛》)

这里的"它"指的是"雪地行军"。

(3)导致雪盲症的并不是雪地上的刺眼的反光,而是它的空无一物。(《搜索的眼睛》)

这里的"它"指的却是"雪地上"。

(4)保护野生动物的最终目标是让它们能够重返自然界,自由自在地生活,而不是一直被关在人类的笼子里,成为"活化石"。(《保护濒危的东北虎》)

这里"它们"替代的是"野生动物",究竟是哪种野生动物呢,只要我们看看文章标题——保护濒危的东北虎,通读一遍全文,不难发现代词"它们"指的是"东北虎"。

(5)如今的大学是没有围墙的校园,学生们更多更早地接触社会,走向社会。在这一过程中,人的流动性加大,只有与社会保持稳定而频繁的联络,才能适应社会。而学校打电话难的问题似乎很难从根本上得到缓解。校园里最让人上火的就是呼机响,找不到电话,电话机前总是排不完的长队——校园手机族就是在这一背景下产生的。(《校园里的手机族》)

这里指示代词"这"指的是什么呢?"这"与数词、名词组成的短语"这一背景"指的又是什么呢?通过对整个语段的阅读,我们不难找出"这一背景"所指代的是破折号前边的两个句群:一是大学生们要接触社会,适应社会,要和社会保持联络;二是校园里打电话难。

第五单元　环境保护(二)

通读　中国面临环境污染的威胁

一、提示与要求

全文约1600字。要求15分钟内读完(一遍)，然后做练习。

二、词　　语

威胁　水域　检测　亚硝酸盐　氮　含量　曝光　废水　泄露　水源
逮捕　起诉　蚌埠　候鸟　粉尘　酸雨　笼罩　能见度　介于　监测
防治　相继　颁布　废气　废渣　噪声　恶化　法规　当务之急
监督　刑事　惩罚　无奈　治理　督促　勒令　加剧　规划　臭氧层
温室效应

三、课　　文

【1】成千上万条死鱼漂浮在官桥湖的水面上，水流使它们沿着湖岸挤在一起，远远就能闻到浓浓的腥臭味。这是今年5月发生在武汉因水污染而导致的一幕。

【2】武汉是中国南方长江沿岸的一座大城市，官桥湖则是城东东湖水域的一部分，附近的村民祖祖辈辈靠在这片湖面上养鱼谋生。污染事件发生后，经环境保护部门检测，东湖水的亚硝酸盐和氮物质含量超过国家标准5倍，造成微生物大量繁殖，湖水缺氧严重，某些湖面水质混浊，甚至呈现出墨绿色或黑色。

【3】近几年来，类似的环境污染事件在中国的报纸、电视上被一再曝光，公众对此也越来

词语注释：

威胁　wēixié　threaten

水域　shuǐyù　waters; water area; a body of water

检测　jiǎncè　test; examine; check up

亚硝酸盐　yàxiāosuānyán nitrous acid salt

氮　dàn　nitrogen

含量　hánliàng　content

曝光　bàoguāng　make (sth. bad) public

关注。

【4】1997年10月，山西省一家小造纸厂含有毒物质的废水泄漏，致使附近一座作为饮用水源的水库严重污染，运城市的4万多居民因此断水3天。这家造纸厂的厂长被逮捕，他将是中国第一名因"破坏环境资源罪"而被起诉的人。

【5】由于无数造纸厂、皮革加工厂、化工厂将各种工业污水倾入河中，淮河已是中国污染最严重的一条大河。1997年，淮河边的重要城市蚌埠再也不能把淮河作为饮用水源，几百万居民喝的水都靠从外地运来或是自己打井取水。

【6】草海是位于贵州省的一个国家级自然保护区，是众多珍稀候鸟的越冬地。因为靠近一个锌矿，正面临着不断出现的锌炉冒出的粉尘和有毒气体的威胁。

【7】煤在中国被用作主要的燃料，燃烧排出的二氧化硫是导致酸雨形成的主要因素。现在，长沙、重庆、柳州等城市的降雨已有90%是酸雨。

【8】山西省每年出产全国煤炭的三分之一，但落后的炼焦方法使山西的粉尘、二氧化硫污染严重。省会太原已终日笼罩在烟尘之中，南部城市临汾情况更糟，中午时，室外的能见度只有100多米。

【9】首都北京也正承受着空气污染的危害。从今年1月1日开始，北京市政府每周公布一次空气质量报告。北京城区的空气污染指数一般介于三级至四级之间，也就是轻度与中度污染之间；有时甚至高达5级，属于重度污染。在这种环境中，就会有人感到身体不适。北京人正在担心自己居住的城市会不会成为世界上空气污染最严重的首都。

【10】70年代，当发达国家饱受环境污染之苦时，中国人民则因自己家园的蓝天、碧水、清洁的空气而感到欣慰。

废水 fèishuǐ waste water; liquid waste

泄露 xièlòu let out

水源 shuǐyuán source of water

逮捕 dàibǔ arrest

起诉 qǐsù bring a suit (or an action) against sb; prosecute

蚌埠 Bèngbù a city in Anhui Province

候鸟 hòuniǎo migratory bird

粉尘 fěnchén dust

酸雨 suānyǔ acid rain

笼罩 lǒngzhào envelop; shroud

能见度 néngjiàndù visibility

介于 jièyú be between

【11】1972年，联合国成立环境保护署，第二年，中国政府就设立了环保部门——环境保护委员会，此后，又逐步建立起各级环境管理和监测机构，林业、卫生和工业等部门中也设有负责环境保护的机构。环境保护法、水污染防治法、大气污染防治法等一系列法律相继颁布。

【12】70年代后期开始，中国进入了经济快速发展时期，在人民生活水平不断提高的同时，也不可避免地带来了不少副作用，其中之一便是环境开始受到大范围污染。

【13】成千上万家新工厂在各地出现，产生的废水、废气和废渣污染着土地、河流和空气。尤其是乡镇企业，散布在广大农村，而且大多设备落后，对环境的污染最为严重和直接。

【14】城市规模不断扩大，到处都在兴建高楼大厦、立交桥和马路。80年代，人们形容整个中国就像一个大建设工地。直到现在，这个"工地"仍然继续产生着噪声和尘土。汽车及其排出的废气也越来越多。城市环境在逐渐恶化着。

【15】中国的环保法律、法规不能说不多，但是在经济高速发展时期，如何实施这些法律成为当务之急。一位从事环境保护报道的记者认为，导致目前状况的直接原因就是法律没有得到遵守，政府部门监督不严。今后，法律也许将能够在环境保护方面发挥更大的作用。1997年10月1日颁布的新刑法将使破坏环境者被判犯有刑事罪，受到比以前严厉得多的惩罚。

【16】就在蚌埠人在为失去水源而无奈的时候，中国政府开始对淮河进行大规模治理。这次行动被称为零点计划，环保部门督促和帮助沿岸每天排放污水100吨以上的企业清除污水中的有害物质，使之符合国家标准。最后的期限是1998年1月1日零点，那些仍未达到标准的企业被勒令停产，一部分甚至被关闭。

监测 jiāncè monitor
防治 fángzhì provide prevention and cure
相继 xiāngjì in succession; one after another
颁布 bānbù promulgate; issue; publish
废气 fèiqì waste gas or steam
废渣 fèizhā waste residue
噪声 zàoshēng noise
恶化 èhuà worsen; deteriorate; take a turn for the worse
法规 fǎguī laws and regulations
当务之急 dāng wù zhī jí the most pressing matter of the moment
监督 jiāndū supervise; superintend; control
刑事 xíngshì criminal; penal
惩罚 chéngfá punish; penalty
无奈 wúnài cannot help but; have no alternate; have no choice
治理 zhìlǐ harness; bring under control; put in order
督促 dūcù supervise and urge
勒令 lèlìng compel (by legal authority); order

【17】近几年来,国家环保总局在全国已勒令6万多家污染严重的小企业关闭或停产。

【18】今后治理淮河污染仍是一个重点,1998年将治理沿岸城市的污水,争取2000年使淮河水变清。海河、太湖、巢湖和滇池的大规模治理将取得突破,到2000年中国环境污染加剧的趋势将得到基本控制。

【19】今后几年所有的治污计划都包括在一个名为"绿色工程"的综合性环境保护规划之中,它集防治工业污染、生态破坏和保护臭氧层、控制温室效应于一体,仅1996年到2000年就需耗资1800亿元人民币,整个规划将利用40亿美元之巨的外资。

(选自《今日中国》1998年第8期,作者:丁未。有删改。)

加剧 jiājù aggravate; intensify; exacerbate 越来越严重

规划 guīhuà programme; plan

臭氧层 chòuyǎngcéng ozonosphere; ozone layer

温室效应 wēnshì xiàoyìng greenhouse effect

四、练　习

(一)选择对下列句子的正确理解:

1. 污染事件发生后,经环境保护部门检测,东湖水的亚硝酸盐和氮物质含量超过国家标准5倍,造成微生物大量繁殖,湖水缺氧严重,某些湖面水质混浊,甚至呈现出墨绿色或黑色。

    Ⓐ. 东湖水污染很严重

    B. 东湖的鱼是被亚硝酸盐和氮物质毒死的

    C. 有关部门对这次污染事件很重视

    D. 微生物的大量繁殖会导致湖水缺氧

2. 这家造纸厂的厂长被逮捕,他将是中国第一名因"破坏环境资源罪"而被起诉的人。

    A. 造纸厂的厂长犯了"破坏环境资源罪"

    B. 这位厂长是第一名因"破坏环境资源罪"而被逮捕的人

    C. 在这位厂长之前还没有人因"破坏环境资源罪"而被起诉

    D. 这位厂长将因"破坏环境资源罪"而受到惩罚

3. 70年代,当发达国家饱受环境污染之苦时,中国人民则因自己家园的蓝天、碧水、清洁的空气而感到欣慰。

A. 70年代,发达国家环境污染严重
B. 70年代,中国人还没有认识到环境问题的重要性
C. 70年代中国的环境还没有受到污染
D. 70年代中国已经开始面临环境污染的威胁

4. 70年代后期开始,中国进入了经济快速发展时期,在人民生活水平不断提高的同时,也不可避免地带来了不少副作用,其中之一便是环境开始受到大范围污染。

   A. 经济发展越快,环境污染越严重
   B. 环境污染会影响经济发展
   C. 环境污染是不可避免的
   D. 环境污染是经济发展带来的不好的影响之一

5. 成千上万家新工厂在各地出现,产生的废水、废气和废渣污染着土地、河流和空气。尤其是乡镇企业,散布在广大农村,而且大多设备落后,对环境的污染最为严重和直接。

   A. 农村的环境污染比城市更严重
   B. 乡镇企业与一般的工厂相比更容易污染环境
   C. 造成环境污染的是新出现的工厂
   D. 为了保护环境,不应该发展乡镇企业

6. 中国的环保法律、法规不能说不多,但在经济高速发展时期,如何实施这些法律成为当务之急。

   A. 目前中国处于经济高速发展时期
   B. 最紧迫的任务是执行环保法
   C. 中国的环保法律、法规太少了
   D. 环保问题必须尽快解决

(二)结合课文内容选择恰当的词语替换下列句子中的画线词语:

1. 成千上万条死鱼漂浮在官桥湖的水面上,水流使它们<u>沿</u>着湖岸挤在一起,……

   A. 顺   B. 跟   C. 随   D. 排

2. 近几年来,类似的环境污染事件在中国的报纸、电视上被<u>一再</u>曝光,公众对此也越来越关注。

   A. 再次   B. 第二次   C. 一次又一次   D. 又一次

3. 由于无数造纸厂、皮革加工厂、化工厂将<u>各种</u>工业污水倾入河中,淮河已是中国污染最严重的一条大河。

  A. 放   B. 流   C. 引   D. 倒

4. 省会太原已<u>终日</u>笼罩在烟尘之中，南部城市临汾情况更糟，中午时，室外的能见度只有100多米。

  A. 白天   B. 傍晚   C. 一天快结束的时候   D. 从早到晚

5. 首都北京也<u>承受</u>着空气污染的危害。

  A. 承担   B. 承认   C. 感受   D. 忍受

6. 在这种环境中，就会有人感到身体<u>不适</u>。

  A. 不适应   B. 不舒服   C. 生病了   D. 没有力气

7. 环境保护法、水污染防治法、大气污染防治法等一系列法律<u>相继</u>颁布。

  A. 继续   B. 开始   C. 终于   D. 一个跟着一个

8. 就在蚌埠人在为失去水源而<u>无奈</u>的时候，中国政府开始对淮河进行大规模治理。

  A. 生气   B. 没有办法   C. 担心   D. 可惜

(三) 根据课文内容判断下列句子对错：

1. 如今中国人对环境问题越来越重视了。 ( )
2. 中国的报纸、电视上有关环境问题的报道并不多。 ( )
3. 中国污染最严重的一条大河是长江。 ( )
4. 很久以来，蚌埠人一直从外地运水或自己打井取水。 ( )
5. 酸雨主要是由煤燃烧后排出的二氧化硫所引起的。 ( )
6. 北京人对城市空气质量很满意。 ( )
7. 1973年，中国就设立了环保机构。 ( )
8. 新刑法对破坏环境者将实施更严厉的惩罚。 ( )
9. 零点计划治理的主要对象是淮河。 ( )
10. 一些污染严重的小企业已被政府关闭。 ( )

(四) 根据段落内容选择正确答案：

1. 课文内容涉及水污染的是哪几段？

  A. 第1、2、4、5段
  B. 第1、2、3、4段
  C. 第2、4、5、6段
  D. 第1、4、5、6段

2. 哪一个句子可以概括第14段的主要内容？

  A. 城市规模不断扩大，到处都在兴建高楼大厦、立交桥和马路

B. 80年代,人们形容整个中国就像一个大建筑工地
C. 直到现在,这个"工地"仍然继续产生着噪声和尘土
D. 城市环境在逐渐恶化着

3. 综观全文,作者认为:
A. 中国的环境污染严重,没有办法解决
B. 中国的环境污染与发达国家相比并不严重
C. 治理环境污染主要靠环保部门
D. 中国的确面临着环境污染的威胁,但并非无法解决

(五)选择合适的词语填空:

威胁　检测　曝光　防治　恶化　监督　惩罚　治理　勒令　介于

1. 这家商店缺斤短两、损害消费者利益的行为已经被电视台_____。
2. 空气污染直接_____着人类的健康。
3. 风沙是大自然对人类破坏环境的行为的_____。
4. 虽然医生们已经尽了最大努力,他的病情还在_____。
5. 辽河是水污染严重的河流之一,目前政府已开始对它进行_____。
6. 这家工厂由于忽视安全生产而发生了重大事故,被_____停产。
7. 对孩子的学习得不断地_____才行。
8. 有关部门对这种车的尾气排放情况进行了_____,结果令人满意。
9. 他的学习成绩_____上等和中等之间。
10. 省里派来的卫生队做了大量工作,有效地_____了这个地区流行的传染病。

略　读
（lüè dú）

课文(一)　跨世纪的绿色工程

一、提示与要求

全文约1800字,要求12分钟内读完(一遍),然后做练习。

二、课　　文

　　1996~2010年中国政府将在环境保护方面花大气力、动大手术。为此,国家环保局制定了《跨世纪的绿色工程计划》(下称"绿色计划"),并已开始施行。

　　当前,中国环境污染和生态破坏已相当严重。以城市为中心的环境污染在发展,并急剧地向农村蔓延;生态破坏的范围在扩大,程度在加剧。跨世纪的15年(1996~2010)是中国经济、社会和人民生活大发展的关键时期,也是中国控制环境污染和保护生态平衡的关键时期。

　　这15年间,中国环境保护的目标是:建立比较完善的环境管理体系和环境法规体系,力争使环境污染和生态破坏加剧的趋势得到基本控制,基本改变生态环境恶化的状况,城市环境有比较明显的改善,建成一批经济快速发展、环境清洁优美、生态良性循环的城市和地区。

　　"绿色计划"正是为实现这一目标制订的有项目、有资金、有重点的具体工程计划,目的是组织国家有关各部门、各地方和企业,针对一些重点地区、重点流域和重大环境问题,集中财力、物力,实施一系列工程措施,打几个大战役,比如:在污染比较严重的淮河水系设立200多个污染控制项目,投资上百亿元人民币。以此带动全局,向环境污染和生态破坏宣战,以求基本控制环境污染和生态破坏加剧的趋势,并在2010年逐步实现中国环境保护的总目标。

　　水环境污染是中国主要环境问题之一。中国近70%的河流受到污染,七大水系(淮河、辽河、海河、松花江、黄河、珠江和长江)中近一半河段污染严重。"绿色计划"包括七大水系的污染控制项目,还包括三大湖泊(滇池、巢湖和太湖)的污染控制项目,以及14个重点沿海城市及其近岸海域水污染控制项目。

　　大气环境污染也是中国主要环境问题之一,特别是酸雨危害已到了相当严重的程度。中国国土面积的三分之一已处于酸雨的威胁之下。"绿色计划"包括中国重点酸雨区(西南、华中、华南和华东)二氧化硫控制项目和28个重点城市的大气污染防治项目。

　　固体废物的污染已引起高度重视,特别是城市生活垃圾对环境的影响不断增大。本计划包括城市生活垃圾处置、工业固体废物综合利用以及危险废物和放射性废物控制项目。

　　开发活动造成的生态破坏越来越严重,生态环境的保护和恢复已成为紧迫的任务。本计划主要包括自然保护区、生态环境恢复与保护、农村生态环境保护以及海洋生态环境保护等项目。

　　工业污染是中国环境污染的主要来源,防治工业污染是中国环境保护的重点。本计划包括中国主要的污染行业(化工、轻工、电力、冶金、石油、建材、医药)污染治理、废物综合利用和节能、节水等清洁生产;还包括与生态环境保护有关的行业,如农业、林业、海洋等部门的项目。

履行国际公约、保护全球环境是中国的一贯立场。本计划还包括臭氧层保护、温室气体控制及生物多样性保护项目。

"绿色计划"的投资特点是城市环境基础设施的建设占较大比重,大部分投资均须由各地方政府来筹集。如水污染防治投资中64%用于城市生活污水处理;大气污染防治投资中63%用于城市集中供热、城市煤气化等建设,固体废物污染防治投资中45%用于城市生活垃圾处置。

"绿色计划"中希望利用外资的项目约700个,涉及外资总额67亿美元。其中,城市环境基础设施建设项目300个,需用外资38亿美元;生态环境保护项目60个,需用外资3亿美元;工业污染防治项目320个,需用外资24亿美元;全球环境问题的履约项目20个,需用外资2亿美元。

(根据《今日中国》1996年第4期侯瑞丽《跨世纪的绿色工程》改写。)

三、练 习

(一)根据课文内容判断下列句子对错:

1. "绿色计划"是一项环保计划。　　　　　　　　　　　(　　)
2. 中国的环境污染中心是城市。　　　　　　　　　　　(　　)
3. 生态破坏的范围目前正在缩小,程度也减轻了。　　　(　　)
4. 中国七大水系中50%河段污染严重。　　　　　　　　(　　)
5. 中国重点酸雨区在东北、华北、华南和华中。　　　　(　　)
6. 城市生活垃圾对环境造成的危害越来越严重。　　　　(　　)
7. 农业、林业、海洋等部门都是与生态环境保护有关的行业。(　　)
8. 臭氧层保护、温室气体控制及生物多样性保护项目都包括在"绿色计划"之中。　　　　　　　　　　　　　　　　　(　　)
9. 实施"绿色计划"将大量利用外资。　　　　　　　　(　　)

(二)根据课文内容简要回答下列问题:

1. 为什么要实施"绿色计划"?

答:

2. 中国环境保护的目标要建成一批什么样的城市和地区?
   答:

3. 中国有多少河流存在污染问题?
   答:

4. 中国有多少国土面临酸雨的威胁?
   答:

5. 中国环境污染的主要来源是什么?
   答:

6. "绿色计划"希望利用外资最多的是那个方面的项目?
   答:

课文(二) 赤潮,亮起红色警告

一、提示与要求

全文约1000字,要求7分钟内读完(一遍),然后做练习。

二、课   文

深圳告急! 珠海告急!
惠东告急! 阳江告急!
…………

3月下旬,深圳大鹏湾南澳海域警报频频,一股凶猛的赤潮席卷而来,所到之处,海水网箱养鱼遭受灭顶之灾。蓝绿色的海面上,不时漂来大片淡褐色藻潮,大批大批的成鱼和鱼苗横尸大海。

随后,珠海海域出现赤潮,迅速波及万山岛、桂山岛、外伶仃岛等海域。惠东、阳江等地近3000平方公里的海域也赤潮翻涌。在短短的10多天里,深圳网箱养鱼死亡150吨,均为红鲷、石斑、鲷科等高中档鱼类,损失达2000万元。珠海的万山群岛死鱼最严重,鱼类死亡120吨,占网箱养殖存量的30%,另有黄花鱼苗210万尾,直接经济损失1500多万元。桂山镇仅4月15日一天网箱养殖鱼死亡达四五十吨,黄花鱼苗死亡200多万尾。惠东仅港口镇死亡海鱼60吨,损失500万元。阳江东平渔港内2万多平方米网箱里的鱼苗和成鱼大部分死亡,损失约500万元。

　　面对突然到来的灾害,渔民们无可奈何,欲哭无泪。珠海桂山镇养殖大户黄志民几天内损失150万元,悲伤至极的他喃喃地说:"我长这么大,哪见过这样的大灾!"专业户张齐带损失百万,当时的一幕至今仍让他伤心:4月15日凌晨,大片的褐色漂浮物逼近海岸,渔民们拖着网箱,四处躲避却无济于事,渔民们眼睁睁看着活蹦乱跳的鱼顷刻间翻起了白肚皮。拥有65个网箱的养殖户周金四说,赤潮来时没有任何征兆,只见网箱里的鱼突然一齐跳出水面,旋即沉入网底,几小时后他看到的是白花花的死鱼浮在水面,他的鱼有九成死于赤潮。目前死鱼300余吨,已造成直接经济损失4000多万元。

　　经历了这场灾难之后的渔民至今仍然在问:赤潮究竟是何方冒出的杀手?

　　由于温度、盐度、营养料、环境污染等因素导致的海洋中的浮游藻类爆发性繁殖,呈黄、绿、褐、黑等颜色,大量集结时呈红色,故称赤潮。赤潮曾在世界上多个国家海岸水域发生,在我国的大连湾、长江口、北海、南海都有发生,但此次发生在珠江口海域的赤潮是我国历史上最严重的一次,波及范围达数千平方公里,并仍有向西蔓延的可能。

　　赤潮作为一种自然灾害,人类还没有掌握它的规律,对于它的发生、发展、消亡尚无充分的认识。但专家们一致认为它的发生与人类的生产、生活密切相关,环境污染无疑是赤潮发生的头号帮凶。过度的生产生活污水排放、自然生态系统的毁坏、掠夺式利用海洋资源等,都会导致赤潮发生的频率增高、范围扩大、危害加剧。有资料表明,近年来广东海域赤潮愈加频繁,且每次发生的赤潮面积都有增大的趋势,主要原因是广东沿海尤其是珠江口沿海陆源污染物向海洋过度排放,大量含有氮、磷等营养元素的污水改变海洋水质,使海水富营养化,加上气候等原因,为赤潮生物创造了快速繁殖的条件。

　　　　　　　　　　　　(选自1998年4月28日《人民日报》,作者:赵京安。有删改。)

三、练　　习

(一)根据课文内容判断下列句子对错:

　　1. 这次赤潮首先出现于珠海海域。　　　　　　　　　　　　　　(　　)
　　2. 赤潮对船只航行安全造成了很大的威胁。　　　　　　　　　　(　　)
　　3. 赤潮给深圳网箱养鱼造成的经济损失达2000万元。　　　　　　(　　)
　　4. 渔民们对赤潮的发生早有防备。　　　　　　　　　　　　　　(　　)

5. 这次发生的赤潮在中国还是首次。　　　　　　　　（　）
6. 目前专家们还没有研究透赤潮发生的规律。　　　　（　）
7. 导致这次赤潮发生的最主要因素是气候因素。　　　（　）

(二)综观全文,作者主要写了什么?
  A. 赤潮的危害及防治
  B. 人类该如何战胜赤潮
  C. 珠江口海域的赤潮是环境污染造成的
  D. 发生在珠江口海域的赤潮及成因

查　阅

课文(一)　我们呼吸着什么样的空气

一、提示与要求

全文约1600字,要求8分钟内查找出问题的答案。

二、问　题

1. 北京市空气的主要污染物是什么?
  答:

2. 针对燃煤污染,北京市采取了什么对策?
  答:

3. 空气重度污染出现频率最高的是哪个城市? 其主要污染物是什么?
  答:

4. 平均空气污染指数最低的是哪个城市?
  答:

5. 空气质量一级出现频率在30%以上的城市有几个?
   答:

6. 空气质量始终保持优或良好的城市有几个?
   答:

三、课　　文

　　截至5月11日,我国已有33个城市定期向全国发布其空气质量周报,面对着一期期公报,我们丝毫轻松不起来,近一半城市的空气质量不能达标,甚至呈现中度污染、重度污染,这怎能不令人们忧虑!

　　北京的空气质量无疑最受人关注。从北京已发布的11期周报来看,其空气污染指数最低为102,最高达328,没有一次达标,且平均指数高达197,属于轻度污染。

　　再来看看其他城市。在今年的前4个多月里,平均污染指数在200以上的有太原市,在100以上的则有沈阳、郑州、广州、石家庄和长春等12个城市。(空气污染指数在101~200范围时属于轻度污染,在201~300范围时属于中度污染。)因此全国的情况也同样不容乐观。

　　那么谁是空气污染的"罪魁祸首",即我国城市空气的主要污染源是什么呢?据中国环境监督测总站的佟彦超介绍,在这个问题上,各城市的情况不大一样。以北京市为例,其空气的主要污染物是氮氧化物,而这相当一部分是来自于机动车尾气,因此机动车尾气就构成了北京空气的主要污染源。此外,总悬浮颗粒物也是不容忽视的,在北京4月17日~4月30日两期空气质量周报中,它都占了首要地位,而这种物质的产生有自然和人为两方面原因,自然因素主要有风沙、岩石风化等,人为原因则包括燃烧、工业生产和施工等,因此,各种煤炉、锅炉以及风沙、施工扬尘等,就构成了北京空气的第二大污染源。这里还有必要提一下北京街头的烧烤摊,这支释放大量烟尘、阵容庞大的队伍,也是目前北京空气的一个重要污染源。

　　从全国来看,上海和广州的空气也是以机动车尾气为主要污染源,这表现在其空气中的主要污染物为氮氧化物。太原、郑州、石家庄以及呼和浩特等城市的情况则不同,其主要污染物是总悬浮颗粒物,而这主要是因为其土质比较疏松,植被覆盖率低,一刮风尘土就扬到了空中。此外,贵阳、青岛和重庆等城市的主要污染物是二氧化硫,而这主要是由高硫煤的燃烧所引起的。

找到了罪魁祸首,我们就可以对症下药进行治理了。目前许多城市都针对机动车尾气污染采取了相应措施,如北京市从4月1日起,以路检方式对排气不达标的机动车强制安装机外净化器,另外全国不少城市都已规定汽车必须使用无铅汽油。针对燃煤污染,大连和沈阳两市于去年底将市中心区所有1蒸吨以上的燃煤装置限制淘汰,更新使用清洁燃料;北京则提出了"以气代煤"的对策。

相信在更多的治理措施下,不久的将来,空气质量周报传递给我们的,将不再是令人忧虑的信息。(附表)

城市	平均API	周均API范围	不同空气质量级别出现频率%					主要污染物
			Ⅰ级 优	Ⅱ级 良好	Ⅲ级 轻度污染	Ⅳ级 中度污染	Ⅴ级 重度污染	
北京	202	138—275	0	0	53.33	46.67	0	氮氧化物
天津	147	100—294	0	6.25	81.25	12.50	0	总悬浮颗粒/二氧化硫
石家庄	173	146—228	0	0	93.33	6.67	0	总悬浮颗粒物
太原	272	173—321	0	0	6.67	60.00	33.33	总悬浮颗粒物
沈阳	190	100—292	0	6.25	62.50	31.25	0	总悬浮颗粒物
大连	75	65—84	0	100.00	0	0	0	总悬浮颗粒物
长春	155	89—212	0	6.67	86.67	6.67	0	总悬浮颗粒物
哈尔滨	112	74—139	0	13.33	86.67	0	0	总悬浮颗粒物
上海	110	71—170	0	50.00	50.00	0	0	氮氧化物
南京	91	56—158	0	68.75	31.25	0	0	总悬浮颗粒物
苏州	73	55—82	0	100.00	0	0	0	总悬浮颗粒物
连云港	69	64—74	0	100.00	0	0	0	总悬浮颗粒物
杭州	88	63—144	0	81.25	18.75	0	0	氮氧化物
宁波	57	51—67	0	100.00	0	0	0	总悬浮颗粒物
合肥	53	34—78	43.75	56.25	0	0	0	氮氧化物
福州	58	32—74	20.00	80.00	0	0	0	总悬浮颗粒物
厦门	41	23—63	87.50	12.50	0	0	0	总悬浮颗粒物
南昌	58	25—102	33.33	60.00	6.67	0	0	总悬浮颗粒物
青岛	138	67—211	0	25.00	62.50	12.50	0	二氧化硫
郑州	186	117—267	0	0	73.33	26.67	0	总悬浮颗粒物
武汉	99	74—146	0	68.75	31.25	0	0	总悬浮颗粒物
长沙	130	75—213	0	25.00	68.75	6.25	0	二氧化硫
广州	184	85—234	0	6.25	43.67	50.00	0	氮氧化物
深圳	57	27—95	43.75	56.25	0	0	0	氮氧化物
珠海	64	25—112	31.25	62.50	6.25	0	0	总悬浮颗粒物
南宁	58	32—78	18.75	81.25	0	0	0	总悬浮颗粒物
重庆	127	79—201	0	50.00	43.75	6.25	0	二氧化硫
贵阳	145	100—205	0	6.25	81.25	12.50	0	二氧化硫
昆明	86	61—116	0	78.57	21.43	0	0	总悬浮颗粒物

(注:API即空气污染指数)

(选自1998年5月12日《经济日报》,作者:张勇。)

课文（二） 当前十项最大的环境问题

一、提示与要求

全文约500字，要求3分钟内查找出问题的答案。

二、问　　题

1. 如果不控制生育，2050年世界人口将达到多少亿？
   答：

2. 全世界捕鱼量下降的原因是什么？
   答：

3. 呼吸着不卫生的空气的人占世界人口的百分比是多少？
   答：

三、课　　文

由美国《新闻周刊》列出的当前十大环境问题：

1．温室效应。如不加控制，到2000年可使地球气温升高2.7～8.1摄氏度，将引起大规模干旱、洪涝与热带风暴。

2．物种灭绝。丛林消失使每天有50到100种物种灭绝，其中大多数连名字都不知道。这是自恐龙灭绝以来最快的物种灭绝。

3．饮水不卫生。全世界有12亿人饮用不洁水。1990年有320万名5岁以下儿童死于腹泻。

4．人口过多。到2050年，如生育率稳定，人口将达80亿；如不控制，可达125亿。

5．渔业危机。全世界捕鱼量从1989年的1亿吨降至1991年的9800万吨，主要是由于过度捕捞。

6．臭氧空洞。南极臭氧层比15年前薄了50％。

7．粮食产量。1981年以前，世界谷物产量年增长3％；从1981年以后，每年仅增长1%。土地过度利用与污染在1991年造成100亿美元损失。

8. 雨林丧失。焚烧与砍伐使雨林每年丧失1200万英亩,相当于一个俄克拉荷马州。

9. 资源枯竭。到2000年世界将需要二倍于目前的原材料。今后10年如照目前规模用油,则要求10年内发现和迄今已发现的同样多的油藏。

10. 大气质量。从美国较新的城市到东欧古老的煤城,有12.5亿人(超过人类总和的1/5)呼吸的是不卫生的空气。

(选自《大地》1994年第1期。)

课文(三) 现代生活提倡"绿色"

一、提示与要求

全文约1100字,要求6分钟内查找出问题的答案。

二、问　　题

1. 什么样的洗涤剂可以称作绿色产品?
   答:

2. 德国奔特色公司的费雷德·克雷德先生为什么决定在沙市投资?
   答:

3. 什么是绿色汽车?
   答:

4. 瑞典一些城市对于绿色汽车有什么优惠政策?
   答:

5. 在哪个国家举办的一次冬奥会被称为"绿色运动会"?
   答:

6. 绿色药品是用什么制成的?
   答:

三、课　　文

1. 绿色食品首先登台

在世界性绿色消费大潮中，首先登台的是绿色食品，那些产自天然或很少使用化肥农药、不含有害化学物质的农产品、食品、饮料，很快占领了市场。随后，不含化学物质并加入了各种能被人体吸收的有益生物物质的"绿色化妆品"，不含磷酸盐的洗涤剂、易分解的塑料制品、不经氯气漂白的木浆制成的婴儿尿布、不含氟里昂的喷发胶也很有销路。

2. 绿色环境吸引外资

创造投资环境，不只靠水、电路、宾馆、通讯设施，绿色也是硬件，它是环境保护的一个重要体现。如果说宾馆、通讯设施为生活提供方便的话，则绿色直接关系人的身体健康。

绿色是吸引外资的一个重要条件。报载，来华考察洽谈合资事宜的德国奔特色公司财务总裁曼费雷德·克雷德先生就被湖北沙市的绿色环境深深地吸引住了。他说："沙市的环境非常好，我们决定在这里投资，公司的中国总部也设在沙市。"

3. 绿色汽车风行欧美

绿色汽车指无污染和污染少的汽车，如电动汽车、天然气汽车、氢气汽车、太阳能汽车和无铅汽油车。瑞典政府决定在今后5年中大力发展以电和天然气为动力的小汽车、公共汽车和卡车，以减少对石油的依赖和对环境的污染。为鼓励人们使用绿色汽车，瑞典一些城市准备给这类汽车免费停车的优惠，电动小汽车还可以免费充电。意大利准备在3年内投资25亿美元，用于改造污染较大的各类汽车，并研制"生态汽车"。美国也制定了电动汽车发展计划，支持和鼓励制造商生产更多的电动汽车。

4. 绿色运动会备受欢迎

近些年，每逢举办冬季奥运会，主办者都会因环境保护问题而大为头疼，时常遭到环境保护主义团体的猛烈抨击。而1994年挪威利勒哈默尔冬奥会的主办者却不仅没有遭到环保专家指责，反而在一些事情上得到了对方的赞许，被人们普遍称赞为"一次名副其实的绿色运动会"。

本届冬奥会的场馆建设，把保护生态环境放在首位。组委会请环保主义者们一起共商选地大计。经过反复研究，体育馆挪到了远离鸟兽禁猎区的城边上。由于体育馆造型别致，加上靠近湖边，因而成为一个别具特色的景致，双方都很满意。

5. 绿色药品悄然兴起

数不清的植物既是人们充饥的食品，又是人们治病的良药。药物学家们近年发现，甘菊茶、向日葵和苦艾等菊科植物正日益成为制造新药的重要源泉，从中提取的物质很可能成为疟疾、癌症和心脏病等疾病的克星。

病原体抗药性是医生们最感头痛的问题。例如，疟疾病原体对至今所使用的药物就有很强的抗药性。因此，医生们焦急地盼望着能有新植物问世。专家们认为，借助于药用植物，人类有可能走在病原体抗药性的前头。

药用植物在对付癌症方面也很有效果。菊科喷嚏草当前正被用于肿瘤治疗试验，并取得了初步成效。

（选自《海峡两岸》1996年第9期，作者：石中元。原题目为《回归自然——绿色环保企业兴起》。有删改。）

阅读知识：记叙文 4：写人

写人的记叙文就是以人物为中心，以人物活动为线索，通过对与人物有关的典型事件的叙述、描写表现人物的精神、品德和命运，表达作者的观点。

教材中《养鹤姑娘的故事》、《背着丈夫上讲台》、《郝先生为新婚妻子征婚》等就是以写人为主的记叙文。阅读这类文章，我们应该学会按照人物活动线索了解人物特点，读后文章中的人物能够深深地留在自己的记忆里。

在《养鹤姑娘的故事》这篇文章里，作者通过养鹤姑娘徐秀娟养鹤这一线索——童年（鹤成了她心爱的伙伴）——17岁开始进入自然保护区当养鹤工（成为一把好手，记录了十几本工作日记，受到专家的赞誉）——进入大学学习（学习刻苦，一年半学完两年的课程，成绩优秀）——在江苏盐城自然保护区工作（创下了丹顶鹤首次在低纬度地区孵化、饲养、驯化成功的经验，22岁在全国鹤类保护会议上宣读论文）——为寻找一只走失的天鹅殉职，叙述了徐秀娟短暂的一生。通过这一系列事件我们看到了一位在平凡岗位上，为维护自然界的生态平衡，为保护珍稀鸟类而献身的当代女青年的光辉形象。

阅读技能：指代词及其指代内容（下）

一般来说指代词所指代内容的位置多在指代词前边。有时指代词和其指代内容在同一句子内，甚至是同位，我们把它叫作同位指代。例如：

学生宿舍的卫生一直由学生自己安排值日打扫。（《净化环境与净化心灵》）

这里人称代词所替代的是学生,我们把"自己"看作"学生"的同位语。

有时指代词代词所指代的人或事物与这个代词所处的位置比较远,有的不在同一个句子里,有的甚至不在同一句群或同一段落。这时就需要通读整个句群或段落,才能领会出这个代词指代的完整内容。(可以参看上一讲例句4、5。)

第六单元 购物休闲(一)

通读 名牌战略与文化底蕴

一、提示与要求

全文约1200字,要求9分钟内读完(一遍),然后做练习。

二、词　语

战略　战役　战术　利润　自卖自夸　自欺欺人　淘汰　陨落
脚踏实地　急功近利　毅力　较量　象征　不妨　旗帜　规模
相辅相成　好在　兼并　率先　佼佼　假冒　拙劣　仿造
机制　围剿　底蕴　抄袭　偷袭　归宿　为期

三、课　文

【1】企业生产、卖出产品而取名叫"战略",可以充分看出其意义超过一般。明确了名牌战略后,辅之以名牌战役、名牌战术,就成为当务之急。

【2】企业家重视名牌,因为名牌可以带来效益利润。消费者喜欢名牌,因为名牌说明质量好、讲信用。可是,靠政府指令,强立名牌,是计划经济的产物;实施名牌战略,应该尽早转变自己的思想。名牌的形成也不靠企业自己说自己是名牌。王婆卖瓜,自卖自夸,可以制造一时的虚假繁荣;但市场无情,自欺欺人,迟早要被淘汰。

【3】名牌来自竞争。竞争必须占领市场。市场占有率固然不等于名牌,但名牌必须占有大份

词语注释:

战略 zhànlüè strategy
底蕴 dǐyùn inside information; details
战役 zhànyì campaign; battle
战术 zhànshù (military) tactics
利润 lìrùn profit
自卖自夸 zì mài zì kuā praise the goods one sells
自欺欺人 zì qī qī rén deceive oneself as well as others
淘汰 táotài eliminate through selection or competition

额的市场。因此，创立一个世界公认的名牌，有时甚至要经过几代人的努力。一部市场经济史，就是名牌崛起和陨落的历史。初创名牌必须不怕寂寞。脚踏实地，看似慢其实快；急功近利，看似快其实慢。自古以来，瓜儿先苦后甜，名声由小而大。创立名牌如同创建其他事业一样，是一场耐心和毅力的较量。谁经得起时间的考验，谁就能获得最后的成功。

【4】一个国家有一个国家的名牌。真正的名牌，从来就是民族经济、民族文化、民族精神的象征。面对别国名牌进入本国市场，完全加以拒绝，固然不对；出卖企业，改变厂名，使本国的企业成为洋人的定牌加工厂，以求小利，同样不是好办法。创建名牌不妨借助外来资源、外来技术、外来管理，又万不可以改换品牌为前提。没有几个、几十个足以代表我国综合经济实力的国际名牌，我们就无法和其他国家竞争。这正是实施名牌战略的中心所在。

【5】创名牌需要资金，而资金的取得必须以名牌为旗帜；创名牌需要规模，而规模的形成必须以名牌为龙头；创名牌需要人才，而人才的聚合必须以名牌为号令。

【6】资金、规模、人才既以名牌为起因，又以名牌为结果。两者看起来对立，其实相辅相成。好在经过数十年的努力，我们开始有了自己的名牌，而围绕名牌之战，企业肯定要兼并重组。只有率先登上名牌顶峰者，方能担当起领导企业改革新潮流的重任。

【7】名牌是众多品牌中的佼佼者。名牌既然可以带来不断的超额利润，它就很容易被别人假冒。在正面迎接竞争挑战的同时，不得不同时与拙劣的仿造者斗争，这是名牌的悲哀所在。可以看出，在实施名牌战略时，建立有效的打假机制多么重要。同样重要的是，在名牌中打假不能只请求

陨落 yǔnluò (of a meteorite, etc. fall from the sky or outer space)
脚踏实地 jiǎo tà shí dì have one's feet planted on solid ground—earnest and down-to-earth
急功近利 jí gōng jìn lì eager for instant success and quick profits
毅力 yìlì willpower
较量 jiàoliàng haggle; argue; dispute
象征 xiàngzhēng symbol; emblem; to ken
不妨 bùfáng might as well
旗帜 qízhì banner; flag
规模 guīmó scale; scope; exten
相辅相成 xiāng fǔ xiāng chéng supplement and complement each other
好在 hǎozài fortunately; luckily
兼并 jiānbìng annex (property, territory, etc.)
率先 shuàixiān take the lead in doing sth.
佼佼 jiǎojiǎo above average; outstanding
假冒 jiǎmào palm off (a fake as genuine)
拙劣 zhuōliè clumsy; inferior
仿造 fǎngzào copy; be modelled on

政府帮助,而是首先应该自己承担起这个责任来。

【8】从企业自身来看,真正的名牌,从来不怕"李鬼"式的围剿。因为,世界级的名牌不仅具有丰富的技术含量,它更追求深厚的文化底蕴。说到底,名牌是文化的象征。技术可以复制,而文化难以抄袭。从来没有被假冒者打败的名牌;反过来,由于不能忍受假冒者的偷袭而失败,则证明其本身还不具备名牌的高品位和高素质。从本质上说,创立名牌既是物质生产的过程,又是精神生产的过程。因此,实施名牌战略必须以文化为出发点和归宿点。一旦名牌文化这个全新的命题为企业家所认识和接受,中华名牌群星灿烂时代的到来便为期不远了。

(选自《方法》1995年第4期,作者:诸晓。有删改。)

机制 jīzhì mechanism

围剿 wéijiǎo encircle and suppress

抄袭 chāoxí plagiarize; lift
偷袭 tōuxí surprise attack

归宿 guīsù a home to return to; a permanent home; a final settling place

为期 wéiqī (to be completed) by a definite date

四、文化点注释

李鬼:《水浒》中的一个人物。他冒充梁山好汉李逵进行抢劫,后被李逵所杀。后用"李鬼"指代假冒者。

五、练 习

(一)选择对下列句子的正确理解:

1. 一部市场经济史,就是名牌崛起和陨落的历史。
    A. 名牌是在市场经济下经过很长时间才形成的
    B. 市场经济下,名牌需要经常更替
    C. 名牌的发展有自身的特点
    D. 名牌的产生,需要很长的时间
2. 创名牌需要规模,而规模的形成必须以名牌为龙头。
    A. 创名牌必须遵从市场经济规律
    B. 规模对名牌具有重要意义
    C. 有名牌才有规模,有规模才有名牌
    D. 是否名牌决定着规模的大小

3. 资金、规模、人才既以名牌为起因,又以名牌为结果。
   A. 资金、规模、人才和名牌是互为因果的关系
   B. 名牌的形成需要资金、规模、人才
   C. 资金、规模和人才是名牌形成的三要素
   D. 名牌有利于资金、人才、规模的形成
4. ……,而围绕名牌之战,企业的兼并重组已成为定局。
   A. 对名牌的争夺带来了企业的重组
   B. 只有兼并重组,才能争夺名牌
   C. 企业的兼并重组可以形成名牌
   D. 企业纷纷争当名牌

(二)结合课文内容选择恰当的词语替换下列句子中的画线词语:
1. 王婆卖瓜,自卖自夸,可以制造<u>一时</u>的虚假繁荣。
   A. 一会儿   B. 很短时间的   C. 马上   D. 较长时间的
2. 市场无情,自欺欺人,<u>迟早</u>要被淘汰。
   A. 很快   B. 也许   C. 肯定   D. 早晚
3. 创建名牌<u>不妨</u>借助外来资金、外来技术、外来管理……
   A. 完全能够   B. 可以,没有妨碍   C. 何必   D. 为什么不
4. 市场占有率<u>固然</u>不等于名牌,……
   A. 必然   B. 当然   C. 虽然   D. 果然
5. 使本国的企业成为洋人的定牌加工厂,<u>以</u>求小利,……
   A. 为了   B. 刚   C. 把   D. 所以
6. 只有率先登上名牌顶峰者,<u>方</u>能担当起领导企业改革新潮流的重任。
   A. 刚刚   B. 马上   C. 才   D. 就
7. 技术可以复制,<u>而</u>文化难以抄袭。
   A. 不难   B. 很难为了   C. 很难用来   D. 很难
8. 一旦名牌文化这个全新的命题<u>为</u>企业家所认识和接受,……
   A. 做   B. 为了   C. 是   D. 被
9. 可是,靠政府指令,<u>强</u>立名牌,是计划经济的产物。
   A. 坚强   B. 强大   C. 强迫   D. 好
10. 规模的形成必须<u>以</u>名牌<u>为</u>龙头。
    A. 用……成为   B. 用……作为   C. 把……成为   D. 把……作为

(三)根据课文内容判断下列句子对错：
1. 名牌能给消费者带来效益和利润。　　　　　　　　（　）
2. 名牌的创立主要靠成功的自我宣传。　　　　　　　（　）
3. 名牌必须占有大份额的市场。　　　　　　　　　　（　）
4. 创立名牌需要耐心和毅力。　　　　　　　　　　　（　）
5. 每个国家都有自己的名牌。　　　　　　　　　　　（　）
6. 爱国就要坚决拒绝外国的名牌。　　　　　　　　　（　）
7. 在有效益利润的情况下，企业可以考虑换用外国的牌子。（　）
8. 要想领导企业改革的新潮流，就必须创立名牌。　　（　）
9. 实施名牌战略，必须建立有效的打假机制。　　　　（　）
10. 打假应主要依靠政府的领导。　　　　　　　　　　（　）

(四)根据段落或全文内容选择正确答案：
1. 课文中第七段主要介绍的是：
　　A. 名牌的糟糕的命运
　　B. 名牌和打假
　　C. 名牌的创立需要政府的帮助
　　D. 名牌的悲哀
2. 全文主要内容可以简单概括为：
　　A. 中国需要名牌
　　B. 中国名牌战略的实施必须和政府行为相结合
　　C. 实施名牌战略必须以文化为出发点和归宿点
　　D. 如何正确对待外来名牌

(五)划线连词：
务必　　　　　　高
利润　　　　　　公司
兼并　　　　　　答应
拙劣　　　　　　表演

迅速　　　　　　深厚
战略　　　　　　不远
底蕴　　　　　　崛起
为期　　　　　　眼光

略 读

课文（一） 可怜的中国消费者

一、提示与要求

全文约1350字，要求9分钟内读完（一遍），然后做练习。

二、课　　文

　　最近到南方出差，去了好几个城市。在住旅店时出现了完全不应该发生、却又普遍存在的现象，即在退房结算时忽然冒出一笔保险费。钱数虽然不大（正因为如此，很少有人深究），却完全违背了商业规则。因为保险是顾客对未来一段时间内怕因风险发生某种损失而向保险公司投保的交易，万一风险成为事实时，保险公司要负责赔偿。绝不会有任何人在事情过去之后，因为庆幸自己没有出事而向保险公司付钱的。我们所遭遇的情况正是事先并没有告诉我们保了险，事后却要求顾客支付保险费。这里的一个根本区别是事先不声明保险，万一出事保险公司可以赖账不赔。而我们手中又没有任何凭证可以作为索赔的法律依据。所以这笔保险费，就成为保险公司没有赔偿义务的"乱收费"。

　　保险是一种商业行为，顾客有权力投保，也有权力选择不投保。换句话说，保险公司根本无权强制顾客保险（养老保险是例外，因为除非夭折每个人都会变老）。即使顾客自愿投保，保险公司也应先将保险的条款交待清楚，特别是发生损失时的赔偿金额，同时保险公司应该将附有公司签章、有法律效力的保险合同书交给顾客保管，作为万一出事时索赔的根据。而这一切在我们住过的旅馆统统都没有。所以保险费成为乱收费的一种借口。附带说一句，现在坐飞机保险时的保险合同往往和客票用订书机订在一起，旅客乘飞机时带上了飞机，遇难者的亲属根本无法证明他曾保过险。在我们所到之处，乱收费借保险费的名义能够畅通无阻不受抵制，说明了广大群众作为消费者对自己的权利和义务不很了解。有人说要交钱，自己就莫名其妙地把钱交了。

　　这次出门还看到了一个熟视无睹的现象。即不论是坐飞机，还是全程对号入座的火车，旅客上车时无不带着紧张恐慌的表情争先恐后。这一现象不但发生在国内，而且同胞们还把它带到了国外。中国民航的航班办理登机时，总是非常拥挤,和其他航班的秩序井然相比,非常显眼。但中国人在外国航空公司的航班办理登机时,并没有这种紧张惊慌的表情。我曾注意这一现象,并试图探究其原因,但一直不得其要领。现在联系到保险费变成乱收费的事,我忽然悟出了其中的道理。中国人在市场上很少受到法律的严格保护,倒是垄断企业或大企业(往往是国家办的)随时随地可以侵犯消费者的权益,欺负消费者。百姓们有了这个经验,虽然车票机票上有对号入座的说明,上去之后有没有位子心里还不是很有把握的,所以出门旅行时往往处于精神紧张的不正常状态。

也许有人会批评我是神经过敏,把两件完全不同的事硬扯到了一起,甚至说我故意往我国的市场经济脸上抹黑。为了对应这种可能的指责,下面再举一件我亲身经历的事。

去年我出差去广西北海,在坐飞机回北京登机之前,先把行李办了托运。那里对行李没有X光检查,马马虎虎就过了关。可是在检查手提行李时,我同行的一个朋友背包里装的一瓶茅台酒却被扣下,说茅台是高酒精度的烈性酒,属于易燃品,不让登机。大家都知道,世界各国的大机场都设有免税商店,专门出售各种酒类,供旅客出境带上飞机。别人的烈性酒可以带上飞机,为什么北海机场就例外呢?再说,我们身上穿的化纤衣服,也属易燃品,难道都要剥光了衣服赤条条地上飞机吗?虽然我们据理力争,并召来一大片围观群众,可是越吵越坏事,我们几乎要被当作寻衅流氓拘禁起来。在这万不得已的情况下,我们出示了VIP(十分重要人物 very important person)证件。安全检查员前倨后恭,立刻放行,当然连茅台酒也一起通过了。事后我专门写了一封信向民航管理局反映,焦点是为什么行李检查马马虎虎,却对一瓶茅台有那么浓厚的兴趣?为什么普通人不允许带,VIP却可以带?最后我居然得到了回答。可是这个答案令人啼笑皆非,说是因为工作人员水平低,业务不熟悉。我们的大企业不但有欺负消费者的习惯,而且一旦被告发,还有"王顾左右而言他"的本事。

(选自《东方》1996年第5期,作者:茅于轼。有删改。)

三、练　习

(一)根据课文内容判断下列句子对错:
1. 很少有人深究为什么事后要交一笔保险费。　　　　　　　(　　)
2. 一般来说,为了顾客的利益,可以强制顾客投保。　　　　(　　)
3. 保险公司应在出事后将保险的条款向顾客交待清楚。　　　(　　)
4. 保险合同和飞机票订在一起的做法是不对的。　　　　　　(　　)
5. 很多消费者对自己的权利和义务还不太清楚。　　　　　　(　　)

6. 中国人在办理中国民航的航班登机时秩序很好。（　　）
7. 很多中国人在出门旅行时往往精神紧张。（　　）
8. 作者的酒被扣完全是由于它是易燃品。（　　）
9. 作者专门写信向民航管理局反映，最后得到的回答不太令人满意。
（　　）

(二) 根据课文内容选择正确答案：
1. 本文一共讲了几件消费领域的不正常的现象？
  A. 四件　　　　B. 五件　　　　C. 六件　　　　D. 七件
2. 本文的主要内容是：
  A. 很少有人和消费领域的一些不正常的现象作斗争
  B. 中国消费者应把自己的权力和义务搞清楚
  C. 中国消费者在很多方面受到不公正的对待
  D. 垄断企业或大企业应该受到限制

课文（二）　广告的度

一、提示与要求

全文约1000字，要求7分钟内读完（一遍），然后做练习。

二、课　　文

  只要有商品存在，就有一个对商品广而告之的问题。虽然酒好不怕巷子深，但酒好也要想办法让别人知道。
  然而，任何事情都有个度。孔子说：过犹不及。对于广告，也有注意把握度的问题。
  广告投入应把握好度。广告投入是一种硬性投入，而广告效应带来的潜在效益则是滞后的，尽管舍不得孩子套不住狼，但也要看看有多少"孩子"。在承受能力范围内的适度的广告投入是必要的，但过度的投入则会出问题。最现实的例子就要数秦池古酒了。1996年底，秦池喊出三点二亿元天价，再次获得中央电视台的标王。这一过度的广告投入用光了秦池的钱，加上从四川等地买原料大量勾兑之事被媒体报道并广泛转载后，秦池市场形势全面恶化；虽然勾兑是白酒业普遍采用的生产工艺，但秦池的辩解却没有人听。1997年，秦池做了大量的广告,但销售额和利润却下降很多。因为成为广告标王而成功的企业,因为没有把握好度,最后又失败在"标王"上。

广告的形式应讲求度。广告形式本来是个最有创造空间的领域,搞好了可以创造出很多很好的形式。但现在,似乎有实力的厂家大都对明星非常喜爱。新老明星经常做广告。想喝酒吗?马季笑着地告诉你:"东西南北中,好酒在张弓";王姬说:"孔府家酒,叫人想家"。想买家用电器吗?巩俐不仅告诉你她喜欢"建伍"牌音响,而且希望你去买"美的"牌空调。同样是彩电,刘晓庆最喜爱"TCL 王牌",常宝华对"美乐"大加称赞。明星广告偶一为之或少量为之是会起到事半功倍的效果的,但过多过滥,消费者就会出现逆反心理,反过来对明星广告提出怀疑。明星广告的过度,最终只能导致明星广告的"贬值"。

广告的面也应注意度。现在一种产品,稍有市场,一家企业,稍有成绩,有的负责人便热心"创意",进行一场广告大战。电台、电视台、报刊等自然不必说,大幅标牌、电子广告屏到处都是,甚至你一走到家门,开门时门上就可能落下一张广告纸来。这种千方百计让千家万户知道你的产品的出发点是好的,但是过滥以后,会让消费者反感。有时人们走在大街上,披着红色广告披带的漂亮小姐站在街中心,向行人塞广告纸,有的行人带回家后,内心就认定这是假的,反而不肯购买产品。

根据产品的特点和销售市场,在做广告时做到有选择有节制地把握好度,这是一个成熟的企业家应该具备的素质,也是所有企业管理者都应认真研究的课题,在市场竞争越来越激烈的今天,尤其值得认真思考。

(选自 1998 年 10 月 20 日《法制日报》,作者:周平实。有删改。)

三、练　　习

(一)根据课文内容选择正确答案:

1. "广告投入应把握好度"是因为:

　　A. 广告投入是一种硬性投入

　　B. 广告投入的效益是滞后的

　　C. 过度的投入要栽跟头

　　D. 秦池酒厂就因当标王而失败

2. 作者没有对下列哪种情况提出质疑?

　　A. 明星广告的过度

　　B. 企业负责人过分热心地创意

　　C. 小姐在街上向行人塞广告

D. 对商品广而告之

3. 根据课文,有的行人将别人塞给自己的广告带回家后,对广告推荐的产品:

　　A. 很愿意买

　　B. 可能愿意买

　　C. 不愿意买

　　D. 对买不买很犹豫

4. 明星广告:

　　A. 适量进行对商品的销售有好处

　　B. 都会使人产生逆反心理

　　C. 花钱太多,从来达不到效果

　　D. 让人觉得很讨厌

5. 秦池失败的主要原因之一是:

　　A. 过度的投入

　　B. 销售额下降

　　C. 受到同行业的人的批评

　　D. 受到同行业的人的嫉妒

(二)下列哪种看法符合作者的观点?

　　A. 好的商品不需要做广告

　　B. 做广告要有选择有节制地把握好度

　　C. 争当标王只有害处,没有好处

　　D. 明星做广告不会有好的效果

课文(三)　男人的购物方式

一、提示与要求

全文约350字,要求2分钟内读完(一遍),然后做练习。

二、课　　文

　　虽然现在越来越多的男人负起到超级市场购物的责任,但在购物方式上却与女性有着许多明显的差别。

人类学家巴尼特发现,男人到超级市场时普遍存有抗拒心,他们的态度好像是在说:我是不会购物的,只不过我的妻子一定要我来罢了。巴尼特指出,到超级市场的男人可分为两种:一种是推着购物车在货架前犹豫,茫然不知所措;另一种则相反,推着购物车快速穿行,装东西时似秋风扫落叶,务求用最短的时间把车装满。巴尼特说,男人不愿意比较价格,也不会特意去寻找减价货。

男人购物时,对牌子并不在意。许多男人承认,他们第一眼看到哪个牌子就买哪个牌子。这种缺乏主见的态度使男人容易接受他人建议。许多孩子认为,跟爸爸去购物比较容易满足自己的欲望,因为爸爸肯接受他们的建议和要求,而妈妈却总是摇头。

男人购物也比较即兴,事前很少作周密计划,也很少列出清单,总是缺少什么时才去购买。

(一)根据短文内容,选择正确答案:
1. 下面哪一项不是男人购物的特点?
   A. 不考虑价格　　　　　B. 缺乏计划性
   C. 爱买名牌　　　　　　D. 容易接受别人的建议
2. 下面哪句话正确?
   A. 男人购物前大都要列出清单　B. 男人购物时总是不太情愿
   C. 妈妈总是接受孩子的建议　　D. 男人买东西都是速度特别快
3. "装东西时似秋风扫落叶"是说:
   A. 装得很慢　　　　　　B. 装得很快
   C. 装得很多　　　　　　D. 装得很仔细

(二)根据短文内容,简要回答下面问题:
"男人购物也比较即兴"中"即兴"大概是什么意思?

查　阅

课文(一)　消费政策要面面俱到

一、提示与要求

全文约1150字,要求6分钟内查找出问题的答案。

二、问　　题

1. 哪两个方面有些"失衡"？
    答：

2. 个人消费信贷在贷款总量中的比重高吗？
    答：

3. 在什么情况下，一些人才会去办贷款？
    答：

4. 进行消费信贷的人不多，有几个方面的原因？
    答：

5. 消费政策的"三多三少"是什么？
    答：

6. 什么直接影响到消费环境的改善？
    答：

三、课　　文

　　改善居民消费环境，实施鼓励消费的政策，是近几年拉动经济增长、实现生产和消费良性循环的重要措施，也是今后一段时期的重要措施。近两年政府花了很多心思，制定了不少相关政策，也取得了很大成效。但仔细研究起来，居民的消费热情与政府的鼓励相比，总有那么一些"失衡"。
　　近两年个人消费信贷处于低迷状态便很能说明问题。
　　在相关政策的鼓励下，近年来个人消费信贷虽然不断增长，但在贷款总量中比重依然很低。据中国人民银行武汉分行对湖南、湖北、江西三省的调查，到今年6月底，三省消费贷款总额占各金融机构贷款余额的比重仅为0.78％。而这种局面并非只是这三省才有，基本上是一种普遍现象。

从金融市场看，金融机构开办了个人住房贷款、汽车消费贷款、助学贷款、大额耐用消费品贷款、旅游贷款、住房装修贷款等，针对个人的信贷品种并不算少。但除非是没有办法、而钱数与自己的收入相比又可称之为"巨额"的消费，如购买住房，否则决不会去办什么贷款。三省的调查也证明了这一点：1998年以来，个人住房贷款占消费贷款总额的88.54%，其他消费贷款虽然增长较快，但所占比例较小，如教育助学贷款仅占0.36%。

进行消费信贷的人不太多，有几个方面的原因：一是消费者根据收入进行消费的观念还比较浓厚，"花明天的钱办今天的事"的观念尚未得到大部分消费者的认同。二是对未来收入预期的信心不足以及支出增大的过高估计，不敢轻易借债。三是金融服务还需要改进，个人贷款的要求较高、程序繁琐，没有足够坚强的意志和忍耐力，是很难顺利办完一笔贷款手续的。这些原因，不管是观念、预期或信心方面的障碍，还是服务条件具备与否，都与当前的消费政策的引导、调控有着极大的关系。

如果研究当前的消费政策，确有许多需要改进的地方，至少有"三多三少"：

一是从"鼓励"的角度出发多，从"接受（承受）"的角度考虑少。比如说，旅游热出现后，包括旅游贷款一类的激励政策制定出来了，但却很少考虑刚刚摆脱温饱的中国老百姓，是否愿意借债去满足还被认为是"奢侈"的旅游消费？因而这样的政策制定后，真正借钱的很少，自然也就难以达到政策的预期效应。

二是顾此失彼多，综合平衡少。实际上，消费政策有许多矛盾的地方，比如说，当前的改革政策中，一方面不少措施鼓励扩大即期消费，像旅游、买车等；另一方面涉及大额开支的住房、医疗、教育等面向市场化的改革不断推进，等于"鼓励"老百姓要考虑以后的生活，要攒上足够的钱支付未来的买房、就医、求学等。

三是"单项政策"多，配套协调少。比如说，随着轿车进入家庭热的到来，鼓励私人购买轿车的政策很快就有了，但消除购车过程中各种不合理收费的政策迟迟没制定出来，因而使不少人失去了购车热情。

消费政策的一个重要作用就是创造良好的消费环境。例如，运用政策及时引导和推动居民中带有趋势性的消费热情；通过各种政策调整增加城乡居民的收入，在居民心中建立起稳定的消费心理预期，等等。这样的消费环境所达到的效果是，城乡居民不仅愿意花钱，而且敢于花钱。因此，消费环境不是仅就消费问题来制定政策就能解决的，它所涉及的问题应是多方面的，消费政策能否"面面俱到"，将直接影响到消费环境的改善。

(选自2000年8月28日第35期《瞭望新闻周刊》。有删改。)

课文（二） 冬天去哪儿玩

一、提示与要求

全文约150字，要求1分钟内查找出问题的答案。

二、问　　题

1. 想体验"雪上飞"的感觉，可去什么地方？
   答：

2. 想去南方旅游，可看1月几日哪个频道的节目？
   答：

三、课　　文

近日，香山新增设了一个滑雪场，但这里的雪并不是真的，而是人造的，但却完全可以乱真。香山滑雪场还有专业的滑雪教练，所有的滑雪服、滑雪板等一切用具都是正宗地道的。《四海漫游》将带你体验一回"雪上飞"的感觉。如今越来越多的朋友喜欢外出旅游，《伴你走天涯》栏目向你推荐一条冬日里的火热旅行线：广州—深圳—珠海—顺德。BCTV-4套生活频道1月7日播出。

（选自《北京广播电视报》1999年1月12日第2期。）

课文（三） 电风扇使用说明书

一、提示与要求

全文约1300字，要求8分钟内查找出问题的答案。

二、问　　题

1. 此电风扇定时控制最长为多少小时？
   答：

2. "睡眠"风的特点是什么?
   答:

3. 此电风扇一小时耗电多少?
   答:

4. 要想获得不同的风,可按什么键?
   答:

5. 清洗时,需要将什么拧下?
   答:

6. 此电风扇只能使用什么样的电压?
   答:

7. 当长时间不用时,要注意什么?
   答:

8. 此电风扇不能用什么擦拭?
   答:

三、课　　文

电风扇使用说明书

格力　　　　KYTB-30型　300毫米

生产许可证编号:XK16-010 0516

台式程控转页扇
使用说明书

感谢您购买我们的风扇,请您使用前先仔细阅读本说明书

中国广东珠海格力雅达电气厂

珠海厂址:珠海市九洲大道中竹苑新村16栋底层　　电话:(0756)8895653

特点:

1. 柔和舒适的仿自然风:风速按你定的速度作韵律性的变化,忽强忽弱,使您如置身于大自然阵阵清风之中。

2．科学卫生的睡眠风：根据人体睡眠时生理活动逐渐减弱的特点，风扇在微电脑精密的控制之下，风速逐渐减弱，既可避免着凉，又可省钱省电。

3．七个半小时的定时控制：以半小时为单位，任意设定定时时间，如半小时、一小时、一个半小时等，最长定时时间为七个半小时。

4．按键蜂鸣：可自我诊断输入是否良好。

5．安全保护功能：一个或一个以上按键按压时间超过6秒钟，则发出："Bi-Bi-Bi"警声，风扇马上自动停止运转。

格力牌保健型电脑转页扇特别适合老人、幼儿、孕妇及体弱者使用，对一般人也同样具有保健功效。

主要技术指标：

额定电压：220V　额定频率：50Hz　输入功率：50W　扇叶直径：300mm

操作要领：

1．按"调速"键，"低"速指示灯和"普通"风指示灯同时亮起，风扇低速运转，表示一切正常。

2．要使风扇运转，必须首先按压"风类"开关键，否则风轮不能运转。

3．重复按"风类"开关键，可获得"普通"风、仿"自然"风或"睡眠"风。

4．用"转页"开关控制导风轮的运转。

5．按"定时"键。"半小时"指示灯亮，重复按本键，以半小时为单位，任意设定定时时间，如半小时、一小时……最长为七个半小时。

6．按"停止"键，所有指示灯均熄灭，电扇停止运转。

清洁打扫：

清洗导风轮时，要先将导风轮帽盖向外拉出。

其次将固定螺钉拧下。

其后以手向外拉下导风轮。

在卸下导风轮后，用布将扇叶擦干净。

取下后网螺钉，逆时针旋转后网然后卸下后网。

卸下后网后，用布将扇叶擦干净。

将后网上入后壳，顺时钟旋转，对齐标志后，上紧螺钉。

警告：

1．只能使用额定电压

2．风扇在运转时请勿将手指及其他物品放入后罩内。

3．请不要将导风轮用力旋转。

请特别注意下列事项：
1．请不要在过热、过湿、有油雾、尘埃或温度过低的地方使用。
2．请不要在使用酸、化学药剂、油的地方使用。
3．请勿喷射杀虫剂。
4．当长时间不使用时，请不要把电源线接上(请注意，当电源线接上时，即使电源开关被关闭，仍会有大约1-2瓦的电力在消耗)。
5．请详细参见使用说明书来使用。

保养方法须知：
1．将风扇置于干燥、通风处，切忌潮湿。
2．保持风扇清洁，使用洁净布片和普通肥皂水擦拭尘埃污渍后，加以擦干。切勿使用汽油或其他药品。
3．将电风扇收藏之前，要彻底清理它，然后套上塑胶袋，收藏于干燥处。

课文（四） 商品广告

一、提示与要求

全文约450字，要求3分钟内查找出问题的答案。

二、问　　题

1．如果买到不合自己口味的茶叶，茶庄的承诺是什么？
答：

2．"金丝银钩"茶每斤多少钱？
答：

3．先鸣茶庄六道口分店在哪儿？
答：

三、课　　文

北京先鸣茶庄连锁店
海淀区六道口分店

一、为什么"先鸣茶庄"的价格会这么低?

　　因为:1."先鸣茶庄"是以薄利多销为经营指导思想,走物美价廉的经营道路;2."先鸣茶庄"的各种茶叶从全国各厂家直接进货后,就直接投放市场,没有经过批发环节,即"先鸣茶庄"的零售价等于市场批发价;3."先鸣茶庄"的各种茶叶,不论顾客购买数量多少(一两或一斤),都以市场批发价面向广大顾客朋友销售,让顾客在购买中得到实惠。

二、"先鸣茶庄"的质量可靠吗?

　　1．我们建议:新顾客可以先买一两或半两茶叶回家尝尝,对质量满意后再来;2．我们承诺:不论新老顾客,如果买到不合自己口味的茶叶,可以随时拿来退换。

三、"先鸣茶庄"产品价格专栏

单位:元/500克

茶叶名称	市场零售价	先鸣茶庄销售价
特级花茶	20	16
超级花茶	25	20
春风花茶	30	22
春毫花茶	40	28
银毫花茶	50	35
毛峰花茶	60	50
明毫花茶	100	70
龙芽花茶	120	80
白雪峰花茶	150	100
金丝银钩	200	120
针螺花茶	300	150
牡丹绣球	300	150
香针花茶	320	160
雪针花茶	400	200
茉莉茶王	500	300
茉莉君山银针	800	500

备注:其他档次的花茶、绿茶、红茶、乌龙茶、包装茶、礼品茶等茶叶也一律以市场批发价销售,在此不一一列举。请谅解!并请广大顾客朋友多多关照!谢谢!

四、热线电话:6255144

BP 机:62628866 呼 11592

联系人:张勇

地址:海淀区六道口村 43 号

乘车路线:355 路、375 支线"四道口站"下车往西 50 米路北

阅读知识:记叙文 5:写事

写事的记叙文是以记叙事件为主的记叙文。这种记叙文是通过对一件事的发生、发展、高潮、结局及其整个过程中人物语言、行为和心理活动的描写,表现文章的中心思想。

我们知道的鲁迅先生的《一件小事》就是一篇著名的以写事为主的记叙文。《一件小事》写的是:一个寒冷的冬天,寒风中一个人力车夫不小心碰倒了一个穷苦的老女人,在没人看见的情况下,主动承担责任的小事。文章通过"我"与车夫对这件小事态度的对比,歌颂了车夫正直、无私、勇于负责的高尚品质。

阅读写事的记叙文,就是要把握事件发生、发展的脉络,通过对事件发展过程中人物行为、语言以及心理活动的分析,了解文章所表现的主要思想。

教材中《北京林业大学拒绝一次性木筷》、《三个故事》、《旅途》、《在路上》、《净化环境与净化心灵》、《人虎情》等就是写事的记叙文。

阅读技能:常用文言代词"之、其、此"及其指代内容

现代汉语书面语中"之、其、此"是经常出现的文言代词。了解它们的意思和用法,对提高我们的阅读能力是很有必要的。这里我们仅就"之、其、此"在教材中出现的情况作一介绍。

"之",相当于"他(它)、他(它)们",常在句中作宾语(或兼语),不能作主语。例如:

(1)由于这工作又累又脏,同学们称之为"蓝领岗"。(《净化环境与净化心灵》)

(2)虽然油香的诱惑消失了,但必定有其他的诱惑取而代之。(《留在广州过年》)

(3)环保部门督促和帮助沿岸每天排放污水100吨以上的企业清除污水中有害物质,使之符合国家标准。(《中国面临环境污染的威胁》)

"其",相当于"他(它)的、他(它)们的",常在句中作定语。例如:
(1)他们的死亡对其家庭更是无情的打击。(《抵御艾滋病的第一道防线》)
(2)太原、郑州、石家庄以及呼和浩特等城市的情况则不同,其主要污染物是总悬浮颗粒物,而这主要是因为其土质比较疏松,……(《我们呼吸着什么样的空气》)
(3)对怀疑可能染上艾滋病毒者,家庭中的其他成员应鼓励其面对现实,尽早进行病毒检查,并采取积极措施。(抵御艾滋病的第一道防线)

"此",指示代词。相当于"这(个)、"这儿"与"彼"(那)相对。常在句中作宾语。例如:
(1)他为此心情久久不能平静。(《净化环境与净化心灵》)
(2)除此之外,民族园还建造了一些独具特色的民族建筑。(《中华民族园》)
(3)值得在此一提的是,古代有些父母甚至替子女指腹为婚。(《婚姻考验青年》)
(4)照他们的话说,安家在此,为了好选择——去那儿都方便。(《现代家庭》)

购物休闲(二)

通读　走出家门

一、提示与要求

全文约1800字,要求14分钟内读完(一遍),然后做练习。

二、生　词

远足　遨游　大众　酣　刷新　博得　喝彩　体魄　喜闻乐见　木偶
卫戍　五光十色　万花筒　示范　咨询　暨　防疫　水泄不通　观光
期盼　攀谈　起步　素质　工薪阶层　奔波

二、课　文

【1】在北京,每当双休日,许多市民都走出家门。有的远足京郊寻幽探胜,有的在体育馆里健体强身,有的到剧院唱曲听戏,还有的来到教室,在知识海洋里遨游。

【2】3月2日上午,北京青年宫热闹异常,"京城百姓大众体育擂台"围满了观众。颠球、定位投球和仰卧起坐三个项目的选手争夺正酣。二十八岁的韩怡刚以128次刷新了仰卧起坐的纪录,三十七岁的魏洪山又登台打擂,他一口气仰卧起坐156次,又成为新的擂主。走下擂台的魏洪山满头大汗,他告诉记者,平时工作忙,利用双休日锻炼身体,已是他生活的重要内容。这时,场下响起热烈的掌声,只见年仅三岁的男孩刘星汉走上擂台,仰卧起坐45次。这位

词语注释:

远足 yuǎnzú　pleasure trip on foot; hike
遨游 áoyóu　go on a pleasure tour; travel
大众 dàzhòng　the masses; the public
酣 hān　to one's heart's content
刷新 shuāxīn　outdo; surpass

年龄最小的选手向成人挑战,博得大家连声喝彩。越来越多的京城人对健康的体魄有了新的认识,市民健身大潮系列活动中,既有徒步走、长跑,也有登山、飞镖等群众喜闻乐见的项目。全市已有一百多个体育场馆在双休日向社会开放,月平均接待锻炼群众达150万人次以上。

【3】去年,北京市属十二个专业演出团体全部参加了双休日专场演出。中国木偶剧院推出的双休日儿童木偶专场演出,观众达10万人次。新建不久的长安大戏院推出以传统京剧精品剧目为主的"双休日戏曲专场演出"。文化广场活动进一步发展,在1996年九百余个地点演出近万场的基础上,去年每个街道都开展了群众业余文化活动,参加活动的市民达1000万人次。

【4】连续多年开展的"双休日家庭读书知识竞赛"活动,今年继续向社会推出十种思想性、知识性、趣味性较强的书目,通过引导家庭购书、读书、建立家庭读书角等形式,吸引了数十万个家庭参加。

【5】北京百名机关干部双休日来到北京卫戍区,参加"军营一日"活动。国防教育专题讲座成为青少年喜爱的讲座,已有70万市民到军营参观学习,接受国防常识、军事技能教育的训练。

【6】如同一个五光十色的万花筒,双休日把人们的生活装点得日益丰富多彩。

示范引导

【7】春节休假的最后一个星期天,中科院的罗晓沛教授迎来了一批特殊的学生——领导干部电脑培训班学员。上午九时,尉健行等四十余位市领导准时坐到教室听课。计算机技能培训活动是北京市开展的双休日系列活动之一。

博得 bódé win; gain
喝彩 hècǎi acclaim cheer
体魄 tǐpò physique
喜闻乐见 xǐ wén lè jiàn love to see and hear

木偶 mù'ǒu puppet

卫戍 wèishù garrison

五光十色 wǔ guāng shí sè multicoloured
万花筒 wànhuātǒng kaleidoscope
示范 shìfàn set an example; demonstrate

【8】中共北京市委宣传部长龙新民介绍,为把双休日活动引导到健康有益的轨道上,北京市委宣传部等十余个部委从1996年起,连续三年下达《做现代文明北京人双休日系列活动的通知》,制订出一套双休日活动方案。

【9】4月30日,地坛公园人如潮涌,双休日系列活动咨询游园会暨第十五届特价书市在这里举行。系列活动的主办单位派出专家,回答游人提出的各种问题。郊区旅游、博物馆旅游、卫生防疫等摊位被市民围得水泄不通。

咨询 zīxún seek advice from
暨 jì and
防疫 fángyì epidemic prevention
水泄不通 shuǐ xiè bù tōng not even a drop of water could trickle through; be watertight

【10】北京市各类博物馆已超过百座,市文物局为引导市民走入博物馆,开展了"我喜爱的博物馆"评选活动,有五十家博物馆对学生免费或半票,以优惠价格向市民发售年票。今年发行了磁卡式通用年票,改进博物馆内部设施,推出了新展览,吸引越来越多的人走进博物馆。

【11】双休日旅游活动,为市民设计了四十四条旅游路线,把住农家屋、吃农家饭、干农家活、享农家乐以及旅游观光合为一体。去年仅到密云县旅游观光的群众就达280万人次,到怀柔的群众也超过20万人次。今年的"华夏城乡游"活动,推出了低价位的家庭旅游专线,组织家庭到京郊景点参观游玩。

观光 guānguāng go sightseeing

期盼休闲

【12】一个星期天上午,中国古动物博物馆里,一位年轻母亲为孩子讲解着奇妙的世界。记者与这位姓高的女青年攀谈,她说:过去没有条件休闲,现在生活好了,收入多了,又有时间,参观博物馆、名胜古迹,不仅对孩子,对自己也是非常难得的机会。

期盼 qīpàn expect

攀谈 pāntán have a chat

【13】北京零点公司对607名十六岁至三十五岁青年的调查,向人们展示了当代年轻人多彩的双休日世界:70%以上的北京青年星期天

读书、看报、看电视,10%至39%的人进行各种活动,玩电脑、体育锻炼、约会、旅游等等。

【14】北京市民的双休日休闲活动刚刚起步,人们的物质基础和消费观念的差异造成休闲生活整体发展的不平衡。一部分具有一定物质基础和休闲消费能力的人,由于文化素质较低,还缺乏提高和丰富自己的休闲品位的意识;相当一部分中等收入的工薪阶层,认识和行为还停留在传统和被动地"歇着"和"呆着"的水平上;还有一小部分人仍为生计而奔波,休闲还未提上生活日程表。

【15】明天的休闲生活是什么?这是很多居民正在思考的问题,答案将由他们自己来找。相信一个美好的构想会在他们心目中形成。

(选自 1998 年 4 月 10 日《人民日报》,作者:徐江善。有删改。)

起步 qǐbù　start; move

素质 sùzhì　character; quality

工薪阶层 gōngxīn jiēcéng　wage-earners

奔波 bēnbō　rush about; be busy running about

三、文化点注释

1. 擂台:原指为了比武所搭的台子。"摆擂台"指搭了台欢迎人来比武,"打擂台"是参加比武,现在比赛中多用"摆擂台"比喻向人挑战,用"打擂台"比喻应战。
2. 华夏:中国的古称。

四、练　习

(一)选择对下列句子的正确理解:

1. 如同一个五光十色的万花筒,双休日把人们的生活装点得日益丰富多彩。
   A. 双休日就像一个万花筒一样
   B. 双休日使人们的生活更加丰富多彩
   C. 双休日因为人们的生活而丰富多彩
   D. 人们生活得越来越丰富多彩
2. ……,为把双休日活动引导到健康有益的轨道上,……

A. 人们的双休日活动越来越健康有益

B. 只有引导,双休日活动才能健康有益

C. 为了使双休日活动健康有益……

D. 双休日活动要向健康有益的方向发展

3. ……,双休日系列活动咨询游园会暨第十五届特价书市在这里举行。

A. 游园会和特价书市合并举行

B. 两个活动分别举行

C. 人们可以咨询,还可以游园

D. 人们可以咨询买书中存在的问题

4. 北京市民的双休日休闲活动刚刚起步,由于人们的物质基础和消费观念的差异,造成休闲活动整体发展的不平衡。

A. 物质基础的不同造成消费观念的差异

B. 双休日休闲活动仅仅是个开始

C. 生活的整体发展是不平衡的

D. 人们在休闲上存在差异

5. 相当一部分中等收入的工薪阶层,认识和行为还停留在传统和被动地"歇着"和"呆着"水平上。

A. 很多中等收入的人还闲着

B. 工薪阶层的人喜欢"歇着"、"呆着"

C. 很多中等收入的人认识到自己很少休闲

D. 很多工薪阶层的人对休闲的认识和行为还很落后

(二)阅读下列句子并结合课文内容选择恰当的词语替换句中画线词语:

1. 二十八岁的韩怡刚以128次刷新了仰卧起坐纪录,……

  A. 用   B. 因   C. 依   D. 在

2. ……,他一口气仰卧起坐156次,……

  A. 一口气息   B. 不停地   C. 令人惊奇地   D. 数量多地

3. 如同一个五光十色的万花筒,……

  A. 就像   B. 好像   C. 同……一样   D. 如果和……一样

4. ……,双休日把人们生活装点得日益丰富多彩。

  A. 越来越   B. 更加   C. 一天比一天   D. 渐渐

5. ……,把住农家屋、吃农家饭、干农家活、享农家乐以及旅游观光合为一体。

  A. 还涉及   B. 作为   C. 包括   D. 和

6. ……，把住农家屋、吃农家饭、干农家活、享农家乐以及旅游观光合<u>为</u>一体。

    A. 成为　　　　B. 做　　　　C. 充当　　　　D. 是

7. ……，答案将<u>由</u>他们自己来寻找。

    A. 由于　　　　B. 经过　　　　C. 归　　　　D. 凭借

8. <u>相当</u>一部分中等收入的工薪阶层，认识和行为还基本停留在传统的、被动的"歇着"和"呆着"水平上。

    A. 差不多　　　　B. 配得上　　　　C. 合适　　　　D. 很多

9. ……，<u>走访</u>名胜古迹，……

    A. 走着去　　　　B. 访问　　　　C. 走着去访问　　　　D. 调查

10. <u>期盼</u>休闲

    A. 盼望　　　　B. 等待　　　　C. 喜欢　　　　D. 希望

(三) 根据课文内容判断下列句子对错：

1. 双休日，居民的生活丰富多彩。　　　　　　　　　　　　　　　（　　）
2. 仰卧起坐最后的擂主是二十八岁的韩怡刚。　　　　　　　　　　（　　）
3. 刘星汉虽然年仅三岁，但比赛的成绩却超过成人。　　　　　　　（　　）
4. "双休日戏曲专场演出"的剧目大都是传统京剧。　　　　　　　　（　　）
5. 数十万人参加了"双休日家庭读书知识竞赛"。　　　　　　　　　（　　）
6. 虽然目前人们对"博物馆旅游"还兴趣不大，但这种旅游形式有着光明的发展前途。　　　　　　　　　　　　　　　　　　　　　（　　）
7. 双休日到郊区去，不仅能观光旅游，还能享受到农家生活。　　　（　　）
8. 那位年轻的母亲带孩子到中国古动物博物馆只是为了丰富孩子的知识。　　　　　　　　　　　　　　　　　　　　　　　　　　（　　）
9. 大多数的青年人星期天的活动是以读书、看报、看电视为主。　　（　　）
10. 由于物质基础和消费观念的差异，人们的休闲生活有很大的差异。（　　）

(四) 课文第14段主要介绍的是：

    A. 一些人的休闲品位还比较低

    B. 双休日休闲活动还有待引导

    C. 人们的休闲意识将随着物质文化生活水平的提高而提高

    D. 人们的休闲生活整体发展还不平衡

(五) 选择适当的词语填空：

    攀谈　喜闻乐见　示范　博得　水泄不通　体魄　咨询

1. 他的不幸_____了大家的同情,大家纷纷表示要出钱帮助他。
2. 经常和中国人_____是一种学习汉语的好办法,从中,你不仅可以学习到地道的汉语,而且可以了解中国。
3. 我先给大家_____一下,然后大家按我的样子做。
4. 那儿怎么挤得_____的?我们还是从旁边走吧。
5. 我们要做_____强健的人,就一定要坚持锻炼身体。
6. 京剧是一种北京人民_____的戏剧形式,很多老北京都是京剧的戏迷。
7. 由于我的女儿喜欢玩游戏机,因此我想就近视的问题向您_____一下。

略　　读

课文(一)　我的藏书

一、提示与要求

全文约900字,要求6分钟内读完(一遍),然后做练习。

二、课　　文

由于常到旧书店走动的缘故,我的藏书日渐丰富,其中,最令我珍视的,莫过于那些留有作家手泽、印记的"签名本"了。回想每次于不经意间将它们从乱书间翻拣出来时的那种愉悦的心情,真如阿英先生所说——"获得了不常见的珍秘书籍,有如占领了整个世界。"

一次在海淀旧书店,随手抄起一册1958年人民文学版的《叶圣陶文集》,打开看时,却见扉页上赫然留有"毕来先生教正叶圣陶"字样的作家亲笔题赠,心中顿时狂喜不已,下意识地顿时将书合上,匆匆交完了书款就跑了出来,仿佛凭空捡到一件稀世珍宝,生怕被人抢跑似的,那样子,现在想起来还觉得滑稽。

又有一次,在西单的一家古旧书店,从一批降价出售的文艺类旧书中,我竟一气翻出柯蓝、陈登科等一批作家的签名本,走出书店,望着湛蓝的天空,真有一种幸福盈怀的奇妙感觉。

广义地说,作家签名本大致可分为两大类:一类是留有书籍本人题赠的,可以称为"题赠本";另一类是曾被作家收藏且留有作家印记、批注的,可以称为

"收藏本"。

除了上面所说的第一类外,后一类,我先后在旧书店和书摊上也见得不少。一次在北大东门外的一个旧书摊上,就幸运地访到一部曾经为周作人收藏的日文版鲁迅诗集,上面除"知堂"的藏书印鉴外,还钤有周作人之子周丰一的名章,想来此书历经两代人的收藏,定是藏家宝爱之物,只是不知何以流落至此。此外,在琉璃厂等地的旧书店中,我还陆续找到了现代作家张光年、林如稷等人的藏书,这些书或留有作家购书日期、印鉴,或留有作家手跋批注,从中既可以研究作家的思想和学术,又可以考察版本的传承递藏,因而具有极高的版本收藏价值。

比如前面提到的诗人张光年,笔名光未然,是著名的《黄河大合唱》的词作者。有趣的是,他的几册购于五十年代的藏书上,署的却是"光已然"的名字。"未然"、"已然"一字之差,从中却可以体味出作家对于新生的人民共和国怀有由衷的热爱之情。张先生在新近出版的一部诗选自序中说到:"再过若干年,光未然这个好听的名字,连同他的多情的诗笔,都将从人间渐渐消逝了。……"我相信,诗人光未然的名字不仅会和他笔下那些激动人心的诗篇被人们长久地传扬,并且,"光未然"这个笔名,也将令后人们久久地品味。

叶圣陶先生生前说过:"签名本必有上款,又可以考究受书者何以不能保存,以致传到旧书铺,此亦掌故也。"也许对于签名本的收藏者来说,乐趣并不仅限于此,人们还能从作家的手迹中,品味到更多的内容。

(选自1998年7月21日《北京广播电视报》,作者:王涵。)

三、练　习

(一)根据课文内容选择正确答案:

1. 在"我"的藏书中,"我"最珍视什么?
    A. 珍秘图书
    B. 阿英先生的书
    C. 旧书
    D. 签名本

2. 在海淀旧书店买书时,"我"为什么非常激动?
    A. 买到了叶圣陶的书
    B. 买到了毕来先生的书
    C. 买到了叶圣陶的亲笔题赠书
    D. 买到了毕来先生的亲笔题赠书

3. 广义地说,作家签名本指的是:

A. 题赠本和收藏本
　　B. 印记本和批注本
　　C. 题赠本和批注本
　　D. 印记本和收藏本

4. "我"访到的周作人收藏的日文版鲁迅诗集是：
　　A. 批注本
　　B. 手跋本
　　C. 题赠本
　　D. 收藏本

5. "未然"和"已然"的差别说明了诗人对什么的热爱？
　　A.《黄河大合唱》
　　B. 好听的名字
　　C. 新中国
　　D. 作诗

(二)课文第六段主要写的是：
　A. 举例说明收藏本为什么具有极高的版本收藏价值
　B. 光未然笔名的变迁
　C. "已然"和"未然"的差异
　D. 张先生对新中国的热爱

课文(二) 影响20世纪的大事物

一、提示与要求

全文共1200字,要求8分钟内读完一遍,然后做练习。

二、课　　文

　　不用多久,我们就要踏入21世纪了。当我们回首20世纪时,发现这是一个波澜壮阔、令人惊心动魄的世纪。在这一百年间出现了许多事物,对人类生活产生了深远的影响。最近,海外某报刊举出18件发明于20世纪,在21世纪仍具有消费意义的事物。

　　须刨(1901):手动式刀片剃须刀的出现,使男人们得到空前的解放,脸孔无

235

须再受血光之灾。论干净程度和剃须感觉,电须刨也不及它实用。

飞机(1903):虽然第一次试飞只维持了12秒,达到27米的距离,但对后世的影响极为重要。现代人享受生活要依赖飞机带来的"逃难"感觉,不只是一般交通工具那么简单。

香奈儿5号香水(1921):由香奈儿公司出品的5号香水,将女性的高贵气质推至高峰,被誉为"一个女人化妆桌上不可缺少的装备"。

固力果(1927):这种零食风行多年,并影响了多种零食的出现,如薯片等。这种零食为馋嘴一族带来了福音。

干电池(1931):其最大贡献就是令个人随身携带的东西更有无尽的空间,试想今天可以随身携带的电器产品有多少,就会明白科技的日新月异令生活得到的无尽的改善。

速溶咖啡(1983):不容否认,简便快捷的速食产品是现代生活的必备品,速溶咖啡的最大方便是随时都能喝上一杯。

橄榄油(1944):晒太阳是悠闲的生活享受,橄榄油能抗拒有害阳光,橄榄油不仅维持人的这种基本享受,同时也利用阳光"制造"出不同颜色的肤色和潮流。

复印机(1950):它的基本功能是复制,令时间得以大大缩短。

电视机(1953):第一台电视机是声宝牌黑白电视机。时至今日,电视机已不再局限于看电视节目,还可以放录像片、玩电子游戏甚至购物、上国际网络等,电视机对今后生活的影响不言而喻。

信用卡(1958):第一张信用卡是美国运通卡,它打破了现金消费的局限,令交易纯粹数码化,可以说是电子货币的前身。而曾经是身份象征的信用卡,今天已非常普及。

纸尿片(1961):它的出现可以说是将人的消费享受显现出来,"用完即弃"在当时是富裕生活的象征,而这一观念对下一代影响深远。

波音747(1966):波音747飞机最重要的地方不是飞得如何快,而是如何坐得舒服。将交通工具代步的最基本要求转为一种消费享受,就如现在多种交通工具的日益趋向舒适美观一体化。

碗面(1971):与速溶咖啡异曲同工,"三分钟可食"的速食文化是罐头食品难以媲美的,同时也是东方人的食粮之一。

录像机(1976):全球普及化的录像机最先版本是Betamax系列,到1977年才发展到今天仍沿用的VHS制式,它使影像记录得到实现。

任天堂(1983):电视游戏机绝对是当今最重要的消费享受之一。任天堂带出整个电视游戏消费意念,也是将电脑科技最先深入民间的途径之一,影响了电脑与人的进一步关系。

移动电话(1989)：这种随身携带的通讯工具今天差不多也与传呼机一样普及，却比传呼机更直接，使人们的接触更密切，但同时也无情地入侵了私人生活，并制造了无数噪音。

视窗3.1(1993)：微软公司的视窗软件使电脑的使用方法变得更为简单，对人类的科技造成无法估计的影响，在电脑的普及化上是一个重要的里程碑。

DVD(1995)：DVD的格式可说集合了各种录影硬件的全部，体积小但质量高，更可发展成可录型号，普及化后可替代所有录音影产品，有人说它是这类产品的最终极格式。

三、练　习

(一)根据课文内容判断下列句子对错：
1. 须刨在干净程度上不及电须刨，但比电须刨更实用。　　(　)
2. 世界上第一架飞机只飞了12米。　　(　)
3. 复印机的基本功能是复制。　　(　)
4. 电视机受自身的局限，即将被电脑所替代。　　(　)
5. 现在，使用信用卡的人非常多。　　(　)
6. 纸尿布在刚刚出现的时候，只有富人才用。　　(　)
7. 波音747的最大特点是飞行速度很快。　　(　)
8. 录像机从发明到现在没有发生重大变化。　　(　)
9. 任天堂使更多的人熟悉了电脑。　　(　)
10. 移动电话有优点，也有缺点。　　(　)

(二)综观全文，作者主要写了什么？
　　A. 发生在20世纪的18件有趣的事
　　B. 18件对21世纪有影响的事物
　　C. 18件具有消费意义的大事
　　D. 18件既影响20世纪又影响21世纪的大事物

课文(三)　双休日

一、提示与要求

全文约600字，要求4分钟内读完(一遍)，然后做练习。

二、课　文

双休日

　　1995年5月,中国实行了双休日制度。自从实行了双休日制度以来,人们的生活更加充实,更加丰富多彩了。五天工作以后,考虑怎么轻松一下儿,怎样度过一个愉快的双休日的人越来越多了。

　　过去,一到休息日,人们就忙着搞家务,买菜、做饭、洗衣服,从早忙到晚。一天下来,筋疲力尽,比上班还累。随着人们生活水平的不断提高,生活方式也发生了变化。人们渐渐地认识到,只有把自己从繁重的家务劳动中解脱出来,才能享受到休息日给人们带来的幸福与欢乐。

　　现在周末怎么过?是去逛公园,还是去逛商店?是去游览名胜古迹,品尝风味小吃,还是去打球、看电影?这是许多家庭周末讨论的话题。

　　一般来说,常常是孩子们嚷着去公园,或去奶奶、姥姥家玩儿。年轻人打算和朋友一起,去体育馆或运动场玩玩球,或去电影院看看电影。妻子们希望丈夫能陪她们去逛逛商场,丈夫们却想坐在家里,看一场精彩的球赛。老人们最大的希望就是儿女们能回家热热闹闹地过两天。

　　双休日,人们除休闲娱乐以外,有的人还利用这两天的时间读读书,学习学习,充实自己。有的学习外语,有的学习计算机,图书馆、书店是人们双休日常去的地方。

　　为了能让人们度过一个轻松愉快的双休日,各地的体育场馆,包括大饭店的运动及健身设施都对外开放。各大小饭店也推出了周末家庭经济大套餐、两人套餐或三人套餐。许多旅游公司也开出了周末一日游、两日游的旅游班车。某些商店的商品也要比平时便宜一些等等。这些都给双休日的生活带来了方便,增添了乐趣。

(一)根据课文判断下列句子对错:
1. 双休日是从1995年5月开始实行的。　　　　　　　　(　　)
2. 现在没有人去考虑双休日怎么过了。　　　　　　　　(　　)
3. 过去,人们都能轻松愉快地度过休息日。　　　　　　(　　)
4. 现在人们的生活越来越好了。　　　　　　　　　　　(　　)
5. 周末全家人讨论的话题是怎样过周末。　　　　　　　(　　)
6. 双休日,人们有各自不同的活动。　　　　　　　　　(　　)
7. 双休日体育馆、饭店的体育设施人们都可以利用。　　(　　)

8. 某些商店的商品平时比双休日便宜。　　　　　　　　（　　）

(二)根据课文选择正确答案：

1. 自从实行了双休日以来，人们的生活（　　）

   A. 比以前更忙，更累了

   B. 更充实，更丰富多彩了

   C. 越来越没意思了

   D. 没有什么变化

2. 过去，一到周末，人们就忙着（　　）

   A. 做家务

   B. 考虑怎么过周末

   C. 休息，参加娱乐活动

   D. 读书学习

3. 现在，人们的周末过得怎么样？（　　）

   A. 轻松愉快

   B. 又忙又累

   C. 精疲力尽

   D. 紧张忙碌

4. 现在，人们都开始认识到了周末应该（　　）

   A. 多做家务

   B. 比上班还累

   C. 过得更有意思

   D. 讨论周末怎么过

5. 双休日人们做什么？（　　）

   A. 人们都休息

   B. 有的人休息，有的人娱乐

   C. 有的人休息、娱乐，有的人读书、学习

   D. 大部分人在做家务

查 阅

课文（一） 几种简易美容法

一、提示与要求

全文约600字，要求3分钟内查找出问题的答案。

二、问 题

1. 做面操可以减少什么？
   答：

2. 每日咀嚼口香糖多长时间有助于美容？
   答：

3. 要想使皮肤柔滑细嫩，可用什么洗脸？
   答：

三、课 文

一、做面操。此法对于减少皮肤皱纹具有明显的作用，其效果甚至超过"抗皱霜"。具体做法是：面对镜子，排除杂念，让面部肌肉处于松弛状态，然后头部慢慢摆动，逐渐加快，持续约1分钟；接着双眼对着镜子凝视，双手慢慢抬起捂着脸，使脸部肌肉向上收缩，嘴先向右后向左尽量牵动，再仰头几分钟。

二、嚼口香糖。美国研究人员发现，每日咀嚼口香糖15～20分钟，有助于美容。如能坚持几个星期，会使颜面皱纹逐渐减少，面色逐渐红润。这是因为咀嚼动作加强了面肌运动，改善了颈肌和面肌的血液循环，提高了肌肤细胞的代谢能力。所以，日常进食应提倡细嚼，多吃一些耐咀嚼的食物，如橄榄、果干和甘蔗等。

三、用鲜奶擦脸。因为鲜奶有助于软化皮肤的粘性表层,可减少以至消除面部皱纹。具体做法是:把鲜奶涂在脸,五分钟后洗去,早晚各一次。

四、用冰水洗脸。每天早上起来,先把脸洗净,再换一盆清水,放入几块冰,稍等片刻,将脸浸在冰水里。五分钟后,抬起脸用干毛巾擦去冰水。坚持此法,可使脸部皮肤柔滑细嫩。

(选自《现代家庭》1995年第4期,李有砚摘编。)

课文(二)　Internet上的电子商场

一、提示与要求

全文约1200字,要求6分钟内查找出问题的答案。

二、问　　题

1. 一部分消费者害怕什么?
   答:

2. 现在,什么已经成为一个大趋势?
   答:

3. Internet电子商场的购物形式有什么优点?
   答:

4. 为了压低进货成本,传统的商场只好怎么做?
   答:

5. Internet电子商场没有店租,只需有什么就可以考虑开办?
   答:

6. 对于哪些方面的经营者来说,Internet电子商场是最佳的选择?
   答:

7. Internet 电子商场的付款方式，主要取决于什么？
   答：

8. 决定在电子商场购买货物的客户，需要输入哪些数据？
   答：

9. 到 1998 年底，已经有多少家银行出现在 Internet 上？
   答：

10. Internet 电子商场是什么运用的一个典型例子？
    答：

三、课文　Internet 上的电子商场

　　随着生活节奏的加快，一部分消费者(特别是男士)很害怕上街购物。怎样既避免去逛商场的辛苦，又能享受精挑细选、货比三家的购物之乐呢？城市越来越大、店租越来越贵、工资越来越高，怎样才能扩大市场又能降低营销成本呢？

　　Internet 电子商场就在此种种社会需求及现代科技发展的情况下而产生，逐渐走入家庭的电脑，使在家中购物成为可能并成为一个大趋势。

　　假如你想买一只电热水器、只要拨通商场的电话号码，面对电脑或电视屏幕，点按鼠标进入电器类的电热水器栏目，就可以找到各种品牌、型号的电热水器，还可以看到它的图片和详细的产品说明。即使访问的时间再长，电脑也不会嫌麻烦。一旦选中后，你只须根据屏幕上的提示，输入你的信用卡账号、密码等相关数据，当天或第二天就有人将商品送到你的家里。这种 Internet 电子商场的购物形式既直观又轻松，将彻底改变人们传统的购物方式。

　　那么，Internet 电子商场到底是怎么回事，它有什么意义呢？

　　我们所熟悉的传统的商场是这样的：它的店租很贵，特别是黄金地段，更是寸土寸金；传统的经营者为了压低进货成本，只好大量进货，这不仅会带来相当大的资金压力和经营风险，而且商场的存放、盘点也需要很大的库容和人力。此外，为了赢得顾客，经营者还得在各种媒体上做大量的广告，收集客户信息，这在无形中又增加了商家的负担。

　　与传统的商场相比，Internet 电子商场是一个全新的概念。它没有店租成本，只需一台连在 Internet 网上的网络服务器即可。而购买一套网络服务器设备的费用，与建设一个商业大厦的费用相比，简直可以忽略不计。由于 Internet 电子商场的经营者在"店铺"中摆放商品的空间不受任何限制，只要经营者有足

够的商品开发能力,服务器都可以满足你。由于它的经营形式很灵活,不受场地的限制,可实现真正的 24 小时营业。此外,Internet 电子商场的销售成本也很低,因为它同时有促销功能,其"货架"上的商品同时又是广告宣传的样品,经营者不需再负担促销广告费用。当服务器收到客户订单后,可自动将客户信息汇集到客户信息数据库中,以便将来用于产品的营销分析,这些都大大节省了人员及资金的开销。对于计算机软件、电子数据资料、电子图书等方面的经营者来说,Internet 电子商场是最佳的选择,因为用户既可以通过网络付款,也可以通过网络来下载所购的物品。

至于 Internet 电子商场的付款方式,主要取决于电子银行业务的发展,而对于电子商场的客户,只需输入账号、密码等有关数据,即可实现形式上的款项划拨。

随着 Internet 在商业领域的迅速发展,许多金融机构、财务软件公司及网络服务公司已经开始合作,共同在 Internet 上提供电子银行业务。据估计,到 1998 年年底,已经在 Internet 上出现的银行已超过 1000 家。

如今 Internet 已成为社会上最热门话题之一,Internet 的应用将不断地影响到社会的方方面面,而 Internet 电子商场只是这方面应用的一个典型例子。面对这个大市场,经营者们一定会不断地想出各种办法来满足网上用户的各种需求,而这些需求是互相助长、永无止境的,它将渐渐改变许多传统的生活观念甚至生活方式,从而使人们获得更佳的生活空间。

(选自《知识窗》1991 年第 3 期,张文渊编译。有删改。)

课文(三) 消费者可拒交的冤枉钱

一、提示与要求

全文约 600 字,要求 3 分钟内查找出问题的答案。

二、问　　题

1. 哪种邮电附加费被取消了?

   答:

2. 哪种订票费被取消了?

   答:

三、课　　文

　　财政部和国家计委对有关部门的各项收费进行了清理，并相继公布了必须取消的收费项目，其中与消费者关系密切的项目有：

　　公安部门：户口登记项目变更、更正费；弃婴收养入户费；寻人查询费、办理居民身份证加急费；办理公证加急费。

　　邮电部门：省以下人民政府批准的邮电附加费；汇款兑付业务附加费；平信附加费；报刊发行附加费；长话、市话收费情况查询费。

　　铁道部门：车票附加费；票签服务费；窗口预定票费；列车卧铺服务费；团体旅客加挂服务费；加挂车补卧服务费；货物安全押运费；候车服务费；中转签字费；客票座号费；卧铺消毒费；危险品检查费；餐车座椅维修费；茶座治安费；列车超员费；列车加铺费；列车边座费。

　　交通部门：客轮旅客洗澡费；客轮旅客卧铺加价费；客轮甲板观光费；发售船票窗口的订票费；加票费；售票服务费；趸船旅客候船费；码头、趸船补票手续费；向旅客收取的治安费；水运客运服务费；水运售票手续费；水运票价外保险费；水运预约订票费；船舶过闸附加费。

　　民航部门：候补票手续费、旅客定座单费；强行打包收的费；机场洗手间卫生费；机场安全检查费；预定机票费；出售联程或回程机票的手续费；货场安全检察费；机场安全检查中对交运行李加封或封包收取的服务费。

　　劳动部：劳务许可证费；待业证费；转非手续费；服务费。

　　教育部门：校园卫生绿化费；学生学籍、档案管理费；选班费、留级费、转学调档费；签发毕业证书费；勤工俭学费；学生军训费；向家长收取的赞助费（社会自愿捐资助学的除外）；各类学校学生证收费等。

课文（四）　家用电器巧除污

一、提示与要求

　　全文约800字，要求4分钟内查找出问题的答案。

二、问　　题

1. 用酒精或白酒擦电视机屏幕时，应按照什么方向？
　　答：

2. 脏东西不很多的电熨斗,不用水,可用什么去擦?
  答:

3. 换气扇应多长时间清洗一次?
  答:

三、家用电器巧除污

家用电器使用久了,因使用环境和自身带静电等原因,很容易有灰尘和油污,不但影响电器的整洁美观,还直接影响着家用电器的使用时间。如清除油污时方法不当,常会损坏家用电器。现在介绍几种家用电器的除污方法。

一、电视机屏幕(荧光屏) 由于高压静电,电视机屏幕上极易吸上灰尘,影响图像的清晰度,在清理过程中如方法不当容易划伤屏幕。应该用软布轻轻地擦完屏幕后,再用脱脂棉球蘸酒精或高度白酒,以屏幕中心为圆心顺时针由里向外擦,等酒精挥发后,就可接上电源观看。也可用专用防静电喷雾剂清理。

二、收录机磁头 收录机使用一段时间后,磁头上会沾满磁粉等脏物,影响录放质量,使录放音损失、抹音不干净、噪声大,应用镊子夹酒精棉球擦拭,也可用专用清洁剂,效果较好。

三、电水壶、热得快 这两种电器使用久了,电热元件表面会形成水垢,影响电热元件寿命及加热使用。除垢方法是,用刷子蘸小苏打水溶液或醋酸进行清洗,洗净后用清水清洗,待晾干后即可使用。

四、电熨斗底板 在熨衣物时,由于温度过高或操作不当,常会使光洁的底板沾上脏东西,影响熨烫衣物的效果。除污方法:1. 在污垢处涂少量牙膏后,用干净的棉布用力擦,脏东西即可除去;2. 电熨斗通电预热至100度左右,切断电源,用一块浸有食醋的布料在污垢表面上反复擦几次,再用清水洗净即可;3. 电熨斗通电至100度左右,切断电源,在有脏东西的地方涂上少量苏打粉,用干净的布料来回擦拭,脏东西即可清除;4. 污垢严重的底板,用布蘸抛光膏抛光,可保护电镀层。

五、换气扇 换气扇使用一段时间就会沾满油污,影响扇叶的转动,不利于排除烟尘,所以应每半年仔细清洗一次。清洗时首先拔下电源插头,拆下前盖、叶轮、进风栅窗,用温碱水或专用清洗剂除去油污,再用布擦干。在清洗过程中,注意避免接线盒等部件沾上水,影响绝缘度。

六、电风扇防护罩　电扇使用时间较长,金属防护罩上会有很多锈点,较难除去,但如果用抹布蘸些洗衣粉和水涂在罩上,再蘸些滑石粉去擦锈点,很快就能把锈点擦去。

阅读知识　说明书4:说明书

说明书是关于物品的用途、规格、性能和使用方法以及戏剧、电影情节的文字说明文体。这是日常生活中经常接触的一种文体。

说明书的一般写法:

一、标题　标题一般在第一行中间,写说明书的名称。如《××使用说明书》、《话剧〈茶馆〉第一幕说明》。

二、正文　正文从第二行空两格开始写。正文是说明书的主要部分,一般写该物品的用途、使用方法和注意事项。

三、署名　署名在说明书的末尾,一般在最后一行的后半部分,注明出产单位或出售单位的名称。

阅读说明书正文是重点,特别是使用方法、注意事项等要仔细读,否则会带来不良后果。教材中《电风扇使用说明书》就是这样一种文体。

阅读技能:常用文言副词"颇、亦、尚、即"

我们在阅读中常常会遇到一些文言词语,了解这些常用文言词语的意思和用法,对于扫除阅读障碍,准确理解句义,提高阅读速度很有好处。这里我们仅就教材中出现较多而有常用的几个文言副词做一简单介绍。

"颇"(pō)相当于"很,相当地"。例如:

(1)都说20世纪末已无人读诗,可网友们用诗来抒情表意似乎颇为蔚然。(《网上交友,一种漫游》)

(2)寺内奇松颇负盛名,如卧龙、九龙、抱塔、莲花和活动松等。(《戒台寺》)

"亦"(yì)相当于"也、已经"。例如:

(1)民间亦争相效仿。(《腊八节和腊八粥》)

"尚"(shàng)相当于"还"。例如：
(1)目前武汉尚有近4000名暑假留校大学生没有找到工作。(《留校打工好梦难圆》)
(2)目前,中国整个律师对伍尚不足10万,而实际需要则为30万人。(《律师业亟待"填空"》)

"即"(jí)①相当于"就、便"。例如：
(1)一般有两套常穿衣服即可,多带会成为累赘。(《轻装上阵,有备而行》)

②相当于"就是",表示判断。例如：
(2)在住旅店时出现了完全不应该发生、却又普遍存在的现象,即在退房结算时忽然冒出一笔保险费。(《可怜的中国消费者》)
(3)如今众多洋节侵入,诸如圣诞节、情人节、母亲节之类,但无一能与这个"年"即春节相比肩。(《北京人过年》)
(4)"序"即秩序、等差别以及体现它的道德准则,其目的是为了"和"(《中国人的家庭观》)

第七单元 医疗保健(一)

通读 别跟自己过不去

一、提示与要求

全文约1200字。要求9分钟内读完(一遍),然后做练习。

二、词 语

医疗 保健 过不去 怪罪 节奏 失调 体温 和谐 变迁 更替
判若两人 差距 血压 与生俱来 生物学 增加 自在 因……而异
可惜 顺应 有利无弊 忍耐 韵律操 总之

三、课 文

【1】今天的你,事事不顺心?

【2】先不要怪罪家人、同事;也别以为得了什么病。问题可能很简单:你想做的,"生理时钟"偏偏不干!也就是说,它们之间可能节奏大乱,又或者,跟外界大失调。

【3】这很难理解?别急,内情是这样的:我们的身体,其实就像一部装了几十以至几百个时钟的大机器。这些时钟滴滴答答,复杂得很,而我们生理上的一切,从心跳到体温、从记忆力到反应……就控制在它们手里。

【4】它们按自己的规律运作,各走各的;但合在一起,又像一支和谐的交响乐团,帮助我们适应晨昏的变迁、季节的更替。

【5】随着它们的高亢、低沉,我们在一天

词语注释:

医疗 yīliáo medical treatment
保健 bǎojiàn health care
过不去 guòbuqù be hard on; make it difficult for
怪罪 guàizuì blame sb.
节奏 jiézòu rhythm; tempo
失调 shītiáo imbalance; dislocation
体温 tǐwēn (body) temperature
和谐 héxié harmonious
变迁 biànqiān changes; vicissitudes
更替 gēngtì change; alter

248

之内,也就"判若两人",如早晚平均两度的体温差距、高达20%的血压变化等。甚至,连办事能力也受它影响,所以有时觉得自己很"厉害",有时又笨透了。

【6】目前,研究这种与生俱来的人体"时间表",研究的学科称为"时间生物学"。专家们相信,无论是睡觉、起床、读书、游戏,都各有最佳时刻。

【7】进行"时间生物"实验的研究者发现:每天吃得越早,越能够减肥。他们给参加实验的人,每天吃同样只有2000卡路里的一餐,但每个星期,早上吃的人竟比晚上吃的瘦了一公斤!

【8】另外,遇到压力或生活起了变化时,身体也会"抗议"。研究者发现,为了延长日照,将时钟拨快后的头一个星期,意外事件的发生增加了10%。

【9】体温大错乱的经验,搭飞机时经常会有。早上起飞,到了外国后还是早上,身体一定不自在。再不然,就是高速飞行对生理节奏的破坏。研究者指出:"还没适应过来前,你浑身不对劲,机能大退步,也特别容易生病。"

【10】在正常情况下,体温上升,也就是起床时候;反过来说,体温下降,人就想睡觉,做什么也没精神。

【11】这种体温变化,虽也有规律,但何时达最高点,何时又是最低,就完全因人、因地域气候而异了。你呢?你是"早晨活跃型",还是夜猫子?

【12】可惜的是,很少人能在办事或生活时,全按自己的"精神状况时间表"走。不过专家们认为,你也不必太被动。

【13】举例来说:如果早上的你,总像"一条虫",那就做些简单的事好了,千万别安排重要会议;而下午呢,当然要留给那些难度高的工作。

判若两人 pàn ruò liǎng rén have become quite a different person
差距 chājù gap; disparity
血压 xuèyā blood pressure
与生俱来 yǔ shēng jù lái born; inherent; innate
生物学 shēngwùxué biology

增加 zēngjiā increase; raise; add

自在 zìzai comfortable; at ease

因……而异 yīn … ér yì vary with

可惜 kěxī it's a pity; it's too bad

【14】其他原则如：人们的短期记忆，在早上总是特别强，选在这时进考场，或谈生意，成功率特别高。至于长期记忆，最佳状况往往是下午较迟时分。

【15】研究者指出，时间选得对不对，可使表现的好坏相差10%。

【16】懂得顺应生理时钟，对生活素质的提高，也肯定有利无弊。研究人员说，既然感官的灵敏度在傍晚和晚上总是最强的，为什么不选择在这个时候，上新的餐馆好好地吃一顿呢？又比如，早上的忍耐力最高，参加这个时候的韵律操班，钱花得最值得。

【17】总之，专家们就是一句话：了解你的生理时钟，别和它们过不去。

顺应 shùnyìng　comply with
有利无弊 yǒu lì wú bì　have every advantage and not a single disadvantage
忍耐 rěnnài　exercise restrain
韵律操 yùnlǜcāo　rhythmic gymnastics
总之 zǒngzhī　in a word; in brief

四、练　习

(一)选择对下列句子的正确理解：

1. 随着它们的高亢、低沉，我们在一天之内，也就判若两人。

   A. 随着声音变化，我们好像变成了两个人

   B. 随着它们的变化，我们好像变成了两个人

   C. 随着声音变化，我们变成了两个人

   D. 随着它们的变化，我们变成了两个人

2. 可惜的是，很少人能在办事或生活时，全按自己的"精神状况时间表"走。不过专家们认为，你也不必太被动。

   A. 人不必完全遵照"精神状况时间表"

   B. 全按自己的"时间表"走要花很多钱

   C. 很少人的"时间表"是正常的

   D. "精神状况时间表"并不重要

3. 了解你的生理时钟，别和它们过不去。

   A. 别让生理时钟有阻碍

   B. 别让生理时钟通不过

   C. 别和你的生理时钟为难

D. 了解自己的生理节奏，别过意不去

4. 在正常情况下，体温上升，也就是起床时候；反过来说，体温下降，人就想睡觉，做什么也没精神。
   A. 人不睡觉就会没精神
   B. 体温的升降没有规律
   C. 人睡觉时的体温高于起床时的体温
   D. 体温的升降对人有影响

5. 你是"早晨活跃型"，还是夜猫子？
   A. 你喜欢早晨运动还是晚上运动？
   B. 有的人像猫一样，喜欢晚上出去。
   C. 你是早晨活跃，还是晚上活跃？
   D. 每个人对运动的喜好都各不相同。

(二) 结合课文内容阅读下列句子并选择恰当的词语替换句中画线词语：

1. 先不要<u>怪罪</u>家人、同事……
   A. 奇怪　　　　　　B. 觉得奇怪
   C. 埋怨　　　　　　D. 罚

2. 它们<u>按</u>自己的规律运作……
   A. 凭　　　　　　　B. 由
   C. 为　　　　　　　D. 照

3. 帮助我们<u>适应</u>晨昏的变迁、季节的更替……
   A. 答应　　　　　　B. 合适
   C. 惯　　　　　　　D. 习惯

4. ……都各有最<u>佳</u>时刻。
   A. 早　　　　　　　B. 晚
   C. 好　　　　　　　D. 差

5. 遇到压力或生活起了变化时，身体也会"<u>抗议</u>"。
   A. 表示反对　　　　B. 表示同意
   C. 适应　　　　　　D. 出现不适

6. <u>再不然</u>，就是高速飞行对生理节奏的破坏。
   A. 再不　　　　　　B. 果然
   C. 自然　　　　　　D. 依然

7. ……，最佳状况<u>往往</u>是下午较迟时分
   A. 一定　　　　　　B. 可能

C. 常常　　　　　　　　D. 最可能
8. ……既然感官的灵敏度在傍晚和晚上总是最强的，……
　　　A. 当然　　　　　　　　B. 既是
　　　C. 尽管　　　　　　　　D. 哪怕
9. ……也肯定有利无弊。
　　　A. 害处　　　　　　　　B. 缺点
　　　C. 影响　　　　　　　　D. 灾祸

(三)概括段落或全文大意：
　　1. 课文第三段的主要意思是：
　　　A. 身体里有很多时钟
　　　B. 身体受时钟的控制
　　　C. 时钟对生理影响很大
　　　D. 生理活动受内部时钟的控制
　　2. 课文第十三段的主要意思是：
　　　A. 早上应该做简单的事
　　　B. 下午应该做难度高的事
　　　C. 根据个人情况安排生活
　　　D. 上午和下午应该安排不同的活动
　　3. 全文的主要内容可以简单概括为：
　　　A. 了解生理时钟
　　　B. 尽量和生理节奏保持一致
　　　C. 什么是时间生物学
　　　D. 每个人的生理时钟差异很大

(四)根据课文内容判断对错，正确的打"√"，错误的打"×"：
　　1. 体温上升的时候，人的情绪较高。　　　　　　　　　　　　　（　）
　　2. 大多数的人差不多在同一个时候达到体温的最高点。　　　　（　）
　　3. 大多数的人能根据自己生理节奏的变化而工作生活。　　　　（　）
　　4. 根据生理时钟的规律，重要会议最好安排在下午。　　　　　（　）
　　5. 人们应该在下午从事难度高的工作。　　　　　　　　　　　（　）
　　6. 早上进考场，成功率较高。　　　　　　　　　　　　　　　（　）
　　7. 背诵一篇两个月后可能考试的课文，下午四五点钟比较合适。（　）
　　8. 上午和下午进考场，成绩可能相差10%。　　　　　　　　　（　）

9. 可选在傍晚和晚上,听一首新的乐曲。　　　　　　　　　　(　　)
10. 参加下午的减肥操班,比较经济合算。　　　　　　　　　(　　)

(五)选择适当词语填空:

过不去　怪罪　节奏　判若两人　变迁　顺应　有利无弊　总之

1. 做这件事_____,你为什么不试试呢?
2. 你怎么总是和我_____?我又没做对不起你的事。
3. _____,学生就应该努力学习。我的话完了。谢谢大家。
4. 你别_____她,这件事都是我的错。
5. 日本东京的生活、工作_____都很快,很多人都适应不了。
6. 真奇怪,他怎么前后_____?
7. 我们应该_____时代的需要,多练几样本领,这样,才不会被社会淘汰。
8. 随着社会的_____,很多风俗都消失了。

略　　读

课文(一)　实习

一、提示与要求

全文约1200字,要求8分钟内读完(一遍),然后做练习。

二、课　　文

　　祖父临终还为无人继承汉医(那时已普遍称中医,而他仍从祖例称汉医)家学而抱憾,重复着:"医术济迩,医德行远,小可医人,大可医国啊……"但我一点儿不懂。

　　如今,我在医学院毕业之前,到本校附属临床医院实习,却忽然记起了这话。

　　带我实习的林大夫是外科的骨干。他"文革"前入学,68年毕业,副主任医师,正是外科医生的"黄金年代"。笑面,寡言,慎交,无争,严谨,聪颖。

　　农村来的患者见他卷叶子吸烟,问:"你,是党员吧?"他笑笑,举起手中的"撅嘴损"说:"这是在乡卫生院六年养成的习惯。"

他不像有的医生那样，动不动就给患者开一堆 B 超、CT 之类的检查、化验单子，使公费的乐乐呵呵，自费者紧皱眉头。个别患者主动要求的，他就慢声拉语地说："依我看不必，想做，那就开吧。"

有的医生给患者开大药方子，尤其是公费患者出院时多是拎一塑料袋子药。连我也明白，那是为了卖药，不见得全是为了治疗。而他却不。一次，他给患者开一种便宜的药，患者跑趟药房回来说："这药没有，药房让您换××药。"他慢声拉语的说："疗效一样，若不嫌贵，咱就换；嫌贵，可以照原处方到药店去买。"患者走后，他摇摇头说："哎，给回扣少的药没人愿意进货啊。"

渐渐，我们实习生也了解些"院情"了，在一块嘀咕："林老师很少拿有关科室给的分成和药房的鼓励费……"

奇怪，有的医生把本院完全可以治的病患却介绍到小医院或个体诊所去了，我问林医生这是为什么，他笑笑说："自己悟吧，实习嘛。"后来才知道，原来拿"介绍费"也是"创收"的门路呢。

他对于农村来的贫困患者，格外细心关照，尽量缩短住院时间，还有时给买食品或从家煮粥带来，虽然没多少话语，那真情能让人感受得到。为拒收红包，他有时和患者家属急头掰脸的；但他又坚决不让人家给他写表扬信。久了，我悟出来了：他既不随波逐流又不想受到孤立。

一次夜班，风风火火来了一帮人。一搭话，原来一个大款患了急性阑尾炎。林医生边让我复查边给我讲确诊的根据，这时，家属及公司的保卫科长（大款保镖）、办公室主任（大款秘书）等人嫌慢了、嫌我这小大夫上手了……嘴里不干不净地吵起来。只见林医生眼睛一瞪："能主事的家属留一个，其他人都走，准备手术！"一听手术，那帮人马上道歉，捅捅咕咕地递上了红包，他像撵狗样地："走！"

手术真利落，只缝了一针。出院那天，大款夫人非给红包不可，不收，她那虔诚劲儿，就像上庙拜佛和尚不准烧香那么难受，推来让去，林医生示意我收下。后来他对我说："记住，绝对不准事前收患者礼品；治愈之后嘛，似这种人的，收他妈的一根汗毛也没啥。"头一回听这文质彬彬的人说话带脏字。

实习结束时，我向林老师请教。他语重心长地说："医术济迩，医德行远……"我惊奇地问："您，也知道这话？"

原来，他是本市著名中医世家"林德堂"的后代。

不知怎的，自实习之后，我常常想起鲁迅先生当年弃医从文的故事。

（选自《作家》1995 年第 9 期。作者：文子牛。）

三、练 习

(一)根据课文内容判断下列句子对错:
1. 我家世代有人从事医学。　　　　　　　　　　　(　)
2. 外科医生的事业高峰是六十岁左右。　　　　　　(　)
3. 林大夫性格活泼。　　　　　　　　　　　　　　(　)
4. 林大夫以前不在医学院附属临床医院工作。　　　(　)
5. 去医院看病的患者分公费和自费两种。　　　　　(　)
6. 药房给大夫鼓励费是为了让大夫努力工作。　　　(　)
7. 我是医院的正式医生。　　　　　　　　　　　　(　)
8. 林大夫不让患者写表扬信是由于谦虚。　　　　　(　)
9. 林大夫说话一般都很文明。　　　　　　　　　　(　)
10. 林大夫家世代有人从事医学。　　　　　　　　　(　)

(二)根据课文段落或全文大意选择正确答案:
1. 关于林大夫,下列哪种说法是错误的?
　　A. 林大夫交友谨慎
　　B. 林大夫技术精湛
　　C. 林大夫不买现成的烟吸
　　D. 林大夫为人严肃
2. 林大夫为什么不随波逐流?
　　A. 他想教育作者
　　B. 他不想受孤立
　　C. 他把医德看得很重
　　D. 他不忍心增加病人的负担

课文(二)　将来我们怎样看牙

一、提示与要求

全文约900字,要求6分钟内读完(一遍),然后做练习。

255

二、课　　文

老王去口腔医院看牙,花了 10 天才挂上号,换假牙又用了 1 个月的时间。像老王这种情况目前极为普遍。但医学科技专家预言:在二三年后,这种情况将得以改变,换假牙将只需一个多小时。改变的原因就在于北京医科大学口腔医学院等专业医院的科研人员正致力于口腔医学计算机应用技术的研究,使计算机技术更多地参与到看牙、镶牙、换假牙的过程中,省时省力。专家们根据我国的实际情况开发出一套诊所管理软件。

大约二三年后,人们在科幻小说中才能看到的情景将成为现实。据口腔医院计算机应用中心主任吕培军博士介绍,将来到口腔医院看牙,人们首先要同电脑打交道,电脑会根据你的症状告诉你检查、治疗方法,提示你到什么科、找哪个医生就诊,同时你看病的病例资料会被输入电脑中。

如果患者需要换假牙,医生会从患者口腔内制取一个印模,然后用三维激光扫描仪将印模转换成计算机三维图形,这是种非常先进的计算机技术,电脑会为你计算、设计修复方案、提供一系列修复方案并有评价设计方案优劣的客观方法,这些修复方案全是高级专家长年经验的积累。

口腔医院计算机应用中心研究项目除了上面说的辅助设计(CAD),还有辅助制作(CAM),口腔信息管理等。

过去制作假牙需要 30 多道工序,费时费力且精确度不高,现在现代工具只需一个半小时就制作完成,而且精确度相当高。吕培军博士现在已可用计算机设计出可摘式局部义齿(假牙)。机器人全口义齿排牙系统这一世界上第一套用计算机设计和制作全口假牙的技术也即将完成。

口腔医学计算机技术的发展应用可大大提高效率。传统医生要为一个患者平均看两三次,费时费力;这种技术一方面使患者不再发愁挂号难,一方面可以使医生紧张工作得以缓解,有时间钻研业务、完善技术。并且,由于假牙制作需医生和技师的配合,很大程度上要看技师的悟性和手巧的程度,因此现在假牙精确度不高,如使用计算机,将会大大提高精确度。

口腔医学计算机技术 70 年代在国外开始发展,我国要晚十几年,以手工制作为主的定性的工作方式转为以严格定量为基础,以计算机和机器人为手段的工作方式是口腔医学的技术革命,是口腔医学的发展趋势。今后,去医院看牙时,你将得到更多的计算机的关照。

三、练　　习

(一)根据课文内容判断下列句子对错:

1. 现在患者看牙非常麻烦。　　　　　　　　　　　　　　(　)
2. 随着医学技术水平的提高,看病将更加省时省力。　　(　)
3. 二三年后,护士将指导患者如何同电脑打交道。　　　(　)
4. 现在制作假牙的惟一优点是精确度高。　　　　　　　(　)
5. 计算机技术的发展应用有助于医生治疗技术水平的提高。(　)
6. 过去假牙由医生制作。　　　　　　　　　　　　　　(　)
7. 中国口腔医学计算机技术非常先进。　　　　　　　　(　)
8. 技师的工作由机器人代替是口腔医学的发展趋势。　　(　)

(二)根据课文内容选择正确答案:
1. 第6段主要说的是:
   A. 计算机技术应用于口腔医学的优点
   B. 计算机技术应用于口腔医学可大大提高效率
   C. 制作假牙时使用计算机,将会大大提高精确度
   D. 口腔医学计算机技术既可使患者不再发愁挂号难,又可使医生的紧张工作得以缓解,有时间钻研业务、完善技术
2. 这篇课文主要说的是:
   A. 将来我们看牙的时间将大大缩短
   B. 将来我们看牙的效率将大大提高
   C. 计算机技术将应用于口腔医学
   D. 今后,制作假牙费时费力且精确度不高的现象将会改变,我们看牙将更加方便

查　阅

课文(一)　土豆不土,营养丰富

一、提示与要求

全文约650字,要求3分钟内查找出问题的答案。

二、问　题

1. 土豆除可以作粮食外,还可以作什么?

答：

2. 营养专家认为，土豆应该怎么做才能保存营养最多？
答：

3. 什么样的土豆不宜再吃？
答：

三、课　文

　　土豆，又名马铃薯，原产南美洲，17世纪传入中国，是我国北方的主要农作物之一。土豆集粮菜药于一身，也是做淀粉、酒精的好原料。

　　土豆营养丰富。维生素总含量是胡萝卜的2倍，西红柿的4倍。一个大一点的土豆所含的维生素C可以满足一个人一天的需要。土豆含有大约四分之一的所谓干物质，还有人体所需的磷、钙、铁等矿物质，有助于分解水和食盐，从而起调节新陈代谢的作用。土豆是热量最高的蔬菜，但与等量的面粉、大米相比，它所产生的热量较低，所以它还被称为"减肥蔬菜"。土豆有很重要的药用价值。祖国医学认为，土豆性平味甘，有补中、益气、和胃、消肿等功效。吃土豆可辅助治疗胃溃疡、十二指肠溃疡、胃炎，有利于缓解心律不齐等症状，喝少量土豆汁可降低血压，土豆皮外敷可治筋骨损伤，对防治风湿性关节炎也有一定疗效。

　　土豆的吃法多种多样。在西餐中，近年来在我国常见的有沙拉、烤薯条、炸土豆片等，中餐的做法更多，有素炒、红烧、拔丝、凉拌等。还有人把它制成土豆泥、与面粉、鸡蛋和在一起，做出比面粉花样还多的主副食品。但是，无论采取哪种做法，只有蒸土豆、烤土豆才会得到营养专家的认可，因为这两种做法保存营养最多，而炒土豆则使维生素C损失一半。还要注意，遇到发芽和变绿的土豆，要把芽眼和变绿的部分挖削干净，因为这部分含有一种生物碱——龙葵素，有溶血作用，食后可导致中毒，最好不吃。

　　（选自1998年7月7日《北京广播电视报》，作者：失绍宜。）

课文（二）　健康保险知多少

一、提示与要求

　　全文约600字，要求3分钟内查找出问题的答案。

二、问　　题

1. 在失能保险中,什么情况下被保险人的收入损失是全额的?

    答:

2. 平安康乐险主要针对哪种疾病而设?

    答:

三、课　　文

　　健康保险是指以人的身体为对象、保证被保险人因疾病或意外事故致伤时的费用或损失获得补偿的一种保险。包括医疗保险和失能保险两种。

　　由于疾病或意外事故所致的医疗费用称医疗费用保险或医疗保险,包括津贴型与费用型两种。按定额给付津贴金额,与是否领取保险公司的疾病保险金无关的保险种类叫津贴型保险;根据实际医疗费用支出给以补偿的保险种类叫费用型保险。

　　由于疾病或意外伤害事故所致的收入损失,即出险前的原收入与出险后新收入的差额称残疾收入补偿保险或失能保险,如果被保险人完全丧失工作能力,则其收入损失是全额的;如果只能从事比原工作收入低的工作,那么收入损失则是部分的。

　　目前,平安保险公司推出的个人健康保险有:重大疾病保险、平安康乐保险、住院安心保险、住院医疗保险。团体健康保险种类有:学生健康保险、儿童健康保险、母子平安保险、优生优育保险、团体防癌保险、团体重大疾病保险、团体住院安心保险、住院医疗保险等。重大疾病包括七种大病(心肌梗塞、恶性肿瘤、慢性肾功能衰竭、四肢瘫痪、脑中风、重要器官移植、冠状动脉搭桥术);平安康乐险是针对癌症为主提供的险种,它的保险范围广,提供的保险金包括:"癌症疗养保险金"、"癌症手术医疗保险金"、"癌症住院医疗津贴"三项给付金额,患病后且可免缴余下期间的保险费。住院安心险是按住院天数经给付补贴的津贴险,包括:"一般住院医疗津贴"、"癌症住院医疗津贴"、"住院手术医疗津贴"三项给付金。

(选自1998年6月30日《北京青年报》,作者:李金。)

课文(三) 办公室内吃什么

一、提示与要求

全文约600字,要求3分钟内查找出问题的答案。

二、问 题

1. 实在没时间吃早餐时,至少应该吃些什么?
   答:

2. 为了保护胃,同时减少酒醉的程度,可在饮酒前喝什么?
   答:

3. 当承受强大工作压力时,可以吃些什么人工制剂?
   答:

4. 想使情绪安定,可以吃哪些食物?
   答:

三、课 文

没空早餐吃什么?

据非正式的统计发现,成功的人大多有吃早餐的习惯,而不吃早餐的人几乎一辈子无名。不吃早餐,必然会使血糖降低,整个上午注意力无法集中,人昏昏欲睡,工作效率极差。因此,想多睡片刻而没有时间吃早餐时,至少应喝些牛奶和服用些复合维生素。

不胜酒力吃什么?

多吃鱼、肉、蛋、豆腐、奶酪等蛋白质高的食品可防止宿醉,且有补给营养的效果。

此外,牛奶会在胃壁内形成保护膜,所以在饮酒前喝一杯,既能护胃,又能减少酒醉的程度。

心中慌慌吃什么

维生素C具有平衡心理压力的效果。当承受强大心理压力时,身体会消耗相当于平常8倍以上的维生素C,所以,应尽可能多地摄取富含维生素C的食物。如清炒菜花、甘蓝菜、菠菜、芝麻(芝麻含有稳定情绪的钙质)、水果等。工作压力大的人,服用维生素C片剂,会获意想不到的效果。

脾气不好吃什么

一项有趣的实验证实,如果在不良少年的食物中增加钙量,就可改变他们的攻击性与破坏性。

钙具有安定情绪的效果,牛奶、乳酸、奶酪等乳制品,以及小鱼干等,都含有丰富的钙质。

(选自1996年3月16日《上海译报》,作者:金鸣。)

课文(四) 药

一、提示与要求

全文约1200字,要求6分钟内查找出问题的答案。

二、问　　题

1. 主人公为什么要偷药?
   答:

2. 主人公偷的是什么药?
   答:

3. 民父亲的病好了,家乡人认为是谁救了他的命?
   答:

4. 部队是怎么处理民的？
   答：

5. 改革开放后，民把什么赠送给了部队？
   答：

6. 见到老营长后，民有一个什么样的愿望？
   答：

三、课　　文

　　在我们一块参军的老乡们中间，民是复员回乡最早的一个。
　　文化大革命那年月，什么东西都缺。
　　民的父亲得了肺病，发现时已很严重。在当时，治疗这种病最好的药就是青、链霉素，可那时这两种药都很难买到，民在部队当兵，就成了父亲生命的惟一希望。只是民一个小当兵的，又哪有这个本事，东奔西走竭尽全力，也只弄到一小盒。民是个孝子，我们很体谅他，但又无能为力。民说，要是弄不到药，父亲可就……
　　过了一段日子。民说他父亲的病好了，我很有些惊奇。又为民高兴。当时部队施工任务很忙，其他的也没有去问很多。
　　又过了一些日子，营长找我，说是卫生队前些时候丢失了一批青、链霉素，追查的结果，偷药者是我的老乡——民。
　　上边说的很坚决，讲这样的兵怎么能留在部队，要作开除军籍处理。我虽说是民的老乡，但在营里当了个小书记，营长不把我当外人，想听听我的意见。
　　"作为一名战士，偷到了卫生队，这性质本身就很严重。开除回家也不为过。只是民在母亲去世早，兄弟四个，一家五口，当爹又做娘的，全亏了他父亲一人。民在家是长子，大了能做帮手了，父亲又送他当了兵，其他几个弟弟都还在读书，家里少不了他父亲。他父亲病了，他又怎么能眼睁睁地看着不管呢？
　　"如今，民父亲的病好了，家乡人都认为是部队救了他父亲的命。民的父亲不知道有多感激自己当兵的儿子，感激部队呢！如果老人家知道情况是这样，真还不知道会怎么样呢。"
　　我的话说完了，不知道对不对，抬头看着营长。
　　营长脸色显得很严肃，他不看我，不回答，一句话不说走了。

后来,民什么处分没给,只是作了提前复员的处理,回家之前,营长对民讲:"民呀,你怎么能做那样的傻事?家里有事个人处理不了,还有领导还有组织嘛!"说着走到民的跟前,拍了一下民的肩,"我思想工作不深入,你犯了错误有我的责任。"

民很感激营长,很感激部队,更觉得对不起营长,对不起部队,哭着对营长说:"我多么想在您的手下当兵呀,可是现在,我不能了。是我不好,是我自己一时糊涂,给部队给首长脸上抹了黑。首长请您放心,今后,不管到了哪里,我都不会忘记部队,不会忘记营长,我一定好好做人。"

民复员回家后,先是当赤脚医生,后来在村里办了一个小型制药厂。改革开放,与外商合资办了一家现代化的制药公司,民当上了总经理。就是在最近,他们生产的 B 药丸在国际上获得了大奖,民参与了研制,获得了 60 万元的奖金,他一分没留,全部买成了药品,赠送给原部队。当他见到先前的营长,如今的司令员时,民的眼眶红了:"老营长,我有个小小的请求,下辈子,下辈子我还要当兵,到时候不知您肯不肯收我?"

阅读知识:记叙文 6:科普短文

科普短文是一种特殊的记叙文,它所描写的是跟科学知识有关的内容。阅读科普短文时,我们要注意以下两点:

1. 了解作者的写作目的。每篇科普短文都有一个明确的写作目的,也就是作者要让你知道什么。这个写作目的,有时从题目中就可以清楚地了解,如《将来我们怎么看牙》(第七单元医疗保健(一)略读(二));有的题目只是给了我们一个提示,具体内容还要到文章中去归纳,如第七单元医疗保健(一)的通读课文,题目是《别跟自己过不去》,但要看了全文才知道是在生理上"别跟自己过不去",作者写作的目的是要告诉我们这样一个道理:尽量和生理节奏保持一致。

2. 根据写作目的理清作者的思路。科普短文的思路一般不像写人、写事的记叙文那么明显,阅读时要注意根据写作目的的分析,把握作者组织全部材料的思路。如《别跟自己过不去》一文中,我们了解了作者的写作目的是告诉读者:尽量和生理节奏保持一致,那我们就可以根据这个写作目的理清作者的思路:提出问题—发现原因—研究这个问题的学科—研究者的发现—怎样和生理节奏保持一致。

阅读技能:简称(上)

有些比较复杂的名称可以紧缩为简短的语言单位,这种语言单位就是简称。它的相应的未紧缩的名称叫作全称。如:"共产主义青年团"可以紧缩为"共青团","联合国教育、科学和文化组织"可以紧缩为"联合国教科文组织"。前者是全称,后者是简称。

简称的主要类型有两种:

一、词语缩减。从全称中抽取几个重要语素组成。按其缩减方式,可分下列几种类型:

1．取每个词的前一个语素组成。例如:

公共交通——公交　科学技术——科技

文化教育——文教　环境保护——环保

2．取第一个词的第一个语素和第二个词的最后一个语素组成。例如:

外交部长——外长　台湾学生——台生

腊月(农历十二月)初八——腊八　矿业学院——矿院

3．取第一个词的第二个语素和第二个词的第一个语素组成。例如:

物理化学——理化　历史地理——史地

人民警察——民警　身体检查——体检

4．取第一个词,再加上最后一个词的末尾一个语素组成。例如:

新华通讯社——新华社　信用合作社——信用社

5．共用一个相同的语素。例如:

青年少年——青少年　中医西医——中西医　教员职员——教职员

6．抽取专有名称中几个有代表性的词或语素。例如:

中国共产党中央委员会——党中央　文学艺术工作者联合会——文联

中国人民政治协商会议——政协

二、标数概括。用数字概括几项具有共同特点或共同成分构成简称的方式。例如:

父亲母亲——双亲　西汉东汉——两汉

废渣、废水、废气——三废

包修、包退、包换——三包

农业现代化、工业现代化、国防现代化、科学技术现代化——四个现代化——四化

第七单元 医疗保健（二）

通读 家庭——抵御艾滋病的第一道防线

一、提示与要求

全文约1100字，要求8分钟内读完（一遍），然后做练习。

二、词　　语

抵御　艾滋病　防线　家喻户晓　预防　用意　瘟疫　传播　感染
患者　毒瘤　支柱　配偶　蔓延　恶果　性解放　冲击　放荡　温床
毁坏　纽带　内聚力　专一　侵害　歧视　约束　传染　协调　遏制

三、课　　文

【1】艾滋病一词可谓家喻户晓，然而家庭在预防艾滋病方面的重要作用，并未引起人们足够的重视。世界卫生组织把今年世界艾滋病日（12月1日）的主题定为"艾滋病与家庭"，其用意就在此。

【2】被称为"二十世纪瘟疫"的艾滋病目前已传播到100多个国家和地区。据世界卫生组织估计，迄今全球艾滋病毒感染者已达1700多万，平均每天约有6000人染上艾滋病毒，每年艾滋病患者中的死亡人数超过10万。艾滋病像战乱一样，使世界上无数个美满的家庭破碎，它已经成为侵入众多家庭肌体的"毒瘤"。

【3】目前的艾滋病患者绝大多数为年富力

词语解释：

抵御 dǐyù　resist; withstand
艾滋病 àizībìng　AIDS (acquired immunodeficiency syndrome)
防线 fángxiàn　line of defence
家喻户晓 jiā yù hù xiǎo　known to every household
预防 yùfáng　take precautions against
用意 yòngyì　intention; purpose
瘟疫 wēnyì　pestilence
传播 chuánbō　spread

强的中青年人。他们是家庭经济来源的支柱,他们患病意味着家庭将承受经济收入减少和医疗费用增加的双重负担。他们的死亡对其家庭更是无情的打击。由于艾滋病主要通过血液、母婴和性接触三个途径传播,家庭某一成员患染艾滋病后,若不采取有效的预防措施,就可能将病毒传给配偶或子女。

【4】在受艾滋病侵害的众多家庭中,孩子们面临着失去双亲并成为艾滋病患者的威胁。在非洲,仅1993年就有约70万名婴儿是由感染艾滋病毒的妇女所生。这些小生命要么因出生前就感染上艾滋病毒成为艾滋病小患者,要么用不了多久而成了孤儿。据估计,到本世纪末,非洲大陆将有1000万儿童因父母死于艾滋病而成为乞讨的孤儿。

【5】艾滋病的蔓延究其原因是长期以来现代社会诸多社会问题未能解决而产生的恶果之一。在西方,所谓的性解放使传统的家庭遭到了破坏性冲击,成了艾滋病毒侵害的对象。艾滋病患者最多的美国是这一景况的缩影。在非洲,艾滋病猖獗则主要是一些国家实行一夫多妻制,性行为放荡。在亚洲的某些国家,妓女、暗娼的存在是艾滋病迅速蔓延的温床,也是毁坏家庭结构的毒瘤。

【6】艾滋病的传播给众多的家庭带来的是无尽的痛苦和不幸。但是,人类社会的每个家庭如能注意预防保健,则家庭可成为预防和控制艾滋病的第一道防线。

【7】家庭是以婚姻和血缘关系为纽带,有着强大的内聚力。家庭成员应该相互关心、相互提醒,不发生有可能染上艾滋病的危险行为;夫妻间坦诚相待,相爱专一,不发生婚外性行为并教育子女不发生婚前性行为。这样,全体家庭成员基本上可免受艾滋病的侵害。

感染 gǎnrǎn infect; affect; influence
患者 huànzhě patient
毒瘤 dúliú cancer
支柱 zhīzhù pillar
配偶 pèi'ǒu spouse
蔓延 mànyán spread; extend
恶果 èguǒ evil consequence
性解放 xìngjiěfàng liberation of sex
冲击 chōngjī charge; assault
放荡 fàngdàng dissolute; dissipated
温床 wēnchuáng breeding ground
毁坏 huǐhuài destroy; damage
纽带 niǔdài link; tie; bond
内聚力 nèijùlì cohesive force
专一 zhuānyī single-minded; concentrated
侵害 qīnhài encroach on; make inroads on

【8】对于怀疑可能染上艾滋病毒者,家庭中的其他成员应鼓励其面对现实,尽早进行病毒检查,并采取积极措施。在已被艾滋病侵害的家庭中,对于患病成员不应歧视,而应给予温暖的关心,激励他们同疾病作斗争,绝不可使其自暴自弃、我行我素,染患他人。要特别注意帮助患者约束自己的行为,以防对周围的人造成传染。如能做到这些,家庭在控制艾滋病蔓延方面将会起到巨大作用。

【9】艾滋病是可怕的瘟疫,征服它需靠全人类的努力。作为社会细胞的每个家庭都行动起来,与政府、社会协调行动,艾滋病的蔓延是可以被遏制的。

(原文选自 1994 年 12 月 1 日《人民日报》海外版,作者:葛秋芳。有删改。)

歧视 qíshì　discriminate against

约束 yuēshù　restrain

传染 chuánrǎn　infect

协调 xiétiáo　in a concerted way;in tune

遏制 èzhì　restrain; bring under control

四、练　习

(一)选择对下列句子的正确理解:

1. 被称为"二十世纪瘟疫"的艾滋病目前已传播到 100 多个国家和地区。
    A. 二十世纪,艾滋病传染得很快
    B. 作为二十世纪的流行性传染病,艾滋病广泛传播
    C. 二十世纪,艾滋病具有很强的传染性
    D. 艾滋病在二十世纪被称为瘟疫

2. 艾滋病像战乱一样,使世界上无数个美满的家庭破碎,它已经成为侵入众多家庭肌体的"毒瘤"。
    A. 艾滋病给无数家庭造成巨大破坏
    B. 艾滋病侵入了很多美满的家庭
    C. 艾滋病已经成为毒瘤
    D. 无数美满家庭的成员有了毒瘤

3. 他们是家庭经济派来的支柱,他们患病意味着家庭将承受经济收入减少和医疗费用增加的双重负担。
    A. 他们的负担加重了
    B. 由于他们得病,家庭的负担加重了

C. 他们对家庭非常重要

D. 他们得病,对家庭的打击非常大

4. 这些小生命要么因出生前就感染上艾滋病毒而成为艾滋病小患者,要么用不了多久而成了孤儿。

A. 他们因感染病毒而死亡

B. 他们因感染病毒而使父母死亡

C. 他们因感染病毒而死亡,同时也使父母死亡

D. 他们有的患病,有的父母死亡

(二)结合课文内容阅读下列句子并选择恰当的词语替换句中画线词语:

1. 艾滋病一词<u>可谓</u>家喻户晓,……

   A. 可以称呼　　　　　　B. 可以说
   C. 可以叫作　　　　　　D. 可以看作

2. 被<u>称</u>为"二十世纪瘟疫"的艾滋病目前已传播到100多个国家和地区。

   A. 说　　　　　　　　　B. 名称
   C. 测定重量　　　　　　D. 叫作

3. ……,<u>迄今</u>全球艾滋病毒感染者已达1700多万,……

   A. 始终　　　　　　　　B. 一直
   C. 到今天　　　　　　　D. 从过去一直到今天

4. ……,他们患病意味着家庭将承受经济收入减少和医疗费用增加的<u>双重</u>负担。

   A. 很重　　　　　　　　B. 两方面
   C. 两层　　　　　　　　D. 最重

5. ……,孩子们<u>面临</u>着失去双亲并成为艾滋病患者的威胁。

   A. 面前遇到　　　　　　B. 靠近
   C. 面对　　　　　　　　D. 即将面对

6. 艾滋病的蔓延<u>究其</u>原因是长期以来现代社会诸多社会问题未能解决而产生的恶果之一。

   A. 仔细推求　　　　　　B. 究竟
   C. 到底　　　　　　　　D. 找到

7. ……,妓女、暗娼的存在是艾滋病迅速蔓延的<u>温床</u>,……

   A. 温暖的床　　　　　　B. 有利的环境
   C. 条件　　　　　　　　D. 原因

8. ……,<u>则</u>家庭可成为预防和控制艾滋病的第一道防线。

A. 那么 B. 所以
C. 确实 D. 但是

9. 目前的艾滋病患者绝大多数<u>为</u>年富力强的中青年人。

A. 被 B. 是
C. 变成 D. 作为

10. ……，<u>绝</u>不可使其自暴自弃，……

A. 极 B. 最
C. 穷尽 D. 绝对

(三) 根据课文内容判断下列句子对错：

1. 了解艾滋病的人不太多。(　)
2. 世界卫生组织把今年的12月1日定为世界艾滋病日。(　)
3. 艾滋病对家庭的破坏性很大。(　)
4. 得艾滋病的都是中青年人。(　)
5. 艾滋病蔓延的原因是很多社会问题未能解决。(　)
6. 艾滋病一般通过性接触传播。(　)
7. 在亚洲，要想防止艾滋病蔓延，必须要解决妓女、暗娼的问题。(　)
8. 抵御艾滋病，应从家庭做起。(　)
9. 只要不进行不良性行为，就不会传染上艾滋病。(　)
10. 只有政府、社会和家庭协调行动，才能遏制艾滋病的蔓延。(　)

(四) 概括段落或全文大意：

1. 课文第五段的主要意思是：

A. 艾滋病在各地蔓延的原因不同
B. 艾滋病在各地的蔓延都造成巨大破坏
C. 艾滋病的蔓延原因
D. 艾滋病蔓延的结果

2. 全文的主要内容可以简单概括为：

A. 抵御艾滋病，从家庭做起
B. 世界卫生组织重视家庭的作用
C. 家庭成员要关心、爱护艾滋病患者
D. 艾滋病的传播首先破坏家庭

(五)选择适当词语填空：

抵御　家喻户晓　途径　蔓延　协调　支柱　血缘　歧视　威胁　约束

1. 解决这个问题有三种_____。
2. 你不用拿死亡来_____我,我从不怕这个。
3. 社会教育和家庭教育应互相_____,否则,孩子往往不知道怎么做才是正确的。
4. 在一些国家,汽车产业是_____产业。
5. 在这个城市里,他是一位_____的大人物。
6. 这种病一旦_____开来,后果将非常严重。
7. 自尊自爱是_____艾滋病的最好方法之一。
8. 黑人在一些国家仍受到一些人的_____。
9. 她是他的养母,他们之间没有_____关系。
10. 你应该好好_____他的行为,否则,总有一天,他会进监狱的。

略　　读

课文(一)　近视

一、提示与要求

全文约700字,要求4分钟内读完(一遍),然后做练习。

二、课　　文

读高中时,一位长着漂亮大眼睛的女同学是近视眼,常惹出一些美丽的误会:许多男孩以为她盯着他们看是因为对他们有意思。后来大家才明白,她只不过因为近视,看不清才"盯"着人家。当时我还暗自得意了好一阵,别看我学习不勤奋,可毕竟保住了自己"雪亮"的眼睛。

但好景不长,从上大学多看了几本"大部头"后,我的眼睛也开始不争气起来——越来越模糊了。老天,我也成了近视眼啦! 从那时到现在几年间,我算是尝够了近视眼的酸甜苦辣。

女孩近视多半不肯戴眼镜,更何况我近视度浅,所以更是坚决不戴。有一回走路,远远地有一个人和我打招呼,我就使劲地盯着,但无奈愣是看不出她五官的模样,只觉得她脸平整如一块大饼,到走得更近些,五官有些凸现,但极不稳定,时而清晰时而模糊,这使我想起被海水漾着的忽隐忽现的岛屿,直到离我只有几米远光景,我才终于认出这是同班的一位女同学。她站住,奇怪地问我:"你眼睛直勾勾地盯着我,却又装着不认识我的样子,这是怎么啦?"我连忙解释这是眼睛近视的缘故,并把我的感受说给她听。她听了大笑不止。

这年头近视的人可真多,我的表弟表姐都近视,尤其是表弟。有一次上街,他神秘地对大家说:"我发现,近视的人,上街不戴眼镜,街上美女最多。"逗得大家哄堂大笑。

近视眼趣事多,烦恼更多。模糊不清的痛苦不说也罢,最气人的是不近视的人总不相信近视的人没看到他。我的堂姐就曾很坚定地认为我在街上不理她,按她的说法就是我当时非常高傲地不和她打招呼,径直走了过去。我解释再三,可她无论如何都不相信。

去年,我终于不再犹豫,配了隐形眼镜,记得第一次戴上眼镜那天,我在街上路上留连忘返,看绿柳成行,看碧水流淌……我又高兴又懊恼,后悔自己为啥不早些戴上眼镜。这世界,比我近视前看到的还更清新更美丽。

(选自1998年6月10日《法制日报》,作者:陈果。)

三、练 习

(一)根据课文内容判断下列句子对错:
1. 那位高中女同学"盯"着男同学看并不是对他们有意思。( )
2. 读高中时"我"得意了好一阵是因为"我"知道那位女同学不喜欢别的男同学。( )
3. "我"是大学毕业后开始近视的。( )
4. 不肯戴眼镜的多半是女孩。( )
5. 表弟上街不戴眼镜,发现漂亮姑娘多起来了。( )
6. 近视的人经常被别人误会。( )
7. "我"经常非常高傲地不和别人打招呼。( )
8. 虽然戴眼镜不好看,但"我"还是配了眼镜。( )

(二)根据课文内容选择正确答案:
1. 下列哪条符合作者的情况?
A. 是个高度近视的男孩

B. 是个高度近视的女孩
　　C. 是个低度近视的男孩
　　D. 是个低度近视的女孩
2. 本文的主要内容是：
　　A. 近视眼的趣事
　　B. 近视眼的烦恼
　　C. 近视眼的酸甜苦辣
　　D. 作者近视前后的经历
3. 作者想通过此文告诉我们：
　　A. 低度近视最好不戴眼镜
　　B. 不戴眼镜会引起很多误会
　　C. 近视眼应及时配戴眼镜
　　D. 近视给人带来的很多烦恼

课文（二）　饿老鼠　饱老鼠

一、提示与要求

全文约500字，要求3分钟内读完（一遍），然后做练习。

二、课文　饿老鼠　饱老鼠

　　早在1925年，美国科学家麦开做了一个老鼠实验，将一群刚断奶的幼鼠分为两组，区别对待：第一组给它们充足的食物，让它们每天都肚子很饱；第二组则只提供相当于第一组60%的食物。结果大大出人意料：第一组饱老鼠很难活过一千天，未到中年就早早死了；第二组饿老鼠的寿命则比第一组长得多，而且皮毛光滑，皮肤紧绷，行动灵活，外表非常漂亮，免疫功能甚至性功能都比饱老鼠高。后来科学家把实验范围扩大到苍蝇、鱼等，又得出了相同的结果。为了论证这一结论是否适用于人类，科学家又用与人类具有共同祖先的猴子做实验，结果仍然一样。

　　科学永无止境。科学家不断进行探索。由此形成了几种理论，其中"限额"说最有名，相信的人最多。此说法认为，动物一生能消耗的能量有一定固定的限额，限额一旦用完就意味着生命的永远停止，因此，吃多吃少与寿命长短成反比：吃得多，限额就完成得早，生命就早日结束；吃得适量，生命反而长久。人尽管是高级动物,但终究是动物,所以此说也适用于人类。

(选自《中国人才》1995年第1期,作者:贺清生。有删改。)

三、练 习

(一)根据课文内容选择正确答案:
1. 美国科学家在做实验时,是如何区别对待两组老鼠的?
   A. 让第一组吃得很饱,第二组吃得不太饱
   B. 让第二组吃得很饱,第一组吃得不太饱
   C. 让第一组吃得很好,第二组吃得较差
   D. 让第二组吃得很好,第一组吃得较差
2. 实验的结果怎么样?
   A. 第一组晚死,第二组早死
   B. 第二组晚死,第一组早死
   C. 第一组聪明,第二组笨
   D. 第二组聪明,第一组笨
3. "限额"说的理论是什么?
   A. 吃得越饱,活得越长
   B. 吃得越差,活得越长
   C. 吃得越多,活得越长
   D. 吃得适量,活得更长

(二)根据课文内容判断下列句子对错:
1. 第二组老鼠的免疫功能和性功能都比第一组的老鼠高。　　(　)
2. 实验结论只适用于老鼠。　　(　)
3. 经常挨饿的猴子比经常吃得很饱的猴子活得短。　　(　)
4. "限额"说只是对实验结果进行解释的几种理论之一。　　(　)
5. 为了长寿,人应该饮食适量。　　(　)

课文(三)

一、提示与要求

全文约1100字,要求6分钟内读完(一遍),然后做练习。

二、课文　日常生活保健的佳期

洗澡的最佳时间：不同时期洗澡，收效不一样。清晨起床洗澡，如遇水温不当，人体难以适应，易患感冒。中午洗澡虽可换得一身清洁与轻松，但轻快之后却可引起疲倦。最好是在晚上临睡前来一次温水浴（水温 40～50℃左右），能促使全身肌肉、关节松弛，血液循环加快，助你安然入睡。

美容的最佳时间：皮肤的新陈代谢在夜间 12 点至凌晨 6 点最为旺盛，因此晚上临睡前使用化妆品美容护肤效果最佳，能真正起到促进新陈代谢和保护皮肤的作用。

锻炼身体的最佳时间：在一天之中，清晨常被人们视为锻炼身体的最佳时间。但新近的研究结论却相反，生理学家提出，傍晚锻炼最为有益。美国俄亥俄州立大学健康中心的专家解释是：人的各种活动都受"生物钟"的调控，无论是体力发挥还是身体的适应能力，均以下午接近黄昏时分最佳，如人的味觉、视觉、听觉等感觉最敏锐，全身协调能力最强、尤其是心率与血压都较低且很平稳，最适宜于锻炼。早上则不然，运动时心率与血压的升幅较傍晚明显高，对健康构成潜在威胁。

散步减肥的最佳时间：饭后 45 分钟，以每小时 4.8 公里的速度散步 20 分钟，热量消耗最快，最有利于减肥。如过两小时后再散步 20 分钟，减肥效果更佳。

睡眠的最佳时间：午睡最好从午后一点开始，这时人体感觉自然下降，很容易入睡。晚上睡眠以 10～11 点钟上床为佳，因为人的深睡时间一般在夜里 12 点至凌晨 3 点，这时人的体温、呼吸、脉搏及全身状态都进入最低潮，人在睡后一个半小时即进入深睡状态。

饮茶的最佳时间：许多人都习惯于餐后立即饮茶。其实，这很不科学。因为，餐后立即饮茶，茶叶中的鞣酸可与食物中的铁质结合成不溶的铁盐，降低铁的吸收，时间一长可诱发贫血。若待餐后 1 小时，食物中的铁质已基本吸收完毕，此时饮茶就不会干扰铁的吸收。

吃水果的最佳时间：人们通常认为饭后吃水果最佳，台湾一教授却提出新见解，强调饭前 1 小时吃水果最为有益。其理由是：水果属生食，吃生食后再进熟食，体内就不会产生白细胞增高等反应，有利于保护人体免疫系统，从而增强防病抗癌能力。饭后吃水果则无此种保护作用。此外，饱食之后吃水果，所含果糖不能及时进入肠道，以致在胃中发酵，产生有机酸，引起腹胀腹泻，故餐后需待 1 小时后再吃水果。

刷牙的最佳时间:早晚刷牙固然必要,但最佳时间还要算每次进食后3分钟内。因为饭后3分钟口腔内的细菌开始分解食物残渣中的酸性物质,腐蚀溶解牙釉质。

开窗通气的最佳时间:每天上午9~11点,下午2~4点开窗透气效果最好。此时气温已高,逆流层现象也已消失,大气底层的有害气体逐渐散去。

(选自1995年12月24日《新生活周刊》,作者:为春晨。)

三、练　　习

(一)根据课文内容判断下列句子对错:
1．洗澡的最佳时间是在晚上。　　　　　　　　　　　　　　(　)
2．美容的最佳时间是在凌晨。　　　　　　　　　　　　　　(　)
3．锻炼身体的最佳时间是在清晨。　　　　　　　　　　　　(　)
4．散步减肥的最佳时间是饭后45分钟和饭后两小时。　　　(　)
5．晚上睡眠的最佳时间是晚上10~11点钟。　　　　　　　(　)
6．饮茶的最佳时间是餐后几分钟。　　　　　　　　　　　　(　)
7．吃水果的最佳时间是饭前1小时。　　　　　　　　　　　(　)
8．刷牙的最佳时间是每次进食后3分钟。　　　　　　　　　(　)
9．开窗通气的最佳时间是每天上午9~11点。　　　　　　　(　)

(二)根据课文内容简要回答下列问题:
1．中午洗澡有什么缺点?
答:

2．人的感觉什么时候最敏锐?
答:

3．人什么时候进入深睡状态?
答:

4．长时间什么时候饮茶会诱发贫血?
答:

5．饱食之后吃水果容易造成什么后果?
答:

查　阅

课文(一)　卧思增智

一、提示与要求

全文约450字，要求2分钟内查找出问题的答案。

二、问　题

1. 卧思为什么能增智？
   答：

2. 研究表明在同一时间内人体哪个器官给大脑提供的信息最多？
   答：

三、课　文

1. 人的大脑思维状态可以分为睁眼思维、梦思维和临界思维(即卧思)三种类型。

2. 研究表明，卧思可以最大限度地使大脑免受外界事物的干扰。人脑在每10秒中接受的1000万个信息中，来自皮肤的500万个，由视觉而来的400万个，经过听觉、嗅觉和味觉传来的100万个。在夜深人静时，大脑接受信息的途径大为减少，精神异常集中，可以充分地发挥思维的潜力。一般来说，正常成年人的脑血流量较为稳定，每分钟为750毫升，但在处于静卧状态时有所增加。随着供应大脑的血液数量的充足，人的精神状态和记忆能力达到最佳状态，大脑的思维活动便有了最为坚实的物质基础。静卧时，大脑细胞的活动频率极为和谐一致，电活动相同，能做到同时放电和停止放电，所以能充分发挥大脑的潜能，极大地提高思维的深度。卧思能够增智，不少名人的事例已经充分证明了这一点。《人间喜剧》是法国作家巴尔扎克的传世之作，可它的构思和初稿有50%是在卧思中完成的。哲学家笛卡尔的卧思时间在一天中长达16个小时，他享有盛名的著作《方法论》便是卧思的"产品"。应该指出的是,大脑这种最佳思维的出现时间极短,稍纵即逝。

(选自1996年1月4日《人民日服》海外版,作者:李忠东。)

课文(二) 健身新法——海洋疗法

一、提示与要求

全文约600字,要求3分钟内查找出问题的答案。

二、问 题

1. 进行海洋疗法的科学依据是什么?
   答:

2. 海洋疗法的方式有哪些?
   答:

三、课 文

生命学家认为,生命起源于海洋,人体细胞就是一个被缩小了的"海洋",海水含有的成分与细胞的成分相似,与血浆有相同的成分,拥有特殊的医疗功效。化学家检测分析证明,海水含有的七十多种矿物盐和微量元素,在人体内都有存在,绝大部分是人体所需的营养物质。这些矿物质和微量元素在摄氏三十五度至摄氏三十七度的温度下,很容易透过皮肤和粘膜进入体内。海水还含有多种活性物质和一些浮游植物、浮游动物分泌出的具有抗生灭菌及类似皮质激素样的物质。海水所含有的这些成分在体内能产生巨大的生物学效应,对稳定、平衡整个机体起着重要作用。

海洋疗法除游泳、阳光浴外,还有①海水加气浴法,就是让从浴缸底部往上冒的气泡来按摩、推拿身体,消除紧张情绪和解除肌肉疲劳,增强血管壁的弹性,改善血液循环。②海水喷射浴法,是将加热了的海水从一定的距离,用强大的压力喷向人体,既可刺激松弛的肌肉,又能使紧张的肌肉放松,收到镇静和刺激的双重作用,从而达到整体的平衡稳定状态。③利用海藻或泥沙涂敷身体的局部或全身,强壮纤维组织,缓解肌肉挛缩和疼痛。现代医学研究表明,泥沙疗具有镇静止痛、抗炎消肿作用,可扩张血管,降低外周阻力,改善末梢血液循环,恢复组织器官的生理功能。④海滨空气也有特殊的医疗作用。被风和水沫搅动的海边空气清新,不含尘土、病菌和污染毒气。当人们漫步在海滩时,面对湛蓝的大海,宽广无垠的天空,会使人的心情格外舒畅,胸怀豁达,消除忧愁与烦恼,无疑是治疗心理创伤的一剂"良药";每吸一口空气,便得到海水无私的赠馈——矿物盐和微量元素等。

(摘自《中国医药报》第1243期。作者:刘启明。)

课文(三) 人的寿命究竟有多长

一、提示与要求

全文约900字,要求5分钟内查找出问题的答案。

二、问　　题

1. 历史记载和长寿调查证实了什么?
　　答:

2. 生长期和寿命的关系是什么?
　　答:

3. 课文提到了几种推算人寿命的学说?
　　答:

4. 根据以上几种学说,人至少可以活到多少岁?
　　答:

三、课　　文

　　关于人类长寿者的记载很多,而且有关国家和地区的长寿调查也证实了大面积多人群的长寿也是存在的。以长寿闻名的保加利亚,百岁以上的老人有

426人,即10万人中有5.2人。解放初期我国就做过调查,调查结果表明,百岁以上老人有3384人,最高年龄150岁。近年来各地报道的平均寿命都不断增长,上海、武汉的平均寿命都超过了70岁。广西巴马瑶族自治县是有名的长寿地区,百岁以上老人,10万人中有11人;90岁以上老人,10万人中有137人。

从以上统计资料可以看出,人的寿命完全可以长达100岁至200岁。科学家们除注意客观的调查和统计之外,还进行了生物学方面的研究。古希腊学者亚里士多德曾经指出:"动物凡生长期长的,寿命也长。"后来蒲丰氏提出"寿命系数"学说,指出寿命系数为5～7。

哺乳动物寿命(年)＝生长期(年)×寿命系数

例如:马的生长期为5年,犬为2年,象为25年,猿为12年。

马的寿命＝5年×(5～7)＝25～35年

犬的寿命＝2年×(5～7)＝10～14年

象的寿命＝25年×(5～7)＝125～175年

猿的寿命＝12年×(5～7)＝60～84年

运用上述公式推算结果,与马、犬、象、猿的实际寿命是相符合的。人的生长期为25年,由此推算,则

人的寿命＝25年×(5～7)＝125～175年

另外,有科学家指出,哺乳动物的寿命＝性成熟期×(8～10),人类的性成熟期约14年左右,由此推算,则

人的寿命＝14年×(8～10)＝112～140年

美国科学家海弗里克曾对人肺成纤维细胞的分裂与增值规律进行研究,并提出了根据细胞分裂次数来推算人类寿命的方法。小鼠的肺成纤维细胞只分裂14～18次便死亡,其寿命为30年;海龟的肺成纤维细胞分裂72～114次,其寿命为175年,这都与上述动物实际寿命相符。而人肺成纤维细胞的分裂次数为40～60次,按上述规律推算,人寿至少也可达110年。

总之,人的寿命完全可以超过100岁,而目前平均寿命只达到70岁左右,距离人类真正"寿终正寝"的年限还差之甚远,这有待于我们进一步去研究争取。

课文(四) 天然化妆品

一、提示与要求

全文约900字,要求5分钟内查找出问题的答案。

二、问　　题

1. 山茶油对人体的哪些部位有好处？
   答：

2. 橄榄油为什么极易被皮肤吸收？
   答：

3. 丝瓜水对于防止什么有特效？
   答：

三、课　　文

山茶油

　　山茶油是用山茶果实榨出来的油精制而成的。过去，妇女就是用山茶油护发，而且大家都喜欢它。山茶油的价格比橄榄油约高 2.5 倍，原因是近年来医学界证实山茶油中的油酸含量高，对人体健康有很高的价值。在人体皮肤分泌的皮脂中，甘油三酸酯约占 30%～50%，而在甘油三酸酯中油酸约占 10%～15%。山茶油的主要成分是油酸。也就是说，山茶油的成分与人的皮脂成分很相近。

　　化妆用和药用的山茶油，是榨油后用滤纸过滤成透明度很高的油，不加任何东西，纯度达 100%。用山茶油护发时，只需将一匙山茶油揉擦于毛发根处，很快就会遍布整个头发。它可以防止头皮屑、瘙痒、脱发、断发等。洗发时，如在热水里滴两三滴山茶油、轻揉轻擦头发，还可以起到柔发剂的作用。山茶油不只是对头发和头皮有好处，而且对脸和手、脚上的皮肤也有好处，可以很快在皮肤上扩展形成薄薄的一层油膜，保护皮肤。

橄榄油

　　橄榄油作为化妆油的历史是最悠久的，可以追溯到几千年前的古埃及。橄榄油是欧洲人美容和健康不可缺少的物质，他们长期把橄榄油作为化妆油、食用油和药用油。橄榄油是将适度熟化的橄榄果实采下榨取的，果实未熟或者过熟都会影响油的质量。这种从果实里榨出的油约占果实重量的 7%。现在 100% 纯度的橄榄油几乎见不到，一般都是掺进了棉油等其他植物油的天然品。

作为化妆品的橄榄油应该是100%纯度的,人们称之为处女油。如若不是这样的产品,可能危害皮肤健康。处女油是很稀少的,它不受水分影响,是酸价低的油,一般是在0.2以下。这种处女油没有油腻感,而有细腻光滑感,适合于各种皮肤。由于它的酸价低,极易被皮肤吸收,不会出现因吸收不好而被太阳晒红或晒黑皮肤。橄榄油作为按摩油、润肤油、防晒油可用于面部和其他部位,作为柔发油、洗发油可用于头发。洗澡时,如果滴数滴橄榄油,沐浴就感到很舒服。

丝瓜水

丝瓜水过去曾经作为化妆水长期使用,现在因为有了各种化妆品,使用的人逐渐少了。丝瓜水的制作方法很简单,夏季丝瓜蔓充分伸展时,在离根部60～90厘米处将蔓剪断,把一个洗净的瓶子套在根蔓的切口处,一夜之中可以采集相当可观的丝瓜水。丝瓜水是防止晒黑(褐斑)的特效药,任何高级化妆品的效果都比不上它。

(选自《百科知识》1995年第12期。作者:张别离。)

课文(五) 药品说用书:感冒灵冲剂

一、提示与要求

全文约300字,要求2分钟内查找出问题的答案。

二、问 题

1. 出现哪些症状时可以吃感冒灵冲剂?
   答:

2. 每天吃几次?一次吃几包?
   答:

三、课 文

感冒灵冲剂

上呼吸道感染引起之感冒,初起症状如喷嚏、鼻塞、流涕、咽痛、咳嗽等,俗称"伤风",继而出现高热、头痛、四肢及关节酸痛、咽喉痛、咳嗽等,给患者的生活、工作带来了诸多烦恼。

感冒灵冲剂突破传统工艺,针对上述疾病,取前人之验方、秘方,采用野菊花、金盏银盘等清热、解毒中药,与马来酸氯苯那敏、对乙酰氨基酚等抗组织胺和解热镇痛药相配伍而成的中西药结合的理想处方。

本品经多年临床应用,未发现任何毒副作用,对重感、流感具有表里双解的良好治疗效果,是治疗感冒的特效良药。

〔成　　分〕金盏银盘、野菊花、岗梅、对乙酰氨基酚、马来酸氯苯那敏等。

〔功能主治〕解热、镇痛。适用于因感冒引起之头痛发热、鼻塞、流涕、咽痛等。

〔用法用量〕冲服,一次1包,日服三次。

〔规　　格〕10g/包

〔贮　　存〕密闭,阴凉干燥处保存

〔注　　意〕用药期间不宜驾驶车辆、管理机器及高空作业等。

批准文号:ZZ-3645-粤卫药准字(1994)第904010号

南方制药厂(中国·深圳)

阅读知识:记叙文 7:通讯报道

通讯和报道是报刊中最常见、使用最广泛的新闻体裁。它们写的内容都是新近发生的、有社会意义的真人真事;对时间有要求,都要求报道迅速;表达方法都是以记叙为主,让事实说话。但二者又有不同:第一,在题材范围上,报道范围广,只要是有社会意义、大家所关心的"新闻"都在报道之列;通讯则要求选取社会生活中的典型事件和典型人物。第二,在写法上,报道侧重记事,而通讯则既记事更写人。第三,在结构上,报道一般有导语、主体、结语三部分,比较固定;通讯写人记事则比较自由灵活。第四,在时效上,报道要比通讯及时、迅速。

在阅读通讯报道时,应注意以下两点:

1.分析文章的层次结构。例如第六单元购物休闲(一)的通读课文《走出家门》,文章时间跨度大,有的发生在3月2日上午,有的发生在去年,有的发生在春节休假的最后一个星期天,还有的则是"连续多年",地点、事件也频繁变换,这就需要我们不是根据时间、地点或人物来进行分析,而是应首先根据课文的中心思想找出其层次结构。这个层次结构文章中可能有提示,如课文中的小标题"示范引导"、"期盼休闲";文章中如果没有提示总括语,读者就需要在众多的事件中自己去总结。弄清整篇文章的层次结构后,还要找出每一部分内部的层次结构,如课文第一部分中,第一段是总括:双休日时,北京市民有的郊游,有的锻炼,有的唱曲听戏,有的学习;第二、三、四、五段则分别举例说明:京城百姓大众体育擂台、双休日专场演出、双休日家庭读书知识竞赛、"军营一日"活动。

2.弄清每个层次中发生的事件。如上所述,课文第一部分作者举了四个事例来进行说明。而第二部分中,作者举了五个事例来说明:计算机技能培训活动的开展、《做现代文明北京人双休日系列活动的通知》的下达、特价书市的举行、博物馆的措施和各种旅游活动的出现。这样,文章的组成部分就清楚了,五个部分(事例)要说明的中心——示范引导(文章小标题)也就更明白了。

阅读技能:简称(下)

在现代汉语中,简称占了很大比例。简称用的时间长了就固定成新词。例如:

增产(增加生产)　初中(初级中学)　化肥(化学肥料)
保密(保守机密)　文娱(文化娱乐)　化工(化学工业)

汉语中地名往往可用简称。通常每个地名的前一个字可以当作它的简称。例如:辽宁、吉林、黑龙江简称为辽、吉、黑;英国、法国、美国简称为英、法、美;北京到九龙的铁路简称为京九铁路。

另外一些地名的简称用的是后一个字。例如:北京、天津、香港的简称分别是京、津、港。

还有一些地名的简称既不是前一个字,也不是后一个字,而是与原来的地名完全不同的字。例如上海的简称是沪,广东的简称是粤,山东省的简称是鲁。

简称使用起来比较方便,但要防止生造和滥用。简称的创造和使用,一定要符合词汇规范化的原则,否则会造成理解的困难和语言的混乱。有些简称受时间和地域的限制,如"中国人民大学"和"人民代表大会"的简称都是"人大";我们一般说"南大"指的是"南京大学",而在天津则指"南开大学"。像这样容易产生歧义的简称,在使用时要交代明白,以免发生误解。另外,在郑重场合和重要文件里,一般要用全称。

附： 中国省、市、自治区的简称

省市自治区名称	简称	省市自治区名称	简称
北京市	京	天津市	津
上海市	沪(或申)	重庆市	渝
河北省	冀	山西省	晋
内蒙古自治区	内蒙古	辽宁省	辽
吉林省	吉	黑龙江省	黑
江苏省	苏	浙江省	浙
安徽省	皖	福建省	闽
江西省	赣	山东省	鲁
河南省	豫	湖北省	鄂
湖南省	湘	广东省	粤
广西壮族自治区	桂	海南省	琼
四川省	川(或蜀)	贵州省	贵(或黔)
云南省	云(或滇)	西藏自治区	藏
陕西省	陕(或秦)	甘肃省	甘(或陇)
青海省	青	宁夏回族自治区	宁
新疆维吾尔自治区	新	台湾省	台

第八单元　民族风情（一）

通读　北京人过年

一、提示与要求

全文约1200余字。要求9分钟内读完（一遍），然后做练习。

二、词　语

诸如　过门儿　尾声　闹腾　序幕　守岁　年糕　恭喜发财　鞭炮
吉祥　高潮　尾声　规矩　惟独　立春　食谱　千篇一律　帷幕　花灯
民俗民风　糖葫芦

三、课　文

【1】北京人讲究过年。如今众多洋节侵入，诸如圣诞节、情人节、母亲节之类，但无一能与这个"年"即春节相比肩。

【2】北京人过年，过的可不仅是春节那一天。它前有过门儿，后有尾声，前前后后，将闹腾一个来月。从腊月初八泡腊八蒜、喝腊八粥即掀开了序幕。泡腊八蒜，为的是长出绿叶，象征春天的气息；喝腊八粥，为的是不再受穷，别以后连粥都喝不上了。腊月二十三还要送灶王爷升天。这样的气氛一直延续到除夕，年三十是要守岁的。大人们要连夜做年夜饭，尤其是要包好饺子、做好年糕。年糕取年年升高之意；饺子馅里要包一两枚铜钱，叫作大钱饺子，取恭喜发财之意。以后不用铜钱了，改作包上一块糖，意义和形式一并改良变种了。

词语注释：

诸如 zhūrú　such as
过门儿 guòménr　opening bars
尾声 wěishēng　epilogue; end
闹腾 nàoteng　make a noise; kick up a row
序幕 xùmù　prologue (to a play, a major event, etc.)
守岁 shǒusuì　stay up late or all night on New Year's Eve
年糕 niángāo　New Year cake (made of glutinous rice flour)
恭喜发财 gōngxǐ fācái　congratulations and may you be prosperous (a Spring Festival greeting)

【3】除夕之夜属于鞭炮。那同一时刻,北京城鞭炮如雷,礼花缤纷,把夜空映衬得烟雾弥漫。旧时放鞭炮是有讲究的,要先放五个"二踢脚"(一种双响鞭炮,在地上响一声,崩到天上再响一声),再放一挂小钢鞭(一般是一百响或二百响小鞭炮左右对称连在一起),最后再放三个二踢脚,这叫作先送祖宗再迎财神。

【4】然后,才是大年初一。相互拜年,讨个吉祥,旧时此刻开门见到前来拜年的人若是男的即是福,若是女的则不吉利,明显的男尊女卑。如今,若是女的,方才开门见喜哩。过年过到这时,到了高潮,拜年贺喜的话,如今走了一个轮回,又是老一套的恭喜发财,将发财上升为春节甚至人生第一要素。

【5】过年的尾声,要到正月十五。这之间,破五和立春两天最为重要。破五指的是初五,这之前不得以生米生面为炊,不得动刀(主凶杀)、动剪(主口舌)、动针(长针眼)、扫地(主穷)。我母亲在世时,别的规矩都破了,惟独大年初一坚决不让我扫地倒脏土,说是一扫地一倒土便把财气扫走倒光了。

【6】初一饺子初二面,初三的饸饹团团转,破五这一天要吃破五饺子,立春这一天要吃萝卜。过年的食谱,满北京城千篇一律规范化了。立春吃萝卜,民俗称为"咬春"。为什么非要吃破五的饺子呢?按我母亲的说法是封住这一年小人的嘴。所以,破五的饺子,母亲煮得格外认真,不让一个饺子煮破,让小人漏嘴。

【7】过年一般在正月十五落下帷幕。童年时,我家住在前门外西打磨厂,离大栅栏一步之遥,那里的花灯最辉煌灿烂。据说以前花灯一直燃亮到打磨厂,我未能赶上家家门前悬挂花灯那火树银花的情景。

【8】这期间最好的去处是厂甸。穿过大栅

鞭炮 biānpào firecrackers

吉祥 jíxiáng lucky; auspicious; propitious

高潮 gāocháo high tide; climax

规矩 guīju rules of a community or organization; custom
惟独 wéidú only; alone
立春 lìchūn the beginning of Spring (1st solar term)
食谱 shípǔ cookbook; recipes
千篇一律 qiān piān yí lǜ stereotyped; following the same pattern
帷幕 wéimù heavy curtain
花灯 huādēng festival lantern (as displayed on the Lantern Festival)

栏,过杨梅竹斜街或樱桃斜街即可到达。厂甸,把过节的人流、气氛以及上千年来的民俗民风,都凝聚浓缩在那里。卖吃的、用的、玩的——五花八门,应有尽有。对于当时我那样的穷孩子来说,只渴望买一串长长的足有我们孩子一样高的大糖葫芦。旧时曾有诗专门咏叹厂甸这种糖葫芦:"雪时满路是泥糖,车畔呼儿走不忙。三尺动摇风吹折,葫芦一串蘸冰糖。"

民俗民风 mínsú mínfēng folkways; local traits and folk custom

糖葫芦 tánghúlu sugar-coated haws on a stick

【9】那时,我从来买不起这样一串大糖葫芦。如今,厂甸没有了,鞭炮不让放了,糖葫芦也不是孩子渴望的食品。春节,越来越成为一种象征。

(选自1996年2月16日《南方周末》,作者:肖复兴。有删改。)

四、文化点注释

1. 春节:农历一月一日,是中国的传统节日。也指这一天以后的几天。
2. 正月:农历一年的第一个月。
3. 腊月:农历的第十二个月。
4. 年三十:农历一年的最后一天。
5. 除夕:一年最后一天的夜晚。
6. 守岁:在农历除夕晚上不睡觉,直到天亮。
7. 灶王爷:旧时迷信的人在做饭的炉火旁供的神,认为他掌握着一家的祸福财运。也叫灶君、灶神。

五、练 习

(一)选择对下列句子的正确理解:

1. 如今众多洋节侵入,诸如圣诞节、情人节、母亲节之类,但无一能与这个"年"即春节相比肩。
    A. 对北京人来说年就是春节
    B. 对北京人来说春节最重要
    C. 对北京人来说只有圣诞节和春节一样重要
    D. 对北京人来说圣诞节、情人节等洋节比春节重要

2. 饺子馅里包一两枚铜钱,叫作大钱饺子,取恭喜发财之意。
   A. 人们将祝贺吃到大钱饺子的人在新的一年里发财
   B. 吃到大钱饺子的人在春节期间会得到很多钱
   C. 饺子馅里包铜钱表示主人有钱,家庭和谐
   D. 大钱饺子表达了人们对新的一年的祈求与盼望
3. 如今走了一个轮回,又是老一套的恭喜发财,……
   A. 恭喜发财是旧习俗
   B. 恭喜发财是老一套
   C. 旧时的恭喜发财又成了人们的新时尚
   D. 走了一圈老一套又回来了
4. 破五指的是初五,这之前不得以生米生面为炊,……
   A. 初一和初五期间不能烧火做饭
   B. 初五之前不能吃米面做的饭
   C. 破五前一天不能烧火做饭
   D. 破五那天不能烧火做饭
5. 过年一般在正月十五闹花灯落下帷幕。
   A. 春节要到正月十五闹完花灯才结束
   B. 过年的文艺演出要到正月十五结束
   C. 春节的灯火直到正月十五才结束
   D. 闹完花灯标志着演出的结束
6. 据说以前花灯一直燃亮到打磨厂,我未能赶上家家门前悬挂花灯那火树银花的情景。
   A. 我去得晚没赶上看花灯
   B. 我赶到那儿花灯已结束
   C. 我出生后已经没有花灯了
   D. 我走得太慢赶不上看花灯了

(二)结合课文内容阅读下列句子并选择恰当的词语替换句中画线词语:
1. 北京人<u>讲究</u>过年。
   A. 注意　　　B. 重视　　　C. 喜欢　　　D. 强调
2. 诸如圣诞节、情人节、母亲节<u>之类</u>,……
   A. 像……一类　　　　　　B. 比如……一类
   C. 像……一样　　　　　　D. 像……似的
3. ……但无一能与这个"年"即春节相<u>比肩</u>。

A. 比较　　　　B. 一样　　　　C. 重要　　　　D. 相当

4. 旧时放鞭炮是<u>有讲究</u>的，……

　　A. 很时兴　　B. 应该注意　　C. 很严格　　D. 有要求有规定

5. 旧时此刻开门见到前来拜年的人若是男的<u>即</u>是福，……

　　A. 才　　　　B. 就是　　　　C. 就　　　　D. 立刻

6. 我母亲在世时，别的规矩都破了，<u>惟独</u>大年初一坚决不让我扫地倒脏土，……

　　A. 只是　　　B. 只有　　　　C. 只要　　　D. 仅仅

7. 这期间最好的<u>去处</u>是厂甸。

　　A. 地点　　　B. 地方　　　　C. 地址　　　D. 去的地方

8. 过节的食谱，满北京城<u>千篇一律</u>规范化了。

　　A. 指每个家庭都一样，没有例外　　B. 指没有变化，每天都一样
　　C. 指形式都一样，没有例外　　　　D. 指吃饭时间都一样，没有例外

9. 破五的饺子，母亲煮得格外认真，不让一个饺子煮破，让小人<u>漏嘴</u>。

　　A. 从嘴里漏掉　B. 不能吃　　　C. 张嘴　　　D. 煮破

10. 那时，我从来<u>买不起</u>这样一串大糖葫芦。

　　A. 不想买　　B. 不敢买　　　C. 不能买　　D. 没钱买

(三) 根据课文内容判断下列句子对错：

1. 北京人过春节只有两三天的时间。　　　　　　　　　　　　(　　)
2. 喝腊八粥的目的是希望新的一年生活好。　　　　　　　　　(　　)
3. 旧俗正月初一到初五期间不能扫地，否则就不能发财。　　　(　　)
4. 如今北京人都重视洋节，不重视过春节了。　　　　　　　　(　　)
5. 如今过春节人们已不再说恭喜发财了。　　　　　　　　　　(　　)
6. 按旧俗过了正月十五春节才算结束。　　　　　　　　　　　(　　)
7. 旧时春节期间厂甸是北京最热闹的地方。　　　　　　　　　(　　)
8. 现在糖葫芦仍然是孩子们渴望的食品。　　　　　　　　　　(　　)
9. 按旧俗大年初二那一天应该吃面条。　　　　　　　　　　　(　　)
10. 按旧俗春节前应准备好初一到初四的食物。　　　　　　　(　　)

(四) 概括段落或全文大意：

1. 课文第一段的主要意思是：

　　A. 洋节侵入了北京

　　B. 过年就是过春节

C. 北京人重视洋节
　　D. 北京人重视春节
2. 课文最后一段(第九段)的主要意思是：
　　A. 如今孩子们已不渴望过春节了
　　B. 如今孩子们不想吃糖葫芦了
　　C. 如今人们已不那么重视春节了
　　D. 如今的春节只是一种形式了
3. 全文的主要内容可以简单概括为：
　　A. 北京春节习俗
　　B. 虽然洋节侵入，但北京人更重视春节
　　C. 北京人过春节的情况
　　D. 如今的春节只是一种象征

(五)选择所词语填空：

　　讲究　诸如　象征　惟独　即　则

1. 圆圆的月饼_____着吉祥和团圆，它是中秋节必备的食品。
2. 过去人们说过年并不是过元旦，而是指农历新年_____春节。
3. 到北京已经整整两年了，北京的名胜古迹我几乎都看过了，_____孔庙还没去过。
4. 旧时中国人过春节是有许多_____的，哪一天吃什么，甚至穿什么衣服都是有规矩的。
5. 运动会的比赛项目很多，_____百米赛跑、四百米接力跑、跳高、跳远等等，希望同学们都能参加。
6. 很多中国人结婚都愿意选择双日子，比如二、六、八等，如果是单日子，或结婚那天遇上刮风或阴天下雨，_____被认为不吉利。

略　读

课文(一)　年趣

一、提示与要求

　　全文约1200字，要求8分钟内读完(一遍)，然后做练习。

二、课　　文

　　小时候最盼望的日子就是过年，还没进腊月门，就整天扳着指头掐算。那阵子对美好的未来、幸福的明天等闪光字眼的理解，就是天天过年。饥肠辘辘地熬了一年，就指望到过年吃大鱼大肉大馒头。北方人有句顺口溜——大嫂大嫂你别馋，过了腊八就过年！过年对辛苦了一年的中国老百姓来说，就是放开肚皮吃喝的日子。鱼炸了一盆，菜炖了两锅，馒头蒸了几大缸，放到后院小仓库冻得像铁蛋。之所以说像铁蛋，是因为我们院子里来了一个小偷，被邻居德贵爹发现，他随手抄起一个冻馒头打过去，那小偷应声倒地，后经医院抢救才醒过来。过年的日子，家家户户冒香气，我们不停地吃呀嚼呀，无论怎样拼命吃，父母都会忍着心疼乐呵呵地说："使劲儿吃，有的是！"因为过年必须说吉利话，否则预示着一年的不幸。腊月二十三灶王爷上西天，父母就给灶王爷嘴上抹蜜，让他甜嘴甜舌地见了玉皇大帝说好话，就像现在向上级汇报工作，多讲成绩一样。我们馋得用手指去蘸灶王爷嘴上的糖吃，吓得要死又甜得要命。除夕夜的鞭炮轰鸣，惊天动地，震耳欲聋，不亚于一场战争。人们捂着耳朵，在硝烟呛鼻、严重缺氧的情况下欢天喜地。放完鞭炮吃年夜饺子，饺子里面包着硬币，谁吃得多就意味着来年能挣钱。为此，我们专挑大个的饺子吃，吃着吃着，牙齿突然被硌得"咯噔"一声，那就是咬到硬币，那就是最幸福最动听的声音。我们吃了又吃，简直就是发疯般地吃饺子，小肚皮撑得鼓鼓的，还不顾死活地吃。

　　最精彩最难忘也最神秘的是年三十夜里烧香烧纸，托着宗谱的牌位请死了若干年的爷爷奶奶们回来。父母们一面拨弄着火堆，一面煞有介事地喊道："爹，妈，请您老回来过年了！……"我们毛骨悚然地瞅着火堆四处的黑暗，似乎看到鬼魂在晃动。夜里，供在爷爷奶奶牌位前的饺子少了大半碗，全家人又激动又恐怖，都认定是爷爷奶奶的灵魂回来吃的。这件事使我相当兴奋，去告诉邻居家大我六岁的德贵哥。他说那是耗子偷吃的，他家的饺子被偷得一个不剩，后来在耗子洞口发现被耗子拖碎的饺子。他说世界上压根没什么鬼神，那是迷信是思想落后。我立即沮丧得抬不起头来，虽然再不害怕什么鬼神，但从此觉得年三十晚上没什么意思了。

　　如今，生活向前迈了一大步，失去了吃的兴趣也就失去了过年的大部分乐趣。上中学的女儿一听吃年夜饺子，吓得像吃毒药似的，苦着脸抱怨："还吃饺子呀，烦死了！"另外，有了电视后，年三十的街市冷清多了，家家户户都围着屏幕看春节联欢晚会节目。第二天拜年，主要话题是昨夜电视节目太臭了太好了或是一般,激动地褒贬之时甚至都忘了问"过年好"。然而,过年还是最美好最重要的节日。这两年在俄罗斯挂职体验生活,过年时俄罗斯人没有任何感觉,我们中国人却激动得不行,又欢乐又难过又悲悲切切地思念家乡,思念鞭炮轰鸣的除夕夜,思念热气腾腾的年夜饺子。除夕之夜,我们在所驻的俄罗斯旅社门前特意挂起两个中国式的大红灯笼,引得金发碧眼的俄罗斯人直喊"哈老少"(好的意思)。我们也情不自禁地半汉语半俄语地给他们拜年——过年哈老少!

(选自1996年2月16日《南方周末》,作者:邓刚。有删改。)

三、练 习

(一)根据课文内容判断下列句子对错:
1. 对中国老百姓来说,以前过年就是放开肚皮吃喝的日子。 （　）
2. 过年说吉利话是为了让对方高兴。 （　）
3. 吃年夜饺子时,人们专挑大个的吃是因为大个饺子馅多。 （　）
4. 年三十夜里供在爷爷奶奶牌位前的饺子少了,是因为被爷爷奶奶的灵魂吃了。 （　）
5. 后来我觉得年三十晚上没有意思,是因为有人说我迷信,思想落后。 （　）
6. 如今,作者的女儿一听说吃年夜饺子,吓得像吃毒药似的,是因为她从来就不爱吃饺子。 （　）
7. 如今,虽然过年的气氛淡薄了,但身居国外的中国人仍然思念除夕夜,思念年夜饺子。 （　）

(二)根据课文内容选择正确答案:
1. 本文讲的是中国哪个地方的过年习俗?
　　A.西南　　　　B.西北　　　　C.南方　　　　D.北方
2. 本文的主要内容是:
　　A.回忆儿童时代过年的情趣和在国外对过年的思念
　　B.回忆儿童时代过年的情趣和如今对过年的淡漠
　　C.对中国老百姓来说以前过年就是吃喝的日子
　　D.新旧时代孩子们对过年的不同态度

课文(二) 乡音

一、提示与要求

全文约1200字,要求8分钟内读完(一遍),然后做练习。

二、课　　文

除夕午夜的钟声敲过,喜气洋洋的春节文节晚会已珍重道别,孩子们早已甜甜入梦。

好温馨的夜啊! 我关了灯,迷迷瞪瞪地正要入梦,电话铃声却一声接一声地叫了起来。

电话里听到一个又惊又喜的陌生的声音:"老张!"

莫名其妙! 我们家没有姓张的。"你找谁?"

"就找您。"那人却快乐地说。

"找我?"我觉得好笑,"我不姓张。"

"您听我说,"他急切地说,"我不知道您是谁,现在,我先告诉您我是谁……"

"您是否认为我一定会对这个问题有兴趣?"我不耐烦地说,这个电话来得太不是时候了。

"对不起,"他诚心诚意地说,"真对不起,这么晚打扰您,让您接一个陌生人的电话。不过,请您听我说几句,我是在一万多公里外的南沙群岛,曾母暗沙岛上给您打这个电话的……"

南沙群岛,曾母暗沙? 我的天! 我睡意顿消。

"可我并不认识您……"我委婉地说。

"没错,我也不认识您。"他急切地说,"每逢佳节倍思亲哪! 今天夜晚连队有个规定:允许战士给家里打个长途电话……可我的家在大荔县农村,是边远山区,家里还没有电话。许多人都挨着个给家里打电话,可我给谁打呀?……"

话说到这儿,他的声音有些哽咽了。"可我又不想放弃这个机会,我只是想听听您的这一口乡音……"

顿时,我的眼眶有些湿漉漉的。我完全能理解这位远在边关的战士这份乡情亲情。我顿时想起有一年我出差广州,才呆了不过三个多月,便一心想吃家乡的凉皮扯面老碗羊肉泡,……想得我都想出病来了。

"我们驻守的这个小岛很小,我上岛已经七个多月了,班长说,这个时候最难熬。您在听我说吗?"

"您说的这个滋味我尝过,"我用一口地道的、土得掉渣的家乡话腔跟他说话,"您说的每一句话,连标点符号我都能听懂。能告诉我,您现在最想念的人,想他想得心疼的人是谁? 或者说,您最想跟他说句话的人是谁?说句不怕让您难为情的话,您有您爱的姑娘吗?"

电话里传来一声尴尬的笑声:"您可真是哪壶不开提哪壶。唉!"他似乎无可奈何地长叹一声,"我的心上人,说有便有,说无便无……我心里有她,可不知道她心里有没有我。剃头担子一头热呀!"一个怯怯的让人怜悯的可爱的初恋。

"您能不能告诉我,她漂亮吗?"我笑。

"乡里的嗲女娃,比不得城里的小姐,可实惠。她不爱你就是不爱,可是爱上了你,那可是一团火呀!……"

"你咋知道?偷嘴吃了?"我嗤笑。

"哪里哪里,"他忙说,"甭胡说,没那福气。有那贼心还没那贼胆。"

我俩一齐放声大笑。

"当兵的也是人,什么都好熬,就是孤独最难熬……"说这话时他的声音又哽咽了,我的鼻子也酸酸的,正想安慰他一下,他却急匆匆地说:"对不起,乡党,时间到了。谢谢你,乡党。祝你全家春节快乐!"

还没等我报一声祝福,电话已经挂了。

妻迷迷瞪瞪地问:"深更半夜的跟谁说梦话?那么亲热!"

梦话? 我笑了。

(选自《微型小说选刊》1998年第11期,作者:魏雅华。有删改。)

三、练 习

(一)根据课文内容选择正确答案:

1. 来电话的时间是:
   A. 除夕之夜　　B. 元旦之夜　　C. 初一零时左右　　D. 没有说明
2. 来电话的人是:
   A. 老张　　　　B. 朋友　　　　C. 亲戚　　　　　　D. 陌生人
3. 对方打电话的目的是:
   A. 找一位朋友　B. 找一位老乡　C. 听听乡音　　　　D. 向他拜年
4. 听到对方讲话"我"最初的心情是:
   A. 莫名其妙　　B. 喜悦　　　　C. 厌烦　　　　　　D. 惊奇

5. 听了对方的述说后"我"的心情是：
   A. 无可奈何　　　B. 理解　　　C. 同情　　　D. 怜悯
6. 打电话的人有没有心中所爱的姑娘？
   A. 有　　　B. 没有　　　C. 没有说明　　　D. 他不好意思说
7. "哪壶不开提哪壶"在本文的意思是：
   A. 你提了个我难以回答的问题
   B. 你不应该提这个问题
   C. 你提了个我还没解决的问题
   D. 那壶水还没开你不应该提

(二)综观全文,作者主要写了什么？
   A. "我"在临睡前接到一个长途电话
   B. "每逢佳节倍思亲"的普遍情感
   C. 春节前守岛战士的思乡之情
   D. 春节前夕守岛战士的心愿

查　阅

课文(一)　藏历年

一、提示与要求

全文约1500字,要求8分钟内查找出问题的答案。

二、问　题

1. 古时候藏历新年从什么时候开始？
   答：

2. 藏历新年与汉族的春节是同一天吗？
   答：

3. 藏历年的岁末人们共同的食物是用什么做的？

答：

4. 按传统藏族人过年时哪一天开始走亲访友？
答：

5. 藏族经幡的五种颜色象征什么？
答：

三、课　　文

　　藏族地区的传统生活以藏历计算时日。藏历是以西藏高原特别的物候和实践经验为基础，又吸收了古印度和古汉地历法中的宇宙观和方法论融合而成。藏历年古时曾以麦熟为岁首或以麦收为岁首，是在夏秋季。大约13世纪元代的萨迦王朝时才改为藏历元月一日为新年起始，直到今天。与汉族的春节一般相差几天，今年则比春节晚一天。但在藏东南的工布地区现在仍然于藏历十月初一过年，称作"工布新年"；西部一些农业区也常在藏历十二月一日过年，称作"农民新年"。

　　一年之首的藏历年是西藏最盛大的节日。它的主题是借周而复始的新开端，预祝全年吉祥平安，人畜两旺，五谷丰登，幸福美满。千百年来，人们一再体现着并强化了这一主题，凡与节庆有关的所有物品和仪式全都满含了象征意味。

　　有关藏历年的准备工作早早就已经开始。打扫庭院，培植青稞苗，在门庭、厨房各处用白粉画满八宝吉祥、日月同辉之类吉祥图案。进入节日序幕是在岁末的二十九日，家家户户吃同一种食物"古突"——由干肉、奶渣、人参果等九种食品煮成的面疙瘩汤。因为面疙瘩里包藏着羊毛、木炭、豌豆、辣椒之类不同的东西，食之者便被认为心善或心黑，狡猾或泼辣等，所以围在一起的家人不时发出快乐的大笑。晚饭后是节日的第一个高潮："驱鬼"。这种鬼是没有具体形象的。只用扫帚把家中的边边角角扫一扫，用糌粑团在自己身上上上下下搓一搓，再把这些沾着灾气或晦气的物品扔到远远的十字路口或旷场上，堆起柴禾点燃。夜幕降临时的差不多同一时刻，西藏的城镇乡村都燃起了熊熊大火。大人们迅速返回家中，生怕把鬼魂带回家，孩子们则围着火堆欢呼跳跃。

　　初一一大早，在折嘎艺人沿街高声诵读的吉祥颂词中，新的一年来临。天刚亮，各家主妇背起水桶，走向河边井旁。此时的江河井水被认为是最吉祥的水,相传此时的水是由于雪山狮子的奶汁流入而变得神圣。

　　节日的家室摆设得富丽堂皇。盆罐里培植的青稞苗长成一片葱绿,意味着春天的来临。必备之物还有羊头。牧民家里摆放的是真正的带皮毛的羊头,城里人则用陶瓷之类的工艺品羊头取代。在藏语中"羊头"和"年首"是同音,且羊一向被视为吉祥之物。必备之物还有堆满糌粑和麦粒、插着酥油捏制的日月图案和干麦穗的长方形彩盒的五谷斗"切玛"。客人进门,主人就捧来,客人捏上一撮,口里含一点儿,再向空中撒三下,表示敬天敬地敬人间地下水中诸神。但初一这一天人们合家欢聚,并不出门,只在初二才走亲访友,互致祝福。于是大街小巷"扎西德勒"(吉祥如意)之声不绝于耳。到了初三,人们喜气洋洋地登上房顶,更换新的经幡,又成群结队地去往寺庙、山顶及水边的神圣之地,排成一列,口中念念有词,举行树经幡的仪式。经幡五色。按照通常的解释,自上而下顺序为蓝天、白云、红火、绿水、黄土。另有将五色解释为金木水火土五行的。总之五色经幡反映了传统的自然观和哲学观。

　　藏历年习俗在当今已有某些改变,比如说初一那天清晨西藏电台播放祝福的"折嘎",而人们也可以走出家门相互拜年了,节日的内容也增添了收看为藏历年专门组织的电视节目。但总的来讲,比起其他民族,藏族人过节仍然认真,认真地准备,认真地欢乐。藏历年的传统色彩仍然浓郁,留有很深的自然崇拜及神灵崇拜的痕迹。以现代人的眼光看来,民族节日具有文化史的意义。在节日里,时间成为静止之物。在这里,空间所经历过的东西被特别强调地保存下来。透过一个节日放眼远望,现代人可以看见精神历史的脚印,从一年中窥见千年。

（选自1996年2月16日《南方周末》,作者:马丽华。有删改。）

课文(二)　留在广州过年

一、提示与要求

　　全文约800字,要求4分钟内查找出问题的答案。

二、问　　题

1. 春节在广州逐渐淡化的主要标志是什么?
　　答:

2. 近看来广州人过春节的一个流行口号是什么?
   答:

3. 作者为什么留在广州过春节?
   答:

4. 面对逐渐淡薄的春节气氛,作者是一种什么心情?
   答:

三、课　　文

　　打开电视,忽然看见许多作揖打躬、恭贺发财的人,一年一度的春节又来了。虽然在心底里仍然泛起一丝要过节的异样感觉,但这种感觉更多地是一种怀旧的情绪。不知从什么时候起,春节在我们的生活中一年一年地淡化。最初大家好像不约而同地放弃了新年炸油角、蛋散的传统节目,孩子们再也不会为了那四溢的油香而馋涎欲滴了;然后人们又放弃了在家吃年夜饭的习俗,改为一窝蜂地涌进宾馆酒楼,老人们再也不能吆吆喝喝地盼咐晚辈杀鸡宰鹅,蒸鱼烧肉,以卖弄自己的经验和才能;然后人们开始放弃登门拜年的风俗了,打个电话,把新年的祝福传给对方,或在录音电话里留一句恭喜发财就算了事;然后我们听不见大年初一的鞭炮声声了;然后我们开始讨论还要不要保留花市了……

　　然后我们在通往四乡的公路上看见愈来愈多的广州人乘坐各种交通工具,像潮水似的一波一波涌向乡下,一时间,"逃离大都市"竟成了一句流行的口号。仿佛到偏僻的山村过年成为一种时髦,留在城里过年反倒是"老土"的标志。我也曾被这股潮流裹挟着,带着大包小包的烟花鞭炮到乡下过年去。然而,出乎意料的是,平日冷冷清清的县城,过节的那几天竟是人流如潮,名车荟萃,淑女绅士,少爷小姐,摩肩接踵,鱼贯而行。大小餐厅挤满了"逃离大都市"的广州人,山珍海味,杯盘狼籍,有如举行盛大宴会,简直比大都市还要大都市。仔细想想,千里迢迢,受尽汽车颠簸之苦,跑到这个小县城来体验都市的嘈杂和烦恼,真是让人难以理解。

　　春节又来了。我已经打定主意,为了清清静静过个年,还是留在家里吧!虽然传统的气氛已日见淡薄,虽然春节已经不再是我们孩子时代那个让人兴奋难忘的春节,但春天来了,毕竟是一个充满喜气的日子。当我看见孩子们捧着鲜花,拿着气球,在广州街头追逐玩耍时,我想他们一点儿也不会为闻不到油香而遗憾。春天一定以一种神秘的方式,使孩子们永远感到兴奋难忘。虽然油香的诱惑消失了,但必定有其他的诱惑取而代之。因此,传统的东西离我们远去,并没有什么值得惋惜。今天的孩子所经历的一切总有一天都会变成传统,然后消失,然后让给新的一天,让给新的诱惑,让人们永远以喜悦的心情迎接再次来临的春节。

(选自1996年2月16日《南方周末》,作者:叶曙明。有删改。)

阅读知识:小说(上)

小说,是一种叙事性的文学体裁,它以塑造人物形象为中心,通过展开故事情节,描绘具体环境来反映社会生活。

从篇幅和容量上,可以把小说分为长篇小说、中篇小说、短篇小说和微型小说等。我们在阅读课当中接触较多的是微型小说,如《力力和他的音乐老师》(第一单元)、《妈妈,送你半朵玫瑰花》(第二单元)、《实习》和《药》(第七单元)、《离婚雨》和《勿忘我》(第九单元)等等。微型小说,也称"小小说",篇幅短小,人物和事件都很简单,但要求却相当高:以小见大,以少胜多,还要求有哲理性、戏剧性,平中见奇,富于艺术魅力。

阅读小说,可以帮助我们开阔视野,认识生活,陶冶性情,提高文学欣赏水平,对于提高阅读和写作能力,也有很大的益处。那么,阅读小说时应注意哪些问题?

人物形象、故事情节和主题思想,是小说的三个基本要素。阅读小说时,应紧紧围绕这三个基本要素而进行。

一、把握小说鲜明而富于个性的人物形象。

这是阅读小说的首要环节。小说反映社会生活的主要手段就是塑造人物形象。作家总是采用各种各样的手法如肖像描写、语言描写、心理描写、行动描写等来表现人物性格,塑造人物形象。如《实习》中,通过对林大夫外貌、语言和动作的描写,塑造了一位技术精湛、医德高尚的医生形象。我们在阅读过程中,应该透过外貌、语言、心理、动作的描写,把握人物的性格特征,并在此基础上,进一步体会小说的思想内涵。

第八单元 民族风情(二)

通读 北京中华民族园

一、提示与要求

全文约1700字,要求13分钟读完(一遍),然后做练习。

二、词　　语

中华民族　生息　工艺　村寨　再现　遗存　坐落　图腾　标志　民居
精华　精髓　风格　祭礼　宗教　寄托　祭器　挚朴　母系社会　筒裙
倾吐　服饰

三、课　　文

【1】中国是一个多民族国家,56个民族分布在960万平方公里土地上,千百年来各民族生息奋斗,形成了各不相同的文化传统。随着改革开放和经济的迅速发展,各民族的传统文化形成了大交流、大促进的局面。

【2】北京中华民族园集中了中国少数民族的传统建筑、民俗风情、歌舞表演、工艺制作以及民族美食。它占地45公顷,分南北两园。已开放的北园占地20公顷,建有民族村寨16个,包括藏、苗、彝、侗、羌、朝鲜、哈尼、傣、佤、布依、达斡尔、景颇、鄂温克、鄂伦春、赫哲及台湾原住族景区,全园建筑均采用1∶1的比例,真实地再现了各民族的文化。

【3】中华民族园坐落于中轴路上,园门环抱在国内最大的人造榕树中,一旁的巨大铸铁图腾

词语注释:

中华民族 Zhōnghuá mínzú the Chinese nation
生息 shēngxī live; exist
风情 fēngqíng local conditions and customs
工艺 gōngyì technology; craft
村寨 cūnzhài stockaded village; village
再现 zàixiàn (of a past event) reappear; be reproduced
坐落 zuòluò (of a building) be situated; be located
图腾 túténg totem

柱构成了民族园的标志。园内建筑力求真实、形象地再现各民族最本色的文化,各民族民居分别以其民族聚居地最具典型民族特色的民居为原型,聘请该民族建筑师以其特有方式以1∶1比例设计建造而成,室内物品多数自当地采集而来,有的是当地正在使用或曾使用过的物品,摆设完全依照原型的摆设方式。例如民族园内布依族村寨建筑用石,取自黄果树大瀑布附近的贵州镇宁地区,这种石头寨是典型的布依族的民居建筑村落,充分体现了"石头当瓦盖"的特殊风情。走入寨门,就像走进了一个石头世界。民居除横檩是木头的以外,其余材料都是石头。墙用方块石、条石或毛石堆砌,房顶上盖石板,就连窗棂也用石头雕花装饰。最引人注目的是屋顶用薄石片代替瓦。这种石片来源于水成面岩,厚薄相同,在房顶上铺成整齐的图案,给人以美感。除住房以外,寨中的道路、村前的小桥以及梯田的保坎,都用石头修筑。家中的用具也有很多是石头的,如石磨、石钵、石槽、石缸、石盆等。所以布依族常被人称作"石头"的民族。

【4】除此以外,民族园还建造了一些独具特色的民族建筑。花桥,又称"风雨桥",建在侗寨的寨门前,是侗族人民热情好客的象征,表达了侗家修桥为行人遮风避雨的美意。民族园所建花桥长50.2米,宽7米,高16.86米,是全国最长的花桥。全桥为木质结构,未用一颗铁钉,与侗寨的象征——鼓楼同为侗族传统建筑艺术的精华。而民族园内可称中国之最的水中溶洞、土林、人造盘龙瀑布、阿里山神木、沧源岩画等,以及全国惟一一座完整、依照天圆地方古宇宙观建造而成的藏族坛城,更是再现了自然景观及民族建筑文化的精髓。

【5】民族园的另一特色是歌舞表演。近二百名少数民族群众演员分别来自全国各地各民族

标志 biāozhì sign; mark; symbol

民居 mínjū localstyle dwelling houses

精华 jīnghuá cream; essence; quintessence

精髓 jīngsuǐ marrow; pith; quintessence

301

聚居地,为当地土生土长的居民,其表演风格不同于一般的舞台表演,其节目组成源于当地人民自发性的表演,多以迎宾、送别、庆丰收、祭礼、婚庆为主题,如苗族的芦笙舞、高山族阿美人的丰年祭、彝族的抢亲及佤族的木鼓舞、傣族的泼水舞都具有浓郁的民族特色,与其生活环境、习俗以至宗教崇拜有着不可分割的联系。例如佤族跳舞时用来伴奏的木鼓被佤族人民认为"通鬼神之器",是佤族人民表示生存愿望的精神寄托物,不但是一种乐器,也是佤族的祭器。这些歌舞大多配器简单、节奏较强、舞姿变化较小,具有较强的可参与性。游客游园时在其乐曲的感染及演员的盛情邀请下,往往加入其中,融于挚朴、自然的表演中,进入一种忘我的境界。

【6】除了建筑、歌舞以外,各族人民在饮食穿着甚至婚庆方面都有着各自不同的风俗。彝族在母系社会转化为父系社会时必须由新郎象征性地将新娘抢走,从而形成了抢亲的风俗;而傣族青年则以丢包作为选择对象的一种传统方式,在傣族新年时,姑娘们带上准备好的美丽的菱形花布包,穿着紧身无领对襟小衫,腰绕筒裙,由"奈少"(女青年首领)带领,和由"奈昌"(男青年首领)带领的小伙子们在广场或坡上聚会。男女各站一边,由姑娘们把花布包丢给自己选中的小伙子,如果小伙子接住了就表示喜欢她,如果不中意,他可以不接,而去接自己心爱姑娘的香包,这样一来二去,两人便对掷起来,然后相约着退出活动场所,到村前寨后僻静的地方相互倾吐爱慕之情。

【7】"登长城、看故宫、游民族园",中华民族园已成为京城旅游的最新热点,它以其浓郁的民族特色,受到了广大游客的好评。各民族风土人文如一幅挚朴的国画,描绘在中华民族园的七百亩土地上,尤其来自祖国各地的少数民族群众演员,把各自民族的歌舞、服饰融于其特色建筑中,

风格 fēnggé style; manner; mode

祭礼 jìlǐ sacrificial rites; memorial ceremony; sacrificial offerings

习俗 xísú custom; convention

宗教 zōngjiào religion

寄托 jìtuō place (hope, etc.) on; find sustenance in

祭器 jìqì sacrificial utensil

挚朴 zhìpǔ sincere and plain

母系社会 mǔxì shèhuì matrilineal society

筒裙 tǒngqún tube-shaped skirt

倾吐 qīngtǔ say what is on one's mind without reservation

服饰 fúshì dress and personal adornment

更是给这一画卷增添了无限动感,构成一幅民族大团结的写真图。

(选自1995年第1期《民族画报》,编辑:马郁翠。有删节。)

四、练 习

(一)选择对下列句子的正确理解:

1. 园内建筑力求真实、形象地再现各民族最本色的文化,各民族民居分别以其民族聚居地最具典型民族特色的民居为原型,聘请该民族建筑师以1∶1比例设计建造而成。

   A. 园内建筑真实地再现了各民族的居住特色
   B. 园内建筑是由民族建筑师设计建造的
   C. 园内建筑具有民族性
   D. 园内建筑很真实

2. 民居除横檩是木头的以外,其余材料都是石头。

   A. 建筑民居用的材料只有横檩是木头的
   B. 建筑民居用的材料大部分是石头,只有横檩是木头
   C. 建筑民居用的材料除了木头还有石头
   D. 建筑民居用的材料都是石头

(二)结合课文内容选择恰当的词语替换下列句子中画线词语:

1. 中华民族园坐落于中轴路上,…
   A. 对于　　　B. 从　　　C. 自　　　D. 在
2. 其表演风格不同于一般的舞台表演,…
   A. 对　　　B. 向　　　C. 在　　　D. 跟、和(表示比较)
3. 花桥,又称"风雨桥",建在侗寨的寨门前,…
   A. 叫　　　B. 说　　　C. 为　　　D. 赞扬
4. 近二百名少数民族群众演员分别来自全国各地各民族聚居地,为当地土生土长的居民,…
   A. 为了　　　B. 是　　　C. 认为　　　D. 以为
5. 如果不中意,他可以不接,…
   A. 喜欢　　　B. 随意　　　C. 愿意　　　D. 满意
6. 全园建筑均采用1∶1的比例,真实地再现了各民族的文化。

A．再次出现　　B．再次发现　　C．又一次出现　　D．第二次出现

(三)根据课文内容判断下列句子对错：
1. 目前，中华民族园建有16个少数民族村寨。（　）
2. 民族园内的建筑都是著名建筑设计家设计建造的。（　）
3. 人们称布依族为"石头的民族"是因为该民族的住房和使用的家具大部分是石头做的。（　）
4. 花桥是侗族村寨的象征。（　）
5. 木鼓不但是佤族人的一种乐器，还是一种祭器。（　）
6. 丢包是傣族青年选择对象的一种传统方式。（　）
7. 民族园以它独有的民族特色和浓郁的民族风情成为北京的旅游热点。（　）

(四)根据段落内容选择正确答案：
1. 课文中哪一段介绍的是民族园的歌舞表演？
   A．第2段　　B．第3段　　C．第5段　　D．第6段
2. 课文第6段主要介绍的是少数民族的：
   A．歌舞　　B．饮食　　C．衣着　　D．婚俗
3. 全文主要内容可以简单概括为：
   A．中国有56个少数民族
   B．中华民族园的位置和概况
   C．少数民族的建筑、风俗、歌舞及饮食
   D．中华民族园真实地再现了少数民族的建筑、风情、歌舞、婚庆及服饰

(五)选择所给词语填空：
坐落　再现　标志　寄托　风格　精华
1. 景山公园_____在故宫的北面，北京城的中轴线上。
2. 父母把他们的全部希望都_____在孩子身上。
3. 在封建社会，皇帝把自己称为真龙天子，龙是皇帝或皇权的_____。
4. 电影中的很多画面都真实地_____了60年前给人类带来空前灾难的战争场面。
5. 这部教材所选的文章大都是中国古代文学的_____。
6. 越是具有民族_____的艺术品，就越会受到群众的喜爱。

(六)熟读下列两组词语,把能够搭配的词语用线连起来:

民族　文化　传统　自然　特殊　建筑

交流　风格　节日　景观　风情　精华

略　　读

课文(一)　拉萨的星期天市场

一、提示与要求

全文约800字,要求5分钟内读完(一遍),然后做练习。

二、课　　文

近几年,从城镇到乡村,星期天市场已屡见不鲜。然而在世界屋脊——西藏,可还是件新鲜事。

拉萨劳动人民文化宫位于市中心,南靠自治区政府大院,北临布达拉宫。这里环境优美,风景宜人,平日是供人们游玩的场所。而现在每到星期天,这里便成了拉萨市最繁华、最热闹的大市场。为了亲眼目睹这高原上的星期天市场,我两次来这里采访。

清晨,当人们还在睡梦中,而小商小贩已陆陆续续从四面八方汇集此地,他们用手推车、自行车、三轮车和汽车将各种各样的货物运到市场。8点多钟(拉萨时差比北京晚一个多小时),市街的黄金地段早已被占满。渐渐地,文化宫内拥满了川流不息的人群,叫卖声此起彼伏,到处都能看到顾客和摊主间讨价还价的情景,好不热闹。市场上有上千个摊位,商品种类繁多。其中服装类最多,从上到下,从里头到外头,头上戴的,脚下穿的,无一不有。摊位中,随处可见羊角、牛头、佛龛和藏刀等手工艺品,有时还能见到收换毛主席像和纪念章的人。最引人注意的是来自新疆、甘肃、宁夏、四川和青海的商贩,他们带来了各自家乡的特产和五花八门的风味小吃——新疆的烤羊肉串、兰州的牛肉拉面、四川的凉面等。阵阵扑鼻的香气,招来了源源不断的食客。在忙碌的摊主中,不乏有大款手持"大哥大"忙着联系货源。市场内带有民族特色的商品似乎少了点,但从现在拉萨人的衣食住行观念看,除老年人仍保留着浓厚的传统习惯外,大部分年轻人从穿戴到生活用品的选择,更追求新颖和时髦。文化宫的北侧是孩子们的乐园。水中的碰碰船,满地跑的小电瓶车使孩子们发出欢快的笑声。尤其吸引他们的是小火车,轨道虽只有几十米长,但中途却设了北京、成都和拉萨三个站,孩子们坐上它乐而忘返。

拉萨人告诉我,现在不少人已将星期天市场作为购物、游玩、聚会和休息的理想之地。有些家庭还自带青稞酒、酥油茶来到这里,在平整的草坪上支起帐篷,痛痛快快地玩一天,好不惬意。

看到这节日般的景象,我感慨万分,改革开放的大潮把西藏人民推上了商品经济的大舞台,几次进藏,我每次都能看到高原的新气象。此时,我仿佛忘记了自己是置身于世界屋脊。拉萨正处在新的变化中。

(选自1995年第6期《民族画报》,编辑:平娜。)

三、练 习

(一)根据课文内容判断下列句子对错:
    1. 拉萨市以前没有星期天市场。( )
    2. 拉萨的星期天市场在劳动人民文化宫附近。( )
    3. 星期天市场内最多的商品是手工艺品。( )
    4. 星期天市场内大约有一千个摊位。( )
    5. 星期天市场不仅是购物的场所,还是人们游玩和休息的好地方。( )

(二)根据课文内容简要回答下列问题:
    1. 为什么星期天市场具有民族特色的商品比较少?
       答:

    2. 拉萨星期天市场的出现说明了什么?
       答:

课文(二) 大漠深处有人家

一、提示与要求

全文约650字,要求4分钟内读完(一遍),然后做练习。

二、课　　文

很少有人知道塔克拉玛干沙漠深处还有人家。以至于几年前中美联合考察队在沙漠里遇上了当地的维吾尔族牧民,还以为是发现了"野人"。

其实,只要打开地图便会发现,被称作"死亡之海"的塔克拉玛干沙漠中有两条比较大的河流,一条是和田河,一条是克里雅河。深处沙漠腹地200公里的达里雅布依乡就位于克里雅河两岸。这个乡东西只有几公里宽,南北却长达300公里。在这条狭长的河谷中,近200户维吾尔族牧民静静地过着远离尘嚣的日子。他们靠河边生长的胡杨和红柳饲养牲畜,过着自给自足的生活。

由于交通不便,长期与外世隔绝,达里雅布依乡的维吾尔族牧民至今仍保持着古朴的生活习惯。他们不抽烟、不喝酒,饮食主要是羊肉、茶和一种叫库麦西的面饼。大概是沙漠里气候干燥、夜里寒冷的缘故,他们饮茶很多,还要往茶里添加各种香料。

对于过往的客人,不论认识与否,他们都会尽心相待:先端上热茶,再按接待客人的人数烤麦库西。遇上尊贵的客人还要杀羊,请客人吃手扒羊肉。如遇天晚,他们还会留客人住宿。达里雅布依乡的牧民家里都有很多被褥,因为当地人居住都非常分散,串门儿的客人很少有能当晚返回的,多出的被褥便是供客人留宿用的。

达里雅布依乡还是当地有名的长寿之乡,100多岁的老人并不罕见,这大概与他们食物简单、大量饮茶和从事的工作不很繁重有关。

近年来,随着国家的改革开放,达里雅布乡与外界的交流逐渐增多,传统文化也日益受到外来文化的影响。有人建议当地政府采取措施,保护好达里雅布乡的文化与自然景观,并开辟成高档次的旅游区。

据悉,新疆维吾尔自治区于田县委、县政府已经将这个乡的发展规划列上了议事日程。

(选自1995年第7期《民族画报》,编辑:马郁翠。)

三、练　　习

(一)根据课文内容简要回答问题:

1. 为什么中美联合考察队把在沙漠深处遇到的牧民看成了"野人"?

答:

2. 达里雅布乡人用什么饲养牲畜？
   答：

3. 什么原因使达里雅布乡人还保持着古朴的自给自足的生活习惯？
   答：

4. 达里雅布乡人长寿的原因是什么？
   答：

(二)本文主要写的是：
  A. 沙漠深处的居民
  B. 维吾尔族牧民的生活
  C. 沙漠深处的居民及其生活方式
  D. 改革开放对沙漠深处居民的影响

课文(三) 景颇族

一、提示与要求

全文约1300字，要求9分钟读完(一遍)，然后做练习。

二、课　　文

　　景颇族,现有11万多人,主要聚居在云南省德宏傣族景颇族自治州,其余分布在片马、古浪、岗房、耿马以及澜沧等地。

　　据景颇族的传说和汉文史籍记载,景颇族的先民最早劳动生息在青藏高原南部,约自唐代起沿横断山脉逐渐南迁至云南西北部和怒江以西地区,到明末清初大批迁入德宏地区(当时称永昌府和腾冲府)。

　　历史上,景颇族人民为反抗山官的统治,曾掀起了反抗山官的武装斗争,并坚持达30年之久;为反抗帝国主义侵略,1910～1927年,多次挫败了英国侵略军对片马、古浪、岗房地区的入侵,捍卫了祖国疆土。此后,景颇族人民又积极参加了抗日武装斗争,有力地打击了日本侵略者。

景颇族有自己的语言文字。景颇语属汉藏语系藏缅语族景颇语支,约在70多年前开始使用拉丁字母拼音文字,但范围不广。1957年在原有文字基础上进行了改进。

景颇族有丰富优美的口头文学。有反映本民族起源、迁徙历史的叙事长诗,有反映本民族与大自然作斗争的传说、故事,也有神话、寓言、谚语、谜语等等。景颇族能歌善舞。民歌内容广泛,形式活泼,想像丰富,能表达细腻复杂的思想感情;尤擅长集体舞,以"目脑纵歌"最具特色,舞者可达上千人,气势豪壮,节奏鲜明,是景颇族历史悠久的大型歌舞盛会。传统乐器有木鼓、牛角号、箫、笛、象脚鼓、口弦、芒锣、小三弦等。色彩艳丽、图案精美的筒裙,是景颇族姑娘纺织艺术的精品。

景颇族主要从事农业,兼营林木和种植业。住房一般为竹木结构的长方形两层楼房,上层住人,下层关养牲畜,屋门从两头开,前门给客人进出,后门禁止外人出入,更不能穿室而过。饮食以大米为主,少数地区以玉米为主;常饮自酿的水酒,喜嚼沙枝(一种用草烟、芦子、熟石灰等配制成的嚼料)。男子一般裹白包头,包头边缀彩色绒球,着黑色或白色对襟短衣,裤腿短而宽,外出时身背编织精美的筒帕(挂包),腰挂长刀,肩扛铜炮枪,十分威武;女子一般头戴羊毛织的红色头帕,上穿对襟短衣,前后缀满华美精致的银泡,下着用红毛线编织的艳丽筒裙,并裹着与筒裙相配的毛织护腿,非常漂亮。

景颇族信仰万物有灵的原始多神教。传统节日主要有新米节、目脑节。目脑,意为大伙跳舞,是景颇族传统的盛大节日,一般在每年农历正月十五、十六举行。届时,男女老幼,穿着盛装,纵情歌舞。歌舞时,在领舞者的带领下,男子边舞边挥动长刀,女子边舞边抖动彩帕、彩扇。舞步刚健,队形多变,蔚为壮观,充分展示了景颇族骁勇坚强、崇尚美好的民族个性。

新中国成立前,大多数景颇族地区实行的还是山官制,社会成员被划分为官种、百姓、奴隶三个等级,社会发展虽基本上属于封建社会的初期,但还保留着较多的原始社会残余,处于"刀耕火种"的落后状态。新中国成立后,景颇族与傣族于1953年7月联合成立了德宏傣族景颇族自治州,实现了当家做主的愿望。40多年来,景颇族地区的经济社会都得到了迅速发展,过去被称为"山高坡陡石头峭,一天爬不到半山腰"的景颇族地区,如今都通了公路,而且建起了电力、机械、采矿、制糖、日用化工等工业。特别是实行改革开放后,景颇族与傣族等各族人民利用所在地区与缅甸接壤的地缘优势,积极开展边境贸易,使德宏州成为云南省对外开放的前沿。

(选自1998年7月25日《人民日报》海外版,作者:郭明轩。有删节。)

三、练　习

(一)根据课文内容选择正确答案：

1. 景颇族的祖先居住在什么地方？
   A. 云南北部
   B. 怒江西部
   C. 青藏高原南部
   D. 横断山脉南部

2. 景颇族的住房是用什么建造的？
   A. 竹子
   B. 木材
   C. 砖石
   D. 竹子和木材

3. 景颇族男女服装最显著的特点是：
   A. 下衣都是筒裙
   B. 戴白色头包
   C. 戴红色头帕
   D. 上衣都是对襟短衣

4. 在盛大传统节日里，景颇族的主要欢庆方式是：
   A. 唱歌
   B. 对歌
   C. 跳集体舞
   D. 演奏乐曲

5. 景颇族居住的地区离哪个国家最近？
   A. 泰国
   B. 缅甸
   C. 老挝
   D. 越南

(二)根据课文内容选择正确答案：

1. 课文第7段主要写的是：
   A. 景颇族的宗教信仰和传统节日
   B. 景颇族的宗教信仰

C. 景颇族的传统节日
　　D. 景颇族的节庆形式
2. 课文第 8 段介绍的是：
　　A. 景颇族的历史
　　B. 景颇族的社会制度
　　C. 景颇族的经济发展
　　D. 新中国成立前后景颇族的社会变革
3. 课文中哪一段介绍了景颇族的文学艺术？
　　A. 第 4 段
　　B. 第 5 段
　　C. 第 6 段
　　D. 第 7 段

查　　读

课文（一）　满族的"颁金节"

一、提示与要求

全文约 1000 字，要求 5 分钟内查找出问题的答案。

二、问　　题

1. 满族在明朝时叫什么？
　　答：

2. 满族人为什么过"颁金节"？
　　答：

3. 满族人的传统服装是什么？
　　答：

4. "颁金节"的传统食品是什么？
　　答：

311

三、课　　文

"颁金"是满语"颁金毕"的音译，意为生日、生成、生机勃勃。颁金节是满族特有的民族节日，象征着满族在祖国大家庭里充满生机与活力，其形成与满族命名有直接关系。

满族是历史悠久而又年轻的民族，其先民可以追溯到先秦时期的肃慎人，其直接先人为明代女真人。随着时间的推移，族称较为混乱，后金天聪九年（1635年）十月十三日，后金国汗皇太极下谕旨，将族称定为"满洲"。今日的"满族"就是由当时的"满洲族"简化而来。为了纪念满族命名，逐渐形成节日习俗，满族同胞将节日名称规范为"颁金节"，这在海内外满族同胞中已形成广泛的共识。

每逢节日来临，满族同胞欢聚一堂，由年长者发表节日祝词，缅怀祖先，激励后人，祈盼幸福。有的还身着民族服装参加节日活动，其中最典型的是旗袍。旗袍是满族的传统服装，在满族与其他民族长期交往中，逐渐形成了文化共享的局面，旗袍以其独特设计和审美优势，为汉族和其他民族妇女所喜爱，成为重要场合礼仪小姐和驻外使节夫人穿着的"国服"。如今，旗袍作为一种时装，仍然受到人们的青睐。

在庆祝活动中，有的地区还表演满族传统舞蹈《莽式》。该舞分为男莽式和女莽式，两人相对而舞，举一袖于额，反一袖于背，盘旋做势，曰莽式。……莽式丰富的舞蹈语汇，将男子的刚健与女子的柔美有机地结合在一起。充分表达了满族对大自然赋予人类美好事物的领悟和对多彩人生的体验。

满族又是说唱艺术非常丰富的民族，如八角鼓及后来的单弦、评书、京剧等，在这方面涌现出一批造诣精深的艺术家。每逢节日，他们纷纷登台献艺，既表现出对自己民族的热爱之情，又给自己的同胞提供了高品位的艺术享受。

歌舞之余，人们还品尝满族传统食品，如萨其马、果脯、驴打滚儿。萨其马又称"糖缠"，清代东北盛京三陵将其作为贡品之一，以色香味俱佳、甜腻适口而著称于世。它不仅是满族同胞所喜爱的食品，也为各族人民所喜爱。北京的果脯闻名天下，它是在满族将鲜果蜜浸后风干制成的"渍山果"的基础上形成的。用豌豆煮成的豌豆黄和用黄米面加糖、豆面等做成的驴打滚儿也是北京等地的畅销食品。

近年来，颁金节的节日内容日益丰富，具有浓郁的时代色彩。有的地方在庆祝颁金节的同时，还举行满族历史、文化、人物展览；有的地方举行满族图书展销；有的地方表彰满族优秀学生。这样就将民族传统节日与民族发展繁荣有机地结合起来,一方面展现了满族的精神风貌,另一方面又增强了民族凝聚力。

(原文选自1996年第1期《百科知识》,作者:金梓东。有删改。)

课文(二) 赴藏旅游哪种形式好

一、提示与要求

全文约400余字,要求2分钟内查找出问题的答案。

二、问　　题

1. 哪种形式的旅游缺少灵活性?
   答:

2. 散客旅游的最大特点是什么?
   答:

3. 如果你想在旅游期间自己安排时间,又要使行程有保障,最好选择哪种旅游形式?
   答:

三、课　　文

目前去西藏旅游有以下几种形式供游客选择:1团队;2散客;3散客小包价。

团队旅游对初到西藏的旅游者较为合适。因为有旅行社统一安排接待,食宿、交通、游览等均不用游客费心,游客有充足的时间来适应高原气候,使旅行轻松愉快。从价格上讲,团队旅游价格合理,因为人数多,可在整体费用上享受到优惠。团队旅游的不便之处是缺少灵活性。因行程已定,如临时变动,便涉及全团的行程变动,从而影响整个旅行。

散客旅游的最大特点是灵活性。游客可根据自己的情况随意安排旅游活动,不便的是所有食宿、交通、游览均需自己安排。这样不仅费时、费力,而且并不一定省钱。

对时间充足、自理能力强，又具有高原旅行经验的游客来说，散客小包价形式不失为一种选择。游客根据自己的时间安排，请旅行社代订交通票、预定酒店、安排车辆等。这样既灵活，又能使整个行程有保障。

西藏旅游局北京办事处有条件为以上三种赴藏旅游形式提供服务，并有权为进藏的外国游客核发准许证。

(选自1998年7月31日《人民日报》(海外版)，作者：曹晓渝。)

阅读知识：小说(下)

二、掌握小说的故事情节。

情节，就是小说所描写的事件变化、发展的经过。情节是由矛盾冲突构成的，通常包括开端、发展、高潮、结局几个部分。作者往往根据人物性格的发展，人物与人物之间的关系，来选择或虚构事件，组成作品完整的故事情节。例如《离婚雨》这篇小说，以一对青年夫妇的情感纠葛为线索组成完整的故事。小说的开头写"我"向丈夫提出离婚，点明两人结婚时间不长却经常吵架。故事继续向前发展，丈夫开始是一言不发，拒绝在离婚协议上签字，继而又跟"我"提条件，如果夜里12点以前下雨就和好，"我"同意了。夜里"我"越想越后悔，恰在这时窗前响起了雨声，"我"的心立刻欢快起来，这是情节的高潮。明明是月朗风轻的好天气，怎么突然下起雨来？小说的结尾揭开了这个谜，原来这场雨是丈夫一手创作的"杰作"。故事情节一波三折，引人入胜，展现了人物情感复杂微妙的变化。丈夫的聪明、宽厚和妻子的任性在故事情节中得到很好的表现。读者透过这个故事情节也可以得到某些启示，如夫妻间应互相体谅，多想想对方的好处。

三、领会小说的主题。

主题是小说的中心思想，表现内容的核心。如果弄不清小说的主题，或是误解了作者的意图，就很难取得好的阅读效果。通常主题是隐藏于小说的人物形象和故事之中的。例如《乡音》这篇小说，写"我"在深夜，突然接到一个陌生人的电话。他是一位战士守卫在一万多公里之外的小岛上的战士。在万家团圆的春节，他依然驻守小岛，迫切地想通过电话听一听乡音。通过对人物形象和故事情节的分析，我们就可以得出这样的结论，这篇小说表现了守岛战士的思乡之情，而不是"每逢佳节倍思亲"的普遍感情。只有在阅读过程中全面了解小说所展现的社会生活，抓住小说中的主要人物，掌握故事的主要情节，深入地进行挖掘分析，才能领会小说的内在意蕴，把握小说的主题思想。

词 汇 表

A

皑皑	ái'ái	五(一)
艾滋病	àizībìng	七(二)
昂贵	ángguì	三(二)
遨游	áoyóu	六(二)

B

把握	bǎwò	一(一)
颁布	bānbù	五(二)
薄饼	báopǐng	三(一)
宝库	bǎokù	四(二)
保健	bǎojiàn	七(一)
报酬	bàochou	一(一)
暴烈	bàoliè	五(一)
曝光	bàoguāng	五(二)
奔波	bēnbō	六(二)
奔涌	bēnyǒng	二(二)
蚌埠	Bèngbù	五(二)
鞭炮	biānpào	八(一)
匾	biǎn	三(一)
变迁	biànqiān	七(一)
变异	biànyì	三(二)
标志	biāozhì	八(二)
表彰	biǎozhāng	一(二)
濒临	bīnlín	五(一)
濒危	bīnwēi	五(一)
菠菜	bōcài	三(二)
博得	bódé	六(二)
捕杀	bǔshā	五(一)

不妨	bùfáng	六(一)
不复	búfù	五(一)
不息	bùxī	五(一)

C

财源滚滚	cáiyuán gǔngǔn	三(一)
菜谱	càipǔ	三(二)
残旧	cánjiù	二(一)
残留	cánliú	三(二)
嘈杂	cáozá	四(二)
册立	cèlì	四(一)
层次	céngcì	一(一)
差距	chājù	七(一)
抄袭	chāoxí	六(一)
称赞	chēngzàn	二(一)
诚然	chéngrán	一(一)
惩罚	chéngfá	五(二)
重返	chóngfǎn	五(一)
充裕	chōngyù	一(一)
冲击	chōngjī	七(二)
冲突	chōngtū	二(二)
重返	chóngfǎn	五(一)
崇拜	chóngbài	四(二)
抽样	chōuyàng	三(二)
臭氧层	chòuyǎngcéng	五(二)
处罚	chǔfá	二(一)
处所	chùsuǒ	四(二)
矗立	chùlì	四(一)
传播	chuánbō	七(二)
传染	chuánrǎn	七(二)
村寨	cūnzhài	八(二)

D

打破	dǎpò	一(一)

大禹	Dàyǔ	四(一)
大众	dàzhòng	六(二)
逮捕	dàibǔ	五(二)
单薄	dānbó	二(二)
胆固醇	dǎngùchún	三(二)
氮	dàn	五(二)
但愿	dànyuàn	三(二)
当务之急	dāng wù zhī jí	五(二)
登基	dēngjī	四(一)
底蕴	dǐyùn	六(一)
抵御	dǐyù	七(二)
地位	dìwèi	四(一)
地域	dìyù	五(一)
鼎	dǐng	四(一)
丢脸	diūliǎn	一(二)
督促	dūcù	五(二)
毒瘤	dúliú	七(二)
独特	dútè	三(一)

E

恶果	èguǒ	七(二)
恶化	èhuà	五(二)
遏制	èzhì	七(二)

F

发号施令	fā hào shī lìng	四(一)
法规	fǎguī	五(二)
番	fān	三(一)
繁衍	fányǎn	五(一)
繁殖	fánzhí	五(一)
反差	fǎnchā	一(一)
泛泛	fànfàn	二(二)
防线	fángxiàn	七(二)
防疫	fángyì	六(二)

防治	fángzhì	五(二)
仿造	fǎngzào	六(一)
放荡	fàngdàng	七(二)
放归	fàngguī	五(一)
放弃	fàngqì	二(二)
废碴	fèizhā	五(二)
废气	fèiqì	五(二)
废水	fèishuǐ	五(二)
分辨	fēnbiàn	一(一)
粉尘	fěnchén	五(二)
风格	fēnggé	八(二)
风情	fēngqíng	八(二)
风味	fēngwèi	三(一)
风行	fēngxíng	三(二)
封	fēng	二(一)
服饰	fúshì	八(二)
浮动	fúdòng	一(二)
负	fù	三(一)
负担	fùdān	一(二)
副食	fùshí	三(二)
副作用	fùzuòyòng	三(二)
富丽堂皇	fùlì tánghuáng	四(一)

G

感染	gǎnrǎn	七(二)
岗位	gǎngwèi	一(一)
高不可攀	gāo bù kě pān	四(二)
高潮	gāocháo	八(一)
跟踪	gēnzōng	五(一)
更替	gēngtì	七(一)
工薪阶层	gōngxīn jiēcéng	六(二)
工艺	gōngyì	八(二)
公害	gōnghài	三(二)
供奉	gòngfèng	四(一)

恭喜发财	gōngxǐ fācái	八(一)
雇用	gùyòng	一(一)
怪罪	guàizuì	七(一)
观光	guānguāng	六(二)
棺	guān	二(一)
归宿	guīsù	六(一)
规划	guīhuà	五(二)
规矩	guīju	八(一)
规模	guīmó	六(一)
瑰宝	guībǎo	四(二)
过不去	guòbuqu	七(一)
过门儿	guòménr	八(二)

H

酣	hān	六(二)
含量	hánliàng	五(二)
好感	hǎogǎn	三(二)
好在	hǎozài	六(一)
和谐	héxié	三(二)
荷尔蒙	hé'ěrméng	三(二)
喝彩	hècǎi	七(一)
嗨	hēi	二(二)
轰动	hōngdòng	五(一)
烘烤	hōngkǎo	三(一)
红尘	hóngchén	四(二)
宏大	hóngdà	四(一)
后勤	hòuqín	一(二)
候鸟	hòuniǎo	五(二)
花灯	huādēng	八(一)
花卉	huāhuì	四(一)
化名	huàmíng	二(二)
化石	huàshí	五(一)
患者	huànzhě	七(二)
挥洒	huīsǎ	二(二)

毁坏	huǐhuài	七(二)
荟萃	huìcuì	三(一)

J

基金	jījīn	一(二)
机制	jīzhì	六(一)
激发	jīfā	一(一)
吉祥	jíxiáng	八(一)
极乐世界	jí lè shìjiè	四(二)
急功近利	jí gōng jìn lì	六(一)
寄托	jìtuō	八(二)
暨	jì	六(二)
祭礼	jìlǐ	八(二)
祭器	jìqì	八(二)
加剧	jiājù	五(二)
佳肴	jiāyáo	三(一)
家喻户晓	jiā yù hù xiǎo	七(二)
价值观	jiàzhíguān	一(一)
假冒	jiǎmào	六(一)
兼并	jiānbìn	六(一)
监测	jiāncè	五(二)
监督	jiāndū	五(二)
监视	jiānshì	二(一)
检测	jiǎncè	五(二)
讲究	jiǎngjiu	三(一)
奖励	jiǎnglì	一(二)
交叉	jiāochā	二(一)
胶纸	jiāozhǐ	二(一)
焦	jiāo	三(一)
佼佼	jiǎojiǎo	六(一)
脚踏实地	jiǎo tà shí dì	六(一)
较量	jiàoliàng	六(一)
教训	jiàoxùn	二(一)
节奏	jiézòu	七(一)

解脱	jiětuō	四(二)
介于	jièyú	五(二)
金碧辉煌	jīnbì huīhuáng	四(一)
金銮宝座	jīnluán bǎozuò	四(一)
津津乐道	jīnjīn lè dào	三(二)
精华	jīnghuá	八(二)
精髓	jīngsuǐ	八(二)
精湛	jīngzhàn	四(二)
景观	jǐngguān	四(二)
警告	jǐnggào	二(一)
警钟	jǐngzhōng	一(一)
净化	jìnghuà	一(二)
酒徒	jiǔtú	一(一)
举世无双	jǔ shì wú shuāng	四(一)
捐款	juānkuǎn	五(一)
捐助	juānzhù	一(二)
卷	juǎn	二(一)
崛起	juéqǐ	四(二)

K

开垦	kāikěn	五(一)
砍伐	kǎnfá	五(一)
考察	kǎochá	五(一)
可惜	kěxī	七(一)
控制	kòngzhì	一(二)

L

垃圾	lājī	一(二)
栏	lán	二(二)
烂	làn	三(二)
勒令	lèlìng	五(二)
冷漠	lěngmò	二(二)
历历在目	lìlì zài mù	二(一)
立春	lìchūn	八(一)

利害	lìhài	二(二)
利润	lìrùn	六(一)
例外	lìwài	一(二)
粮仓	liángcāng	五(一)
缭绕	liáorào	四(二)
林立	línlì	四(二)
淋漓	línlí	一(二)
零食	língshí	三(二)
领略	lǐnglüè	四(二)
琉璃瓦	liúlíwǎ	四(一)
流失	liúshī	三(二)
笼罩	lǒngzhào	五(二)
录取	lùqǔ	一(二)
落榜	luòbǎng	一(二)
摞	luò	一(一)

M

漫游	mànyóu	二(二)
蔓延	mànyán	七(二)
美食	měishí	三(一)
美味	měiwèi	三(一)
妹儿	mèir	二(二)
萌芽	méngyá	三(二)
灭绝	mièjué	五(一)
民居	mínjū	八(二)
民风民俗	mínfēng mínsú	八(一)
名扬天下	míng yáng tiān xià	三(一)
谋	móu	一(一)
母系社会	mǔxì shèhuì	八(二)
木偶	mù'ǒu	六(二)
募捐	mùjuān	五(一)

N

闹市	nàoshì	三(一)

闹腾	nàoteng	八(一)
内聚力	nèijùlì	七(二)
能见度	néngjiàndù	五(二)
腻	nì	三(一)
年糕	niángāo	八(一)
凝聚	níngjù	四(二)
纽带	niǔdài	七(二)
攀谈	pāntán	六(二)
蟠	pán	四(一)
判若两人	pàn ruò liǎng rén	七(一)
泡	pào	一(一)
配偶	pèi'ǒu	七(二)
品尝	pǐncháng	三(一)
品位	pǐnwèi	一(一)
屏幕	píngmù	二(二)
铺面	pùmiàn	三(一)

Q

期盼	qīpàn	六(二)
歧视	qíshì	七(二)
旗帜	qízhì	六(一)
起诉	qǐsù	五(二)
启示	qǐshì	一(二)
气派	qìpài	四(一)
千篇一律	qiān piān yí lǜ	八(一)
虔诚	qiánchéng	四(二)
迁徙	qiānxǐ	五(一)
侵害	qīnhài	七(二)
勤奋	qínfèn	一(一)
青睐	qīnglài	一(二)
倾听	qīngtīng	二(二)
倾吐	qīngtǔ	八(二)
清净	qīngjìng	四(一)
清心寡欲	qīng xīn guǎ yù	四(二)

庆典	qìngdiǎn	四(一)
丘陵	qiūlíng	五(一)
渠道	qúdào	一(一)

R

人生观	rénshēngguān	一(一)
忍耐	rěnnài	七(一)
日益	rìyì	一(二)

S

森严	sēnyán	四(二)
僧徒	sēngtú	四(二)
擅	shàn	二(二)
身份	shēnfen	一(二)
神往	shénwǎng	四(一)
生态	shēngtài	五(一)
生物学	shēngwùxué	七(一)
生息	shēngxī	八(二)
胜地	shèngdì	四(二)
盛名	shèngmíng	三(一)
失调	shītiáo	七(一)
时尚	shíshàng	三(二)
实惠	shíhuì	一(一)
食谱	shípǔ	八(一)
示范	shìfàn	六(二)
受聘	shòupìn	一(一)
舒畅	shūchàng	一(二)
鼠	shǔ	二(二)
刷新	shuāxīn	六(二)
率先	shuàixiān	六(一)
水泄不通	shuǐ xiè bù tōng	六(二)
水域	shuǐyù	五(二)
水源	shuǐyuán	五(二)
说法	shuōfǎ	四(二)

顺应	shùnyìng	七(一)
饲养	sìyǎng	五(一)
搜索	sōusuǒ	二(二)
酥脆	sūcuì	三(一)
肃穆	sùmù	四(二)
素食	sùshí	三(二)
素质	sùzhì	六(二)
酸雨	suānyǔ	五(二)

T

台基	tāijī	四(一)
探讨	tàntǎo	四(二)
糖葫芦	tánghúlu	八(一)
淘汰	táotài	六(一)
特色	tèsè	四(二)
体魄	tǐpò	六(二)
体温	tǐwēn	七(一)
体验	tǐyàn	二(二)
天经地义	tiān jīng dì yì	一(二)
条理	tiáolǐ	四(一)
调皮	tiáopí	二(一)
同性恋	tóngxìngliàn	二(二)
筒裙	tǒngqún	八(二)
偷袭	tōuxí	六(一)
透视	tòushì	一(一)
途径	tújìng	二(二)
图腾	túténg	八(二)
土畜产	tǔxùchǎn	五(一)

W

蜿蜒	wānyán	五(一)
顽皮	wánpí	二(一)
万花筒	wànhuātǒng	六(二)
网吧	wǎngbā	一(一)

威胁	wēixié	五(二)
威严	wēiyán	四(一)
巍峨	wēi'é	四(一)
为期	wéiqī	六(一)
围剿	wéijiǎo	六(一)
帷幕	wéimù	八(一)
惟独	wéidú	八(一)
尾声	wěishēng	八(一)
卫戍	wèishù	六(二)
蔚然	wèirán	二(二)
温床	wēnchuáng	七(二)
温室效应	wēnshì xiàoyìng	五(二)
瘟疫	wēnyì	七(二)
文凭	wénpíng	一(一)
无奈	wúnài	五(二)
五光十色	wǔ guāng shí sè	六(二)

X

稀有	xīyǒu	四(一)
喜闻乐见	xǐ wén lè jiàn	六(二)
喜悦	xǐyuè	二(一)
鲜	xiān	三(一)
相辅相成	xiāng fǔ xiāng chéng	六(一)
相继	xiāngjì	五(二)
镶嵌	xiāngqiàn	四(一)
象征	xiàngzhēng	六(一)
消暑	xiāoshǔ	三(二)
协调	xiétiáo	七(二)
新宠	xīnchǒng	三(二)
泄露	xièlòu	五(二)
心灵	xīnlíng	一(二)
心虚	xīnxū	二(二)
欣慰	xīnwèi	一(二)
信众	xìnzhòng	四(二)

兴旺	xīngwàng	三(一)
刑事	xíngshì	五(二)
性解放	xìngjiěfàng	七(二)
性情	xìngqíng	五(一)
凶猛	xiōngměng	五(一)
休闲	xiūxián	六(二)
序幕	xùmù	八(一)
喧闹	xuānnào	四(二)
学历	xuélì	二(二)
血压	xuèyā	七(一)

Y

亚硝酸盐	yàxiāosuānyán	五(二)
严峻	yánjùn	一(一)
掩映	yǎnyìng	四(二)
眼花缭乱	yǎn huā liáo luàn	二(二)
宴席	yànxí	三(一)
养殖场	yǎngzhíchǎng	五(一)
野生	yěshēng	五(一)
一筹莫展	yì chóu mò zhǎn	一(二)
医疗	yīliáo	七(一)
遗传	yíchuán	三(二)
遗存	yícún	八(二)
以免	yǐmiǎn	一(一)
毅力	yìlì	六(一)
因…而异	yīn…ér yì	七(一)
英俊	yīngjùn	二(一)
应届	yīngjiè	一(一)
涌	yǒng	二(一)
拥挤	yōngjǐ	二(二)
用意	yòngyì	七(二)
幽静	yōujìng	四(一)
优雅	yōuyǎ	四(一)
由衷	yóuzhōng	一(二)

有利无弊	yǒulìwúbì	七(一)
于是	yúshì	二(二)
与生俱来	yǔ shēng jù lái	七(一)
预防	yùfáng	七(二)
预料	yùliào	一(二)
欲望	yùwàng	一(一)
原始森林	yuánshǐ sēnlín	五(一)
缘于	yuányú	一(二)
远足	yuǎnzú	六(二)
约束	yuēshù	七(二)
芸芸众生	yúnyún zhòng shēng	四(二)
陨落	yǔnluò	六(一)
韵律操	yùnlǜcāo	七(一)

Z

再现	zàixiàn	八(二)
赞誉	zànyù	五(一)
葬礼	zànglǐ	二(一)
造福	zàofú	三(二)
噪声	zàoshēng	五(二)
增加	zēngjiā	七(一)
眨	zhǎ	二(一)
展示	zhǎnshì	一(一)
战略	zhànlüè	六(一)
战术	zhànshù	六(一)
蘸	zhàn	三(一)
战役	zhànyì	六(一)
珍宝	zhēnbǎo	四(一)
珍品	zhēnpǐn	三(一)
珍稀	zhēnxī	五(一)
真诚	zhēnchéng	一(一)
阵亡	zhènwáng	二(一)
拯救	zhěngjiù	五(一)
支配	zhīpèi	一(二)

支柱	zhīzhù	七(二)
值日	zhírì	一(二)
纸上谈兵	zhǐ shàng tán bīng	二(二)
指望	zhǐwang	一(二)
至高无上	zhì gāo wú shàng	四(一)
制约	zhìyuē	四(二)
治理	zhìlǐ	五(二)
治水	zhìshuǐ	四(一)
稚嫩	zhìnèn	一(一)
中华民族	Zhōnghuá mínzú	八(二)
诸如	zhūrú	八(一)
主角	zhǔjué	三(二)
主体	zhǔtǐ	一(二)
专一	zhuānyī	七(二)
拙劣	zhuōliè	六(一)
咨询	zīxún	六(二)
资本	zīběn	一(一)
滋润	zīrùn	二(二)
子午线	zǐwǔxiàn	四(一)
自理	zìlì	一(二)
自卖自夸	zì mài zì kuā	六(一)
自欺欺人	zì qī qī rén	六(一)
字号	zìhào	三(一)
自在	zìzai	七(一)
宗教	zōngjiào	八(二)
总之	zǒngzhī	七(一)
坐禅	zuòchán	四(二)
坐落	zuòluò	八(二)